Hallesche Forschungen

Im Auftrag der Franckeschen Stiftungen zu Halle
herausgegeben von
Veronika Albrecht-Birkner, Hartmut Lehmann, Thomas Müller-Bahlke,
Udo Sträter und Johannes Wallmann

Band 39

London und das Hallesche Waisenhaus

Eine Kommunikationsgeschichte im 18. Jahrhundert

Herausgegeben von Holger Zaunstöck,
Andreas Gestrich und Thomas Müller-Bahlke

Verlag der Franckeschen Stiftungen Halle
Harrassowitz Verlag in Kommission

Bibliografische Information der Deutschen Nationalbibliothek:
Die Deutsche Nationalbibliothek verzeichnet diese Publikation in der Deutschen Nationalbibliografie; detaillierte bibliografische Daten sind im Internet über *http://dnb.dnb.de* abrufbar.
Bibliographic information published by the Deutsche Nationalbibliothek:
The Deutsche Nationalbibliothek lists this publication in the Deutsche Nationalbibliografie; detailed bibliographic data are available in the Internet at *http://dnb.dnb.de*.

ISSN 0949-0086
ISBN 978-3-447-10259-9

http://www.francke-halle.de und http://www.harrassowitz-verlag.de

Gedruckt auf alterungsbeständigem Papier.
Printed in Germany.

Gesamtherstellung: IMPRESS Druckerei Halbritter KG, Halle (Saale)

Inhaltsverzeichnis

Vorwort VII

Holger Zaunstöck
London und das Hallesche Waisenhaus. Einleitende Bemerkungen 1

Andreas Gestrich
Der Pietismus und die deutsch-britischen Beziehungen um 1700 23

Jan van de Kamp
Das Vorfeld der England-Halle-Kontakte. Theologische und religiöse Austauschprozesse zwischen England und Deutschland im 16. und 17. Jahrhundert 49

Alexander Schunka
»An England ist uns viel gelegen.« Heinrich Wilhelm Ludolf (1655–1712) als Wanderer zwischen den Welten 65

Michael Schaich
Kontaktzonen. Die religiöse Topographie Londons als Handlungsraum hallischer Pietisten 87

Kelly J. Whitmer
Extending an experimental community: Halle and the British Royal Society c. 1700 111

Juliane Jacobi
Bildungstransfer im frühen 18. Jahrhundert? Die Beziehungen zwischen dem Halleschen Waisenhaus und der Society for Promoting Christian Knowledge 121

Christina Jetter-Staib
»da sie keinen Scrupel machen, mit uns in guter gemeinschaft zur beforderung des Reiches christi zu leben …«
Der Londoner Hofprediger Friedrich Michael Ziegenhagen (1694–1776) als Mittler zwischen Halle und England 139

Jürgen Gröschl
»Ach ich küße seine zitternde Hände im Geist«.
Der Teilnachlass Friedrich Michael Ziegenhagens im Archiv der Franckeschen Stiftungen 155

Alexander Pyrges
Sprungbrett London: Annäherungen an die englisch-hallischen Beziehungen aus der Perspektive des Kolonialprojekts Ebenezer (1730–1780) 161

Personenregister 175

Ortsregister 181

Vorwort

England war von Beginn an ein wichtiger Bezugspunkt für August Hermann Francke und seine Mitarbeiter bzw. Emissäre im Kontext ihrer weltweiten Reformprojekte. Das hatte vielfältige Gründe. Kulturell und religiös betrachtet, erweckten die verschiedenen protestantischen Denominationen und Strömungen, die in England zu finden waren, ebenso das Interesse wie deren gesellschaftliche Einbettung. Gleichzeitig bot sich England als Absatz- und Verbreitungsmarkt für die eigenen Ideen und Reformkonzepte an. Die Impulse, die die Akteure im Halleschen Waisenhaus aus England empfingen, reichten jedoch weit über den theologischen und kirchlichen Bereich hinaus. Man denke etwa an die in England zuerst verwirklichte Idee, Bibliotheken nach rationellen Gesichtspunkten einzurichten, indem man die Bücherregale nicht mehr entlang der Wände, sondern in den Raum hinein stellte – dies wurde für den Bibliotheksneubau in den Glauchaschen Anstalten (1726–1728) konsequent und damit erstmals auf dem europäischen Festland nachweisbar übernommen. Auch die wissenschaftliche Führungsrolle, die England seit dem 17. Jahrhundert einnahm, blieb bei Francke nicht ohne Echo. Das spiegelt sich auch in der zahlreich vorhandenen Literatur englischer Provenienz wider, die sich in den historischen Bibliotheksbeständen der Franckeschen Stiftungen finden lässt. Zudem stellte Großbritannien mit der Metropole London um diese Zeit eine Weltmacht dar, die neben weltweitem politischem Einfluss zu großem Wohlstand gelangt war. Von der englischen Königin Anne erhofften sich die Schüler Franckes, die in London aktiv waren, finanzielle Unterstützung. In diesem Zusammenhang entstand das *Englische Haus* im Kernensemble der Glauchaschen Anstalten. Als dann noch ein deutscher Lutheraner den englischen Thron bestieg, eröffnete das zusätzliche Möglichkeiten, hallische Pietisten unmittelbar in dessen Nähe zu installieren. Und schließlich war England geopolitisch interessant als Durchgangs- und Verteilerpunkt hallischer Waren, Gelder und Mitarbeiter auf dem Weg nach Nordamerika und Südindien. Mit der Berufung Franckes zum korrespondierenden Mitglied der einflussreichen und weltweit ausgerichteten Society for Promoting Christian Knowledge (SPCK) 1699 und den zuvor bereits bestehenden Kontakten zu Heinrich Wilhelm Ludolf hatte der Aufstieg Londons als wichtigster Knotenpunkt im hallischen Netzwerk außerhalb Glauchas begonnen. Und diese Bedeutung behielt London dann auch mit einer zunehmenden Interessenbetonung auf die Mission und auf die Aktivitäten in Nordamerika bis in das 19. Jahrhundert hinein bei.

Die Erforschung des Brückenschlags von Halle nach England und zurück hat in den vergangenen Jahren neuen Auftrieb erhalten. Das ist nicht zuletzt der Tagung von 2011 zu verdanken, die auf Initiative von Holger Zaunstöck zusammen mit dem Deutschen Historischen Institut (DHI) in London entwickelt wurde und daraufhin in den Franckeschen Stiftungen stattfand. Die wissenschaftlichen Erträge legen wir mit diesem Band vor. Die Tagung und der vorliegende Band wurden gemeinschaftlich von beiden Partnern finanziert. Diese fruchtbare Zusammenarbeit zwischen den Franckeschen Stiftungen und dem DHI in London soll fortgesetzt werden, denn die Bandbreite der gemeinsamen Forschungsthemen kommt immer deutlicher zum Vorschein. Die Franckeschen Stiftungen nehmen das Interesse des DHI an einer gemeinsamen Erforschung dieses frühneuzeitlichen Brückenschlags mit dankbarer Freude zur Kenntnis, denn sie profitieren in besonderer Weise von der einschlägigen Expertise des DHI und seiner Hausleitung zu den Themen, die für die globalen Aspekte der Geschichte der Franckeschen Stiftungen und der Pietismusforschung im hohen Maße von Belang sind.

Halle, im Oktober 2014

Für die Herausgeber: Thomas Müller-Bahlke

Holger Zaunstöck

London und das Hallesche Waisenhaus. Einleitende Bemerkungen

Ausgangsbeobachtungen und konzeptionelle Überlegungen

»An England ist uns viel gelegen« – mit diesem Zitat beginnt Alexander Schunkas Aufsatz in diesem Buch. Es datiert aus dem Jahr 1700 und es stammt von Heinrich Wilhelm Ludolf (1655–1712), nicht von August Hermann Francke (1663–1727). Damit ist viel gesagt. Die Englandbeziehungen des durch Weltimmanenz geprägten Halleschen Pietismus sind ein immer wieder angesprochener Gegenstand im disziplinübergreifenden Forschungsdiskurs. Und zwar in zweierlei Hinsicht: Zum einen sind die Englandkontakte präsent im Kontext der Erforschung der Dänisch-Halleschen Indienmission sowie der Kolonisierungs- und Konfessionspolitik an der Ostküste Nordamerikas. London war dabei die zentrale Schaltstelle, an der politische Weichenstellungen ebenso getätigt, wie kommunikative Verbindungen geknüpft und infrastrukturelle Abläufe organisiert wurden. Zum anderen finden sich die Englandkontakte des Waisenhauses bzw. der Glauchaschen Anstalten – beide Begriffe werden im Folgenden synonym verwendet, wie dies auch zeitgenössisch praktiziert worden ist – in der Literatur als fester Bestandteil eines Metanarratives zum Halleschen Pietismus im 18. Jahrhundert: In dieser Hinsicht war es sozusagen in dessen ›Wesen‹ eingeschrieben, weltumspannend zu denken und in der Folge an bzw. mit den protestantischen Schaltstellen der Macht Kontaktnetze aufzubauen. Dieser Beschreibung wohnt eine teleologische Dimension inne. Der Blick auf die Erforschung der Englandbeziehungen ist so von zwei Perspektiven geprägt: konkrete Bezüge im Blick auf die Mission und die transatlantischen Migrationsbewegungen hier, sowie eine Selbstverständlichkeitsannahme der pietistischen Substanzdeutung dort. Zurückgeführt wird dies zumeist auf Franckes zentrale, seine auch universalen Perspektiven und Ansprüche (»Cymbalum mundi«) formulierenden Konzeptschriften, das *Seminarium universale* 1701 und der sogenannte *Große Aufsatz* von 1704.

Die Erwähnung Englands im *Seminario universali* ist eingeordnet in eine Aufzählung von Ländern und Städten – genannt werden außerdem Holland, Schweden, Livland und Moskau –, in denen sich bereits »die Früchte ausgebreitet« haben, also die vom Waisenhaus ausgehenden Impulse.[1] Davon allein

[1] August Hermann Francke: Project zu einem Seminario universali oder Anlegung eines Pflantzgartens, in welchem man eine reale Verbesserung in allen Ständen in und außerhalb Teutschlands, ja in Europa und allen übrigen Theilen der Welt zu gewarten. (1701). In: Gustav Kramer: August Hermann Francke. Ein Lebensbild. Zwei Teile. Halle/Saale 1882, Ndr. Hildesheim [u.a.] 2004, Zweiter Teil, 489–496, hier 491.

lässt sich keine zwangsläufige, systematisch entwickelte Intention für globales Handeln ableiten. Diesen aber immer wieder ausgesprochen und unausgesprochen unterstellten »fast providenziellen Anspruch« hat jüngst Alexander Schunka in einem in *Pietismus und Neuzeit* veröffentlichten Aufsatz über die frühen Englandkontakte im Rahmen einer protestantisch-europäischen Irenik hinterfragt. Er zeigt, dass es eben nicht Francke war, der die Beziehungen und konkreten Handlungsebenen zwischen Halle und London entwickelt hat, sondern der grenzüberschreitend agierende Reisende und Diplomat Ludolf – und mit ihm vor Ort seit 1701 der Theologe und Hofprediger (ab 1706) Anton Wilhelm Böhme (1673–1722) sowie die Protagonisten der *Society for Promoting Christian Knowledge* (SPCK) in London, wie etwa John Chamberlayne (1669–1723) und Frederick Slare (1648–1727).[2]

Arno Sames hatte 1990 das Bild einer Beziehung gezeichnet, die durch Böhmes »Interesse« an der »Verwirklichung der transkonfessionellen Gemeinschaft der wahrhaft Frommen« auf der Grundlage eines »konfessionellen Indifferentismus« mystisch-spiritualistischer Ausprägung verstetigt werden konnte.[3] Noch genereller hatte Daniel L. Brunner 1993 in seiner für die Englandkontakte grundlegenden Arbeit zusammenfassend festgehalten, dass »an openness and desire to cooperate on the part of both Halle Pietists and the SPCK« im Hinblick auf ein frühes Beispiel einer ökumenischen Zusammenarbeit »unquestionable« sei. Allerdings, so Brunner weiter, wenn man dafür als bestimmende Kategorien Toleranz und Kompromissfähigkeit (»willingness to compromise«) zugrunde lege, könne davon auf Seiten August Hermann Franckes oder gar der »second-generation-Pietists« unter Gotthilf August Francke (1696–1769) nicht die Rede sein.[4] Stattdessen war Franckes Handeln in Bezug auf England, wie Alexander Schunka argumentiert, geprägt von einer komplexen Motivlage aus konfessionspolitischem Kalkül, wirtschaftlichem Interesse sowie Unsicherheit und Distanz dem Land gegenüber. Für Francke waren insbesondere die finanziellen Möglichkeiten durch den englischen Frömmigkeitsmarkt sowie die damit verbundenen medialen Mittel und Wege für die Etablierung des Waisenhauses im transnationalen Kontext von Belang. Erfolge dieses selbstverständlich an der Prosperität des Waisenhauses orientierten Handelns waren etwa ganz konkret Spendeneingänge, die wiederum in Verteidigungs- und Werbeschriften des

---

[2] Alexander Schunka: Zwischen Kontingenz und Providenz. Frühe Englandkontakte der Halleschen Pietisten und protestantische Irenik. In: Pietismus und Neuzeit 34, 2008, 82–114, Zitat 83, 110.

[3] Arno Sames: Anton Wilhelm Böhme (1673–1722). Studien zum ökumenischen Denken und Handeln eines halleschen Pietisten. Göttingen 1989 (Arbeiten zur Geschichte des Pietismus, 26), 132 und 153f.

[4] Daniel L. Brunner: Halle Pietists in England: Anthony William Boehm and the Society For Promoting Christian Knowledge. Göttingen 1993 (Arbeiten zur Geschichte des Pietismus, 29), 223.

Waisenhauses zur Schau gestellt wurden.[5] Franckes Glauchasche Anstalten – und das dahinter stehende Frömmigkeits- und Erziehungskonzept – sollten der Ausgangspunkt und das Modell für das wahre Christentum, das Reich Gottes auf Erden sein. Daran arbeitete sein Sohn in konsequenter Stetigkeit vor dem Hintergrund institutioneller Verfestigung weiter. Unter Gotthilf August und durch das Engagement von Friedrich Michael Ziegenhagen (1694–1776) in London kam es zu einer Intensivierung und Verstetigung der Kontakte nach und über London.[6] Alexander Pyrges hat dies in seinen Studien zum wesentlich durch die Handlungsachse Halle-London geprägten Ebenezer-Projekt in Georgia ab 1732 im Kontext einer transatlantischen Pietismus-Geschichte so formuliert: »The network developed its own geographical vision of the Atlantic world as the ›topography‹ of ›God's Kingdom‹«.[7]

Im Blick auf den Handlungsraum England wird deutlich, dass in der Regel dabei London gemeint ist: Die Stadt an der Themse war eben auch wie für viele Zeitgenossen auf dem Kontinent überhaupt für die hallischen Akteure einer der zentralen Bezugsorte bei grenzüberschreitenden Aktivitäten. Aus dieser Grundbeobachtung heraus leitet sich der Titel des Buches ab: *London und das Hallesche Waisenhaus*. In diesem Bezugsfeld entfalteten die Akteure vom Anstaltskomplex

---

5 Z.B. Halle, Bibliothek der Franckesche Stiftungen (nachfolgend BFSt): BFSt: FS. 1: 024 [2]: [Johann Anasthasius Freylinghausen]: Abgenöthigte Vertheidigung der Gründlichen Beantwortung Wider eine unter dem Titel einer geziemenden Gegen-Remonstration in denen so genannten Unschuldigen Nachrichten von A. 1709. Ordn. 2. und 3. hervor getretene abermalige höchst-unbillige Censur gegen das hiesige Wäysen-Haus [...] Andere EDITION. Halle 1711. In: August Hermann Francke: Segens=volle Fußstapfen des noch lebenden und waltenden liebreichen und getreuen Gottes/ Zur Beschämung des Unglaubens und Stärckung des Glaubens entdecket durch eine wahrhafte und umständliche Nachricht von dem Wäysen=Hause und übrigen Anstalten zu Glaucha vor Halle: Welche im Jahr 1701. zum Druck befördert; ietzo aber zum dritten mal ediret/ und bis auf gegenwärtiges Jahr fortgesetzet [...]. Halle 1709 [vermutlich 1712 oder später], 241, 243, 251. Außerdem im Kontext der englischen Ausgaben der Fußstapfen: Schunka, Zwischen Kontingenz und Providenz [s. Anm. 2], 101.

6 Christina Jetter-Staib: Halle, England und das Reich Gottes weltweit – Friedrich Michael Ziegenhagen (1694–1776). Hallescher Pietist und Londoner Hofprediger. Halle/Saale 2013 (Hallesche Forschungen, 34), 111–166; dies.: Der Londoner Hofprediger Friedrich Michael Ziegenhagen (1694–1776) zwischen Halle, England, Indien und Nordamerika. In: »Aus Gottes Wort und eigener Erfahrung gezeiget«. Erfahrung – Glauben, Erkennen und Handeln im Pietismus. Beiträge zum III. Internationalen Kongress für Pietismusforschung 2009. Hg. v. Christian Soboth [u.a.]. 2 Bde. Halle/Saale 2012 (Hallesche Forschungen, 33), Bd. 2, 837–850; Schunka, Zwischen Kontingenz und Providenz [s. Anm. 2], 112f.; Norman J. Threinen: Friedrich Ziegenhagen: The London Connection to India and America. In: Halle Pietism, Colonial North America, and the Young United States. Hg. v. Hans Jürgen Grabbe. Stuttgart 2008 (USA-Studien, 15), 113–134.

7 Alexander Pyrges: Religion in the Atlantic World: The Ebenezer Communication Network, 1732–1828. In: Pietism in Germany and North America, 1680–1820. Hg. v. Jonathan Strom [u.a.]. Farnham [u.a.] 2009, 51–67, 65; ders., Network Clusters and Symbolic Communities: Communitalization in the Eighteenth Century Protestant Atlantic World. In: Pietism and Community in Europe and North America, 1650–1850. Hg. v. Jonathan Strom. Leiden, Boston 2010, 199–224, 208, 222.

in Glaucha aus kommunikative Aktivitäten, die eine Beziehungsgeschichte zwischen den beiden Polen begründete und die zugleich die Grundlage war, um diesen konkreten Rahmen überschreiten zu können. Darauf nimmt der Untertitel Bezug: *Eine Kommunikationsgeschichte im 18. Jahrhundert*. Mit diesem für den innerweltlichen Veränderungswillen substanziell wichtigen Kommunikationsfeld ist zugleich ein zentraler Aspekt der Kulturgeschichte des Pietismus im 18. Jahrhundert überhaupt angesprochen. Der Band setzt sich deshalb zum Ziel, diese Kommunikationsgeschichte vertiefend aus verschiedenen Frageperspektiven heraus zu untersuchen. Über die dadurch generierten Einzelbefunde hinaus und durch vielfältige Querbezüge zwischen den Texten bietet das Buch ein mosaikartig zusammengesetztes Bild der Halle-London-Kontakte. Die konkreten Arbeitsergebnisse sollen zudem einen Beitrag zur Kultur- und Mentalitätsgeschichte des Pietismus leisten, der auf eine Einbindung in den weiteren Kontext der Forschung zum 18. Jahrhundert ausgerichtet ist.

Vor diesem Hintergrund geht der Band von einem konzeptionell breit und offen angelegten Verständnis von Kommunikationsgeschichte aus. Im Titel der dem Buch zugrundeliegenden Tagung von 2011, »Networking across the Channel«,[8] wurde dies durch die Verlaufsform Networking an Stelle des Substantives Network angezeigt. »Kommunikationsgeschichte« wird als ein konzeptionell verbindender Klammerbegriff verstanden, der es ermöglicht, vielfältige Dimensionen der pietistischen Beziehungen zwischen England und Deutschland zu integrieren: Aspekte von Migrationen und Missionen, von Konfession und Politik, von Wissens- und Kulturtransfer, von Medienvielfalt und Mediennutzung, Infrastruktur und Vernetzungen, von urbanen Topografien sowie Identitätskonstruktionen können dabei miteinander in Beziehung gesetzt werden. Im Blick auf den Halleschen Pietismus – sein Reformprogramm und die Reich-Gottes-Arbeit – wird erkennbar, dass dieser durch eine komplexe und vielschichtige Kommunikationskultur erst zum Leben erweckt worden ist. Der Bedeutungsgehalt von »Kommunikation« geht im pietistischen Wirkungsfeld weit über die Reproduktion der Basisformel der Vermittlung einer Nachricht von einem Absender mit einem Medium zum Empfänger hinaus. Durch die vielfältigen kommunikativen Akte und deren Sichtbarmachung in einer unbegrenzten Öffentlichkeit realisierten die Akteure von Halle aus ihre sozial-pädagogischen Ideen und providenziellen Vorstellungen und generierten damit Wirklichkeit. Dazu wurde ein Großteil der um 1700 bzw. im 18. Jahrhundert gebräuchlichen medialen Möglichkeiten und Kommunikationsformen genutzt (Printmedien, Briefnetze, Predigten, Reisen und Besuche über Grenzen hinweg, Geldtransfers, u.a.), andere wurden ausgeschlossen (wie etwa die Kaffee- und Wirtshäuser). Daraus wurde eine sinngebende eigene Kommunikationskultur entwickelt: Ihr

8 Siehe den Tagungsbericht von Erik Nagel in: URL: http://hsozkult.geschichte.hu-berlin.de/tagungsberichte/id=3705&sort=datum&order=down&search=networking+channel (letzter Zugriff: 22.09.2014) sowie in: German Historical Institute London Bulletin 33, 2011, No. 2, 87–93 (URL: http://www.ghil.ac.uk/publications/bulletin/bulletin_33_2.html [letzter Zugriff: 22.09.2014]).

Ziel war die Entfaltung einer providenziell gefärbten Öffentlichkeit, die ein Identifikationsangebot an einen prinzipiell nicht begrenzten Adressatenkreis formulierte, und damit Inklusions- und Exklusionsprozesse in Gang setzte. In ihr wurden überörtliche Frömmigkeits- und Gedankenräume generiert und vermittelt. Kommunikation unter Anwesenden wurde in eine Kommunikation unter Abwesenden übersetzt, beides amalgamiert. Pietismus *ist* insofern Kommunikation. In welchem Verhältnis – quantitativ, qualitativ sowie hinsichtlich von Schnittmengen – diese spezifische Form *pietistischer Öffentlichkeit* zur kritisch räsonierenden Öffentlichkeit stand, ist eine der kommenden Herausforderungen der Sozial-, Kultur- und Mentalitätsgeschichte des 18. Jahrhunderts.[9]

---

[9] Zum Vorangegangenen siehe etwa: Hartmut Lehmann: Zur Geschichte der Erforschung des Pietismus. In: Glaubenswelt und Lebenswelten. Hg. v. dems. Göttingen 2004 (Geschichte des Pietismus, 4), 1–18; Mark Häberlein: Kommunikationsraum Europa und Welt. Einleitung. In: Kommunikation und Medien in der Frühen Neuzeit. Hg. v. Johannes Burkhardt u. Christine Werkstetter. München 2005 (Historische Zeitschrift. Beihefte (Neue Folge), 41), 296–299; Rainer Lächele. Die »Sammlung auserlesener Materien zum Bau des Reiches Gottes zwischen 1730 und 1760. Erbauungszeitschriften als Kommunikationsmedium des Pietismus. Halle/Saale 2006 (Hallesche Forschungen, 18); Alexander Pyrges: Wüsten und Weinberge. Religiöse Raumbeschreibungen und Kolonisierungspraxis in einem transatlantischen protestantischen Kommunikationsnetzwerk des 18. Jahrhunderts. In: Topographien des Sakralen. Religion und Raumordnung in der Vormoderne. Hg. v. Gerd Schwerhoff u. Susanne Rau. Hamburg 2008, 370–391; Rudolf Schlögl: Kommunikation und Vergesellschaftung unter Anwesenden. Formen des Sozialen und ihre Transformation in der Frühen Neuzeit. In: Geschichte und Gesellschaft 34, 2008, Heft 2, 155–224; Hartmut Lehmann: Pietism in the World of Transatlantic Religious Revivals. In: Pietism in Germany and North America [s. Anm. 7], 13–21; D.F. Durnbaugh: Communication Networks as One Aspect of Pietist Definition: The Example of Radical Pietist Connections between Colonial North America and Europe. In: Pietism in Germany and North America [s. Anm. 7], 33–49; Jonathan Strom: Pietism and Revival. In: Preaching, Sermon and Cultural Change in the Long Eighteenth Century. Hg. v. Joris van Eijnatten. Leiden, Boston 2009, 173–218; Gisela Mettele: Transnationale Vergemeinschaftung im Pietismus. Das kommunikative Netzwerk der Herrnhuter Brüdergemeine. In: Alter Adam und Neue Kreatur. Pietismus und Anthropologie. Beiträge zum II. Internationalen Kongress für Pietismusforschung 2005. Hg. v. Udo Sträter [u.a.]. 2 Bde. Halle/Saale 2009 (Hallesche Forschungen, 28), Bd. 1, 459–468; Ulrike Gleixner: Expansive Frömmigkeit. Das hallische Netzwerk der Indienmission im 18. Jahrhundert. In: Mission und Forschung. Translokale Wissensproduktion zwischen Indien und Europa im 18. und 19. Jahrhundert. Halle/Saale 2010 (Hallesche Forschungen, 29), 57–66; Rekha Kamath Rajan: Der Beitrag der Dänisch-Halleschen Missionare zum europäischen Wissen über Indien im 18. Jahrhundert. In: Mission und Forschung, 93–112; Benjamin Marschke: »Wir Halenser«: The Understanding of Insiders and Outsiders among Halle Pietists in Prussia under King Frederick William I (1713–1740). In: Pietism in Germany and North America [s. Anm. 7], 81–93; Thomas P. Bach: G.A. Francke and the Halle Communication Network: Protection, Politics and Piety. In: Pietism in Germany and North America [s. Anm. 7], 95–109; Stadt und Öffentlichkeit in der Frühen Neuzeit. Hg. v. Gerd Schwerhoff. Köln [u.a.] 2011 (Städteforschung. Veröffentlichungen des Instituts für vergleichende Städtegeschichte in Münster. Reihe A: Darstellungen, 83); Ulrike Gleixner: Expansive Frömmigkeit. Raum und Erfahrung im Netzwerk der hallischen Indienmission. In: »Aus Gottes Wort und eigener Erfahrung gezeiget« [s. Anm. 6], 851–861; Jürgen Gröschl: »Denn was wir da gutes hineinschreiben, das geht durch alle christlichen Gemeinen in America« – das internationale Kommunikationsnetzwerk August Hermann Franckes. In: Die Welt verändern. August Hermann Francke – ein Lebenswerk um 1700. Hg. v. Holger Zaunstöck [u.a.]. Halle/Saale 2013 (Kataloge der Franckeschen Stiftungen, 29), 166–179.

Alle Autorinnen und Autoren waren vor diesem Hintergrund eingeladen, das Prozessuale und Vielfältige der Halle-London-Beziehungen in den Blick zu nehmen: insbesondere die Akteure und ihre Intentionen mit den daraus resultierenden Vernetzungen, Medien aller Art, ferner die Handlungslogiken und Handlungsspielräume, Reisen, kulturelle und wissenschaftliche Transfers, Raumwahrnehmungen und -deutungen u.a.m. Das Wirken der handelnden Personen erwächst, Arbeitsprozessen gleich, aus den konfessionellen, politischen, sozialen, urbanen und medialen Gegebenheiten sowie situativen Konstellationen und Anforderungen ihrer Lebenswelten. Der breit angelegte Zugang reagiert auf die Kernbeobachtung, dass es eben nicht Francke war, der die Englandbeziehungen systematisch und treibend entwickelt hat, sondern dass diese als multipolare und keinem Masterplan verpflichtete Such- und Expansionsbewegung entstanden sind; am Reich Gottes auf Erden wurde im Prozess entlang der Möglichkeiten gebaut, es wurde nicht planvoll erarbeitet. Die Reichgottesarbeit wird so als irdisches Geschäft erkennbar. Im Zuge dieses Prozesses kommunikativer Produktivität wird England im Waisenhaus sichtbar: englische Zöglinge, englischer Tisch, englisches Haus, englische Bücher, Besucher von der Insel, einkommende Korrespondenzen, deren Inhalte zu Nachrichten verarbeitet werden, Erfahrungswissen über England.[10]

Bevor dies schlaglichtartig am Quellenmaterial weiter thematisiert wird, sei an dieser Stelle ein Wort zur Verwendung der Begriffe Pietismus bzw. Pietisten angebracht. Sie charakterisieren hier nicht mehr (und nicht weniger) als die Glaubens-, Ideen- und Handlungswelt der Akteure des Halleschen Waisenhauses sowie der in diesem Interessenhorizont handelnden historischen Personen. Sie dienen also als heuristische Instrumente zur Konturierung des Handlungsfeldes. Dies geschieht im Bewusstsein darüber, dass der Pietismus-Begriff in der historischen Zeit, insbesondere in den Jahren um 1700, keine identitätsstiftende Integrationsfunktion für die Hallenser und ihre Anhänger zur Verfügung stellte. Im Gegenteil: Die Gegner Franckes und des hallischen Projekts charakterisierten frühzeitig im Zuge der Leipziger Unruhen in der Printöffentlichkeit um 1690 das Pietistische als das Separatistische;[11] und entsprechend war der Begriff (»pietism«) auch in England konnotiert.[12]

---

[10] Siehe Alexander Schunka: England als Erfahrungsraum im frühen Halleschen Pietismus. In: »Aus Gottes Wort und eigener Erfahrung gezeiget« [s. Anm. 6], 823–836.

[11] Siehe Martin Gierl: Pietismus und Aufklärung. Theologische Polemik und die Kommunikationsreform der Wissenschaft am Ende des 17. Jahrhunderts. Göttingen 1997 (Veröffentlichungen des Max-Planck-Instituts für Geschichte, 129); Andreas Pečar: Unsicherheit und neue Horizonte – Francke und die Welt um 1700. In: Die Welt verändern [s. Anm. 9], 18–27; Daniel Eißner: Der Pietismus. Eine *imagined community* im Untergrund? In: Kriminelle – Freidenker – Alchemisten. Räume des Untergrunds in der Frühen Neuzeit. Hg. v. Martin Mulsow. Köln [u.a.] 2014, 81–97.

[12] Siehe dazu: Jetter-Staib, Halle, England und das Reich Gottes weltweit [s. Anm. 6], 81.

Beobachtungen am Material

Ein aussagekräftiger Seismograf ist die vom Waisenhaus hergestellte *Hallische Correspondentz*. Die ab 1704 handschriftlich angefertigte Zeitung hatte eine Auflage von 40 Exemplaren, wurde durch Studenten in den Glauchaschen Anstalten kopiert und über das Briefnetz und an Emissäre des Waisenhauses versandt. Die *Correspondentz* stellt die spezifische Variante eines im zeitgenössischen Sinn politischen Blattes dar, dessen Schwerpunkte allerdings hin zu erbauenden und theologischen sowie lokalen und universitären Themen verschoben waren. Ihre Inhalte wurden einer Redaktion unterzogen, d.h., die einkommenden Nachrichten sind nicht ungeprüft im Wortlaut aufgenommen, sondern sie sind aufbereitet worden. Außerdem sollte das Periodikum zur positiven Meinungsbildung für das Waisenhaus genutzt werden: Es können »viele falsche und ungegründete Erzehlungen und Veleumdungen viel eher refutiret, und damit manch Aergernis vermieden werden«, hieß es in dem der ersten Ausgabe vorangestellten »Project zu einer nützlichen Correspondentz«.[13] Die *Correspondentz* liest sich so als mediale Ordnung der Welt aus pietistischer Sicht und sie informiert über den Fortgang der Glauchaschen Anstalten.

Ab Sommer 1705 ist eine zunehmende Berichterstattung aus bzw. über London und England zu verzeichnen. Dies hängt zusammen mit der sich allmählich ändernden Ausrichtung der *Correspondentz* bzw. der Erweiterung ihres Radius. Man kann dies besonders an einem konkreten Anfangspunkt festmachen: Es wird von der englischen Übersetzung von Franckes Fußstapfen berichtet,[14] die jene »gottseel. Studiosi Theol.« ausgeführt hätten (der Übersetzer war Anton Wilhelm Böhme), die von Halle aus »nach Engell[and] gezogen« waren, um dort Kinder »auff die Weise, wie hier zu Halle bey denen Waysen=Anstalten geschiehet«, zu unterrichten. Es habe eine große Nachfrage zu den *Fußstapfen* gegeben (»in Engelland bekannt, und von vielen beliebet und verlanget worden«).[15] Im Oktober schon wurden erste Erfolge mitgeteilt: »Aus Engell. ist berichtet worden, daß die Ubersetzzung derer von H. Pr. Fr[ancke] vormals edirten Fußstapfen G[otte]s bey einer u. and. frommen Seelen Freude zum Lobe Gottes erwecket habe. Zu

---

13 Halle, Archiv der Franckeschen Stiftungen (nachfolgend AFSt): AFSt/H D 63 c; Thomas Müller-Bahlke: The Mission in India and the worldwide communication network of the Halle orphan-house. In: Halle and the Beginning of Protestant Christianity in India. Hg. v. Andreas Gross [u.a.]. 3 Bde. Halle/Saale 2006, Bd. I.: The Danish-Halle and the English-Halle Mission, 57–79, 67. Außerdem Arthur Bierbach: Die Geschichte der Halleschen Zeitung, Landeszeitung für die Provinz Sachsen, für Anhalt und Thüringen. Eine Denkschrift aus Anlaß des 200jährigen Bestehens der Zeitung am 25. Juni 1908. Halle/Saale 1908, 5–17; Hans-Ulrich Reinicke: Die hallesche Tagespresse bis zum Jahre 1848, mit besonderer Berücksichtigung der Geschichte der »Halleschen Zeitung«. Diss. [masch.]. Halle/Saale 1926, 11–16.

14 Pietas Hallensis Or a publick Demonstration Of The Foot-steps Of A Divine Being yet in the World. In An Historical Narration Of The Orphan-House And other charitable Institutions, at Glaucha near Hall in Saxony. Continued to the beginning of the Year 1702. By Augustus Hermannus Franck; Professor of Divinity in the Frederician University of Hall, Pastor of Glaucha, and Director of the Pious Foudations there [...]. London 1705 (BFSt: S/FS.1 : 148).

15 AFSt/H D 63 c, Ausgabe »Zu Ende des Monats Aug: 1705«, Punkt 7, o.P.

Greenwich habe eine Fr[au] aus sonderb[arem] Triebe eine arme Magdl. Schule angerichtet, dabey die Mägdl. gekleidet werden. Diese Fr[au] sey in ihrem Glauben durch solche relat: derer Fusst[apfen] G[otte]s gestärcket w[orden] u. sage, sie gebrauche sich dieses Buchs, ihre Wohlth. u. Wohlthäterinnen damit aufzumuntern.«[16] Die Schule existierte tatsächlich und nachhaltig, eingeordnet in die anglikanisch dominierte Charity-School-Bewegung[17] – allerdings war die Erfolgsmeldung unpräzise formuliert. Denn Margaret Flamsteed (um 1670–1730), um die es sich hier handelt, Frau des königlichen Astronomen und seit 1677 Mitglied der Royal Society John Flamsteed (1646–1719), hatte bereits im Jahr 1700 die Mädchenschule gegründet.[18]

Die englischen Verhältnisse stellten einen, im europäisch-protestantischen Bereich wohl *den* zentralen Bezugspunkt für die *Correspondentz* dar. In den ca. 80 Ausgaben, die bis Dezember 1710 erschienen sind, finden sich zahlreiche (im Laufe der Zeit auch an Umfang zunehmende) Berichte und Meldungen über englische bzw. britische Themen. So wurde beispielsweise über die anglikanischen Voluntary Societies und deren Missionsaktivitäten erstmals ausführlich im Januar 1706 berichtet.[19] Diese Berichte hatten zugleich auch eine frömmigkeits- und identitätsstiftende Zielrichtung, während andere auf soziale und habituelle Disziplinierung fokussiert waren. Dies mag ein Bericht aus dem Frühsommer 1709 verdeutlichen. Hier wurde referiert, dass die englische Königin Anne (1665–1714) »am 9 Mai: durch eine Proclamation verbothen habe, daß auf dem May=Marckt zu Westmünster keine Theatra zu Comödien, liederlichen Täntzen, und allerhand anderen, sündlich und ärgerlichen Handel sollten aufgerichtet werden, weil die Leute solchen Marckt meistens nur wegen solcher bösen Dinge besuchten, und dadurch auf mancherley Weise zum Bösen verführet würden«. Die Proklamation wurde im Wortlaut wiedergegeben.[20] Beide Beispiele zeigen das hier verfolgte mediale Wechselspiel: Einerseits wird über Gegebenheiten in der englischen Hauptstadt berichtet – andererseits sind dies Handlungsebenen (Armenschulen, Mission, Förderung und Stärkung der Frömmigkeit durch Disziplinierung und

---

16 AFSt/H D 63 c, Ausgabe »Zu Ende des Monats Octobris 1705«, Punkt 3, o.P.

17 BFSt: 185 A 2 [6]: An Account of Charity-Schools lately erected In those Parts of Great BRITAIN called, England and Wales: With the Benefactions thereto; and of The Methods whereby they were set up, and are governed. Also, A PROPOSAL for Enlarging their Number, adding some WORK to the Childrens Learning, thereby to render their Education more Useful to the Publick. The Seventh Edition, with large Additions, London, Printed and Sold by J. Downing in Bartholomew-Close near West-Smithfield, 1708, 11; BFSt: 185 A 2 [3]: An Account of Charity=Schools in Great Britain and Ireland: With the Benefactions thereto; and of The Methods whereby they were set up, and are governed. Also, A PROPOSAL for adding some WORK to the Childrens Learning. And An Appendix, containing certain Forms and Dirctions relating to these Schools. The Twelfth Edition, with Additions, London, Printed and Sold by J. Downing in Bartholomew-Close near West-Smithfield, 1713, 12.

18 Den Hinweis verdanke ich Thomas Ruhland (Kassel); siehe: Die Welt verändern [s. Anm. 9], 237.

19 AFSt/H D 63 c, Ausgabe »Zu Ende des Monats Jan 1706«, Punkt 1, o.P.: »Relation von der in Engelland zur Fortpflanzung des Evangelii in fremden Ländern angerichteten Societäten.«

20 AFSt/H D 63 c, Ausgabe »Zu Ende des Monats Jun: 1709«, Punkt 2, o.P.

Ablehnung weltlicher Vergnügungen), die zugleich Kernbereiche der Reichsgottesarbeit bzw. der Habitusbildung im Waisenhaus waren. Vorgänge in England wurden so gespiegelt und für den Leser ein Wiedererkennungserlebnis bzw. ein Bestätigungseffekt erzeugt. Auf diese Weise wird an einer spezifischen, auf den Wertegrundlagen Franckes stehenden Weltsicht gearbeitet.

Die handschriftliche *Correspondentz* wurde ab 1708 von den gedruckten *Privilegirten Hallischen Zeitungen* sukzessive abgelöst: Zunächst erschienen beide noch bis Ende 1710 parallel, bevor dann, so die gleichsam offizielle Begründung, zu diesem Zeitpunkt die *Correspondentz* mangels ausreichender Nachrichten eingestellt wurde.[21] Die *Zeitungen* waren zwar noch erkennbar ein hallisches Produkt (etwa durch die regelmäßige Werbung für Publikationen des Waisenhausverlages), sie brachten aber nun dominierend Meldungen über kriegerische Ereignisse, vom diplomatischen Parkett der Höfe und aus der Lebenswelt der europäischen Metropolen (katholisch wie protestantisch). Sie veränderten also das ursprünglich für die *Correspondentz* entworfene Design. Dies reagierte auf und orientierte sich am Markt der Printmedien im frühen 18. Jahrhundert. Ziel war dabei einerseits der wirtschaftliche Erfolg des Zeitungsunternehmens – ob und in welchem Umfang hier andererseits, vergleichbar der handschriftlichen *Correspondentz*, auch pietistische Interessen bei der Auswahl (und Aufbereitung) der Nachrichten eine Rolle spielten, muss weiterer Forschung überlassen bleiben. Die *Zeitungen* standen so aber nicht nur am Beginn der Tageszeitungen in Halle, sondern wurden zu einem nachhaltigen Erfolg. An der Schnittstelle zwischen der pietistischen und einer weiter gefassten Medienöffentlichkeit der Zeit erfüllten sie eine wichtige Funktion: Sie banden weiterhin den inneren Zirkel vor Ort und seine Sympathisanten sowie Nachrichtenlieferanten überregional zusammen – und sie eröffneten einen Zugang zu darüber hinaus gehenden Rezipientenkreisen. England blieb dabei jenseits der Reichsgrenzen der führende protestantische Referenzraum: So ergibt beispielsweise eine Durchsicht des ersten vollständigen Jahrgangs 1709 der mit den *Zeitungen* erscheinenden *Wöchentlichen Relation*, dass in 36 von 52 Ausgaben über Neuigkeiten der britischen Gesellschaft in Religion und Politik, und zwar umfänglich und detailreich, berichtet wurde.[22] So spielte beispielsweise die Parlamentsunion und ihre Nachwirkungen eine wichtige Rolle, es finden sich mehrere detaillierte Berichte aus Edinburgh zum Thema.[23]

---

21 So die entsprechende Ankündigung und Begründung unter Punkt 1 in der Ausgabe »Halle, zu Ende des Monats Octobris 1710«. Die letzte Ausgabe datiert »zu Ende des Monats Decembr: 1710«; AFSt/H D 63 c, o.P.

22 BFSt: 113 C 1a: Privilegirte Hallische Zeitungen, 1708, 1709, darin: Wöchentliche Relation der merckwürdigsten und zur Conversation der neuen Historie hauptsächlich dienenden Sachen [...]; ab dem 7.1.1709 (hier noch einmalig: »Kurtze Relation [...]«) und gesondert zu den Hallischen Zeitungen paginiert. Zum Printmedientyp der »Relationen« bzw. »Extrakte« siehe: Esther Beate-Körber: Zeitungsextrakte. Aufgaben und Geschichte einer funktionellen Gruppe frühneuzeitlicher Publizistik. Bremen 2009 (Presse und Geschichte – Neue Beiträge, 46), hier auch zur hallischen *Wöchentlichen Relation* passim.

23 BFSt: 113 C 1a: Wöchentliche Relation, 19.07.1708, 22.06.1709 (S. 99f.), 21.12.1709 (S. 203f.).

Weiterhin wurde über die frommen Voluntary Societies in England und auch Schottland berichtet sowie über das Armenschulwesen,[24] über theologische und staatsrechtliche publizistische Streitigkeiten,[25] über die militärische Schlagkraft der britischen Seemacht,[26] ausführlich über die Pfälzer Flüchtlinge und ihr Schicksal in London[27] sowie über religiöse Unruhen in Schottland (»Propheten«)[28].

Die Grundlage für diese Zeitungsaktivitäten war das weitverzweigte Korrespondenznetz des Halleschen Waisenhauses, in dem die Nachrichten transportiert und zur Verfügung gestellt wurden. Welche Dimension das Quellenmaterial allein im Archiv der Franckeschen Stiftungen hat, mag eine Zahl verdeutlichen: Das hier durchgeführte DFG-Erschließungsprojekt »Pietistische Kommunikationsnetzwerke« hat insgesamt einen Umfang von ca. 24.000 Briefen.[29] Der in den Korrespondenzen eingebettete Englandbezug ist bislang nicht im Überblick darstellbar, er ist diversifiziert, er entfaltet sich nicht entlang einer klaren institutionellen Linie, sondern ist projekt- und personenbezogen, ist um Themen und Interessen gruppiert. Schwerpunkte lassen sich in unterschiedlicher Quantität ausmachen, es sind beispielsweise die Mission in Indien und die Kontakte mit der SPCK, die vielfachen Beziehungen nach Nordamerika oder auch die Philadelphian Society und Jane Leade (1623–1704). Darin erschöpften sich die Themen aber nicht, die Sach- und Interessenlage war breit angelegt, blieb aber durchaus an den genuinen Interessen des Waisenhauses orientiert: Schon früh, 1699 offenbar unmittelbar nach seiner Ankunft in London, hatte Jakob Bruno Wigers eingehend die Schule in Eton beschrieben.[30] In diesem bildungs- und institutionengeschichtlichen Kontext ist ebenfalls ein undatierter (zwischen 1710 und 1735) und verfasserloser, aber detaillierter Bericht über die Universität von Cambridge zu nennen. Das im Francke-Nachlass der Staatsbibliothek Berlin im Original befindliche Schreiben berichtet ausführlich über die Struktur der Universität mit der Nennung aller Colleges, deren jeweilige Master sowie die betreffende Anzahl der Fellows und die »rarities« (vor allem Manuskriptsammlungen), über berühmte akademische Lehrer und die vertretenen Fächer (jene in

---

[24] BFSt: 113 C 1a: Wöchentliche Relation, 09.03.1709 (S. 39f.), 06.04.1709 (S. 54f.).

[25] BFSt: 113 C 1a: Wöchentliche Relation, 20.04.1709 (S. 62–64), 04.05.1709 (S. 71f.)

[26] BFSt: 113 C 1a: Wöchentliche Relation, 18.05.1709 (S. 80).

[27] BFSt: 113 C 1a: Wöchentliche Relation, 06.07., 13.07., 20.07., 27.07., 07.09., 21.09., 28.09., 07.12. (jeweils 1709).

[28] BFSt: 113 C 1a: Wöchentliche Relation, 09.11.1709 (S. 179f.), 16.11.1709 (S. 183f.), 28.12.1709 (S. 207f.). Siehe in diesem Kontext jetzt: Lionel Laborie: Spreading the Seed. Toward a French Millenarian Network in Pietist Germany? In: Kriminelle – Freidenker – Alchemisten [s. Anm. 11], 99–117.

[29] URL: http://www.francke-halle.de/einrichtungen-a-3522.html#PietistischeKommunikationsnetzwerke (letzter Zugriff: 22.09.2014); ich danke den beiden Projektmitarbeitern Erika Pabst und Karsten Hommel. Siehe Brigitte Klosterberg: August Hermann Francke und das hallische Kommunikationsnetzwerk: Bedeutung, Überlieferung, Erschließung. In: Die Welt verändern [s. Anm. 9], 156–165.

[30] Berlin, Staatsbibliothek Preußischer Kulturbesitz, Nachlass August Hermann Francke, 30/57 : 13, Bruno Wigers an August Hermann Francke vom 01.11.1699.

denen Cambridge zu glänzen vermag), die Organisation der Lehre, die Führungs- und Verwaltungsorganisation (Colleges: Master, President, Dean, Steward), die Frömmigkeitspraxis und die Gebetszeiten und -orte sowie die Bibliothek.[31]

In der Waisenhauskorrespondenz findet sich auch mit zwei Buchlisten aus den Jahren 1740 und 1742 der Nachweis, dass Gotthilf August Francke Bücher von der SPCK erhalten hat.[32] Dies lenkt den Blick auf die Sammlungen der Waisenhausbibliothek. Auch dort ist ein englischer Schwerpunkt auszumachen. In den historischen Buchbeständen sind über 1.800 in England bzw. Großbritannien erschienene Titel aus dem Zeitraum von ca. 1550 bis 1769 nachweisbar (davon knapp 1.500 in englischer Sprache). Ein Befund aus dem Projekt »Rekonstruktion, Katalogisierung und Provenienzverzeichnung von Pietistenbibliotheken« mag diese Zahlen ein wenig einzuschätzen helfen.[33] Von den dort 62 autoptisch neu erschlossenen englischsprachigen Titeln wurden 46 in England verlegt. Ein großer Teil von diesen ist als Raritäten in deutschen Bibliotheken anzusprechen. Die meisten davon stammen aus der umfangreichen Privatbibliothek des Freiherrn Carl Hildebrand von Canstein (1667–1719). Aus dem Besitz von Paul Anton (1661–1730) stammt die 1705 erschienene englische Ausgabe der *Fußstapfen*. Weitere Bücher kamen aus dem Besitz Ludolfs oder sind über Böhme direkt in die Bibliothek gelangt, so etwa eine Ausgabe des *Book of Common Prayer* von 1719 mit einer Widmung Böhmes an Heinrich Milde (1676–1739).[34] Auch finden sich in Titeln aus dem Besitz von Milde vermutlich aus England stammende Provenienzeinträge; so enthält beispielsweise *A Short and Easy Way For The Palatines To Learn English. Oder Eine kurze Anleitung zur Englischen Sprach, Zum Nutz der armen Pfältzer/ nebst angehängten Englischen und Teutschen ABC* (London 1710) deren vier.[35] Abraham Mackbeth wiederum sandte »as a Present« nach seiner Rückkehr von Halle nach London *An Essay upon True Knowledge and a Sound Judgement in Religion* (London 1712) mit der handschriftlichen Widmung nach Halle, wonach er »desires it may be set up among the English Books, in the Library of the Orphan-House or Hospital, at Glaucha without Halle«.[36]

---

31 Berlin, Staatsbibliothek Preußischer Kulturbesitz, Nachlass August Hermann Francke, 30/64 : 14; die ungefähre zeitliche Einordnung erfolgte nach den Daten der Master der gelisteten Colleges.

32 Berlin, Staatsbibliothek Preußischer Kulturbesitz, Nachlass August Hermann Francke, 30/35 : 14 und 17.

33 URL: http://www.francke-halle.de/einrichtungen-a-3522.html#Rekonstruktion (letzter Zugriff: 22.09.2014); ich danke der Projektmitarbeiterin Anke Fiebiger für die Zuarbeiten.

34 BFSt: 48 I 15.

35 BFSt: 160 G 3.

36 BFSt: 51 F 24. Zu Mackbeth und seinen Beziehungen zum Waisenhaus siehe den Aufsatz von Juliane Jacobi in diesem Band.

Durchsetzungswillen und Imagebildung

Diese schlaglichtartigen Einblicke zeigen beispielhaft Formen der Aufnahme und des Umgangs mit Nachrichten und Wissen aus und über London bzw. Großbritannien in Halle. Und sie deuten gleichzeitig an, wie die Akteure im Waisenhaus sich selbstbewusst im Beziehungsgefüge zur englischen Metropole und den dortigen christlichen Reformaktivitäten positionierten. Es ging ihnen auch immer darum, das Waisenhausprojekt außerhalb der Reichsgrenzen zu etablieren und zu bewerben. Dahinter stand ein ständiger Handlungsdruck, sich behaupten zu müssen, der in einer Strategie mündete, das Waisenhaus zu einer renommierten Marke zu entwickeln. Innerhalb der Halle-London-Beziehungen zeigen sich also ein handfester Behauptungswille wie auch Elemente einer Imagepolitik. Gemeint ist damit eine Positionierung des Waisenhauses in der öffentlichen Wahrnehmung durch die Propagierung und Sichtbarmachung seines pädagogischen und christlichen Reformkonzepts, seiner singulären Architektur und seiner charismatischen Leitfigur Francke. Dies wurde mit bestimmten Attributen verknüpft, die zur Identifizierung und Unterstützung einluden: Frömmigkeit, Gottesvertrauen, Providenz, Bildung, Fürsorge, Verbesserung etc.[37] Verfolgen wir diese Überlegung kurz und exemplarisch an der basalen Reformidee der Zeit, die Gesellschaft durch Bildung und Erziehung zu verbessern. In Halle war dafür das komplexe Schulsystem der Glauchaschen Anstalten gedacht, in England war es die von der SPCK breit angelegte Charity-School-Bewegung – beide bezogen sich aufeinander. Sowohl für den Halleschen Pietismus als auch für die Reformintentionen der SPCK auf der Insel war die Armenbildung in Kombination mit aufrichtiger Frömmigkeit der Hebel, Grundsätzliches der im Argen liegenden sozialen und religiösen Zustände zu ändern.[38] Es ist bekannt, dass dieses Thema ganz am Beginn der hallischen Londonkontakte stand und dass die SPCK auch gezielt an der Rezeption und Adaption franckescher Ansätze interessiert war.[39] Die SPCK ließ zugleich aber auch keinen Zweifel daran, dass ihr Modell der Armenschulen quasi prototypischen Charakter habe, für England und ebenso für Kontinentaleuropa. Chamberlayne forderte Francke auf, analog zur SPCK regelmäßige Treffen von Geistlichen abzuhalten, um die Bildungsmaßnahmen für arme Kinder zu beraten. Er berichtete, dass sich das Vorbild der englischen Armenschulen in die Schweiz ausgebreitet habe und er ging davon aus, dass der Erfolg sich auch in Holland sowie im Alten Reich fortsetzen wird: »You know S^{r} there is no such effectual spur to Mankind as Example, therefore when Sr. has been told in Germany what their Protestant Brethren are doing In England, I

---

37 Holger Zaunstöck: Das »Werck« und das »publico«. Franckes Imagepolitik und die Etablierung der *Marke Waisenhaus*. In: Die Welt verändern [s. Anm. 9], 258–271.

38 Ausführlich dazu Brunner, Halle Pietists in England [s. Anm. 4], 15–48, 71–99; sowie der Beitrag von Juliane Jacobi in diesem Band.

39 Brunner, Halle Pietists in England [s. Anm. 4], 76, 93; Juliane Jacobi: Pädagogische Avantgarde. Franckes Schulgründungen im Kontext ihrer Zeit. In: Die Welt verändern [s. Anm. 9], 214–223, 221f.

don't Doubt but a virtuous emulation of equalling or excelling – us will bestir'd up in the Hearts of the Good Men in your Country [...]«.[40] Auch später arbeitete die SPCK an der medialen Ausbreitung ihres Konzepts und ihrer Ideen durch in verschiedene Sprachen übersetzte Drucke nach Kontinentaleuropa – »extended their Charity of this kind to other Parts« –, u.a. auch nach Preußen und mit Erfolg bei Friedrich I. (1657–1713).[41]

Es zeigt sich ein aktiver Anspruch der Engländer, ihr Verbesserungsprojekt auf die protestantischen Teile Europas zu übertragen. Dies rieb sich durchaus mit Franckes eigener Ambition und seinem globalen Anspruch. Francke war nicht willens, Schulen nach dem Vorbild der SPCK in Deutschland zu errichten, vielmehr sah er sich in der Vorreiterrolle. Er entzog sich dem »Werben« der SPCK und der anglikanischen Kirche.[42] Alexander Schunka hat diesen Gegensatz so formuliert: »Wenn in Halle Englischunterricht angeboten wurde, dann diente dies keineswegs der Aufnahme anglikanischen Gedankengutes, sondern dem Ausgreifen des Pietismus in die anglo-amerikanische Welt durch gewissenhafte Vorbereitung«.[43] Darüber hinaus war Francke ebensowenig bereit, sein Anstaltsprojekt über sozietäre Strukturen aufzubauen, da sein ›System Glauchasche Anstalten‹ nicht von den Erfahrungen und Vorgaben einer parlamentarischen Monarchie und ihrer politischen Kultur geprägt und entsprechend organisiert war, sondern durch den deutschen Stände- und Fürstenstaat. Franckes ordnungspolitische und institutionelle Konzeption und seine lebensweltliche Organisation in den Anstalten war der diametrale Gegensatz zu einem assoziativen Entwurf in Form der englischen *Voluntary Societies*. Sein Vorbild waren Veit Ludwig von Seckendorffs (1626–1692) *Teutscher Fürsten-Staat* (1655) und dessen *Christen=Staat* (1685)[44] sowie die normbildende Kraft der frühneuzeitlichen Policey mit all ihren Regelungen, Eingrenzungen und Disziplinierungen – hier liegt die politische Verfasstheit des Pietismus' hallischer Prägung. Mit anderen Worten: Einem ähnlichen Ziel standen durchaus konkurrierende Wege zu dessen Erlangung gegenüber. Möglicherweise ist hier eine weitere wesentliche

---

40 Chamberlayne an Francke, Westminster den 28.06.1700 sowie den 29.07.1701 (hier das Zitat), Berlin, Staatsbibliothek Preußischer Kulturbesitz, Nachlass August Hermann Francke, 30/11 : 3 und 4.

41 BFSt: S/Miss: H 130 : 1: A Letter From a Residing Member of the Society For Promoting Christian Knowledge in London, To A Corresponding Member in the COUNTRY. The Second Edition, with Additions. London, Printed and Sold by J. Downing in Batholomew-Close near West-Smithfield, 1714, 33f. Siehe dazu: Alexander Schunka: Die Sorben und die Lausitzen im internationalen Protestantismus des frühen 18. Jahrhunderts. In: Lĕtopis 56, 2009, 1, 31–44.

42 Schunka, Zwischen Kontingenz und Providenz [s. Anm. 2], 107 sowie 108–112.

43 Alexander Schunka: Der neue Blick nach Westen. Englandinteressen im protestantischen Deutschland des 18. Jahrhunderts. In: Brückenschläge. Daniel Ernst Jablonski im Europa der Frühaufklärung. Hg. v. Joachim Bahlcke [u.a.]. Dößel 2010, 155–167, 164.

44 Siehe Claudia Drese: Auf dem Weg ins Universelle. August Hermann Franckes Erfahrungshorizont und die Formung eines Ideals. In: Gebaute Utopien. Franckes Schulstadt in der Geschichte europäischer Stadtentwürfe. Hg. v. Holger Zaunstöck. Halle/Saale 2010 (Kataloge der Franckeschen Stiftungen, 25), 66–77.

Wurzel von Franckes persönlicher Zurückhaltung in der Anbahnungsphase der London-Kontakte zu finden. Francke sah das Gottesreich sich von Halle aus verbreiten – deshalb versuchte das Waisenhaus auch als Teil einer providenziell begründeten Kampagne, die hallische Pädagogik und ihre Schulformen nach England zu exportieren.

Insbesondere wurde dies durch die Übersetzung der zentralen Schrift Franckes, der *Fußstapfen,* mit großem Erfolg betrieben. Daniel Brunner charakterisierte die englische Ausgabe *Pietas Hallensis* treffend als »propaganda tool«, die dem Waisenhaus und den Armenschulen allgemein »a higher profile« verlieh. Franckes Ziel, so Brunner, auf der Insel »was not ecumenical cooperation but the spread of his own institutions and ideas.«[45] Die *Pietas Hallensis* (und ihre Folgeauflagen) sowie die ihr 1706 unmittelbar folgende Kurzversion *An Abstract Of The Marvellous Footsteps Of Divine Providence; In the Building of a very large Hospital, or rather, a Spacious College, For Charitable and Excellent Uses [...]*[46] hinterließen einen nachhaltigen Eindruck bei führenden Akteuren der Charity-School-Bewegung und in der englischen Gesellschaft überhaupt.[47] 1706 sprach der anglikanische Archidiakon White Kennett (1660–1728) vor 3.000 »arme[n] Kinder[n] / Knaben und Mägdlein nach jährlicher Gewohnheit den 16ten Maji« in einer im Anschluss gedruckten Predigt »vor vielen zu Beförderung der Armen=Schulen in London behülflichen Herren« anhand der *Fußstapfen* geradezu enthusiastisch über Franckes Werk im preußischen Glaucha als Exempel göttlicher Providenz. Auch dies wurde (ähnlich wie die Nachricht über die Mädchenschule in Greenwich 1706) als Erfolgsnachricht aufbereitet und in die deutsche Öffentlichkeit eingespeist – im Falle Kennetts in Franckes 1707 publizierter *Wahrhaften und umständlichen Nachricht.*[48] Aber auch langfristig sind die Wirkungen dieses Image-Coups zu registrieren, so etwa 1725 durch Friedrich Michael Ziegenhagen, der berichtet, dass der Wunsch nach Darstellungen der Unterrichtsmethode und einem Besuch Franckes in England durch Mitglieder der SPCK betont wurde,[49] oder auch durch den 1730 von Isaac Watts (1674–1748) publizierten *Appendix. Containing a short Account of the signal and surprizing Appearances of God in*

---

45 Brunner, Halle Pietists in England [s. Anm. 4], 93 und 74; Schunka, Zwischen Kontingenz und Providenz [s. Anm. 2], 100f. Siehe dazu auch die Beiträge von Andreas Gestrich und Juliane Jacobi.

46 London 1706: BFSt: 184 : 6.

47 Brunner, Halle Pietists in England [s. Anm. 4], 86–93.

48 The Charity of Schools for Poor Children Recommended in a SERMON Preach'd in the Parish-Church of St. Sepulchers, May 16. 1706. Being Thursday in Whitson-Week, The Anniversary Meeting of about Three Thousand of the Poor Children, Boys and Girls: [...]. London [...] 1706 (BFSt: S/MISS: H 127/1); August Hermann Francke: Wahrhafte und umständliche Nachricht Von dem Bißherigen und gegenwärtigen Zustande Des Wäysen-Hauses und der übrigen Anstalten Zu Glaucha an Halle. In zweyen Send-Schreiben verfasset. Halle 1707, 55–57 (BFSt: 55 H 5 [8]); Brunner: Halle Pietists in England [s. Anm. 4], 86f., 97; Zaunstöck, Das »Werck« und das »publico« [s. Anm. 37], 262f.

49 Ziegenhagen an Francke, London den 26.10.1725, Berlin, Staatsbibliothek Preußischer Kulturbesitz, Nachlass August Hermann Francke, 30/59 : 64.

his Providence for the Erecting and the Support of a Charity-School among the Pietists (or Puritans) in Germany.[50]

Wie an den beiden Beispielen von 1706 und 1707 dargestellt, war es Teil der Imagepolitik des Waisenhauses, diese Effekte strategisch zu nutzen. Dies lässt sich auch an den hinter den Publikationen stehenden Korrespondenzen zeigen. 1709 berichtete Böhme an Francke über die Würdigung der Glauchaschen Anstalten in England vermittelt durch die SPCK und übersandte eine gedruckte Abhandlung in Englisch, in der dem Waisenhaus (»Hallischen Anstalten«) »rühmlich gedacht« wird. Böhme fügte die Überlegung an: »Wenn es in teutsch übersetzt u. an einem and[eren] Orth gedruckt würde, könnte dadurch mancher in Teutschland zu einem gelinden Urtheil gegen das Waysen-Haus beweget« werden.[51] Mit dem Brief sandte Böhme zudem zwei Drucke nach Halle: den *Account of Charity-Schools* von 1708 und den *Letter From a Residing Member* von 1709. Der *Account* befindet sich in der Bibliothek des Waisenhauses,[52] der *Letter* hingegen nur in einer zweiten Ausgabe von 1714. Auch darin wird wohlwollend über das Waisenhaus und Francke berichtet: »And here I cannot but take Notice of the faithful and surprising Account of the pious Foundation at *Glaucha* near *Hall* in *Saxony*, which from so small a Beginning as Eighteen Shillings and Six pence, dropt into an Alms-Box fixed at the Study-Door oft the Reverend *Augustus Hermannus Franck*, minister there, is now, by seasonable and unexpected Supplies, (As God opened the Hearts and Hands of Neighbours and Strangers) grown so large as to become a sort of University. The History of which is worth your Perusal, in a Book, entituled, *Pietas Hallensis*: or an Abstract of it: Both printed by *Joseph Downing*.«[53] Man sieht: Die (nicht nur) mit den *Fußstapfen* verbreitete Gründungslegende der ›Vier Thaler und sechzehn Groschen‹, das Anstaltswachstum als sicheres Zeichen göttlicher Providenz sowie der dort verwirklichte hohe Bildungsanspruch verdichten sich im englisch-deutschen Beziehungskontext zu einem positiven, immer wieder aufgegriffenen, weitergetragenen und öffentlich verankerten Image, an dem Francke und seine Emissäre gezielt gearbeitet haben.

---

50 In: BFSt: 185 A 4 [17]: An Essay Towards the Encouragement of CHARITY SCHOOLS, Particulary Those which are supported by PROTESTANT DISSENTERS, for teaching the Children of the Poor to read and work: Together with Some APOLOGY for those Schools which instruct them to write a plain Hand and fit them for Service of the meaner Trades and Labours of Life: To which is prefix'd, An Address to the Supporters of these Schools. By I[saac] Watts. London: Printed for John Clark and Richard Hett, at the Bible and Crown in the Poultry, near Cheapside: Emanuel Matthews at the Bible in Paternoster Row, and Richard Ford at the Angel in the poultry near Stocks-Market. 1728, hier 48–51.

51 AFSt/H C 229:86 (Brief Böhmes an Francke vom 10.10.1709 aus London).

52 BFSt: 185 A 2 [6].

53 BFSt: S/Miss: H 130:1, S. 30f. Zu Downing siehe: Graham Jefcoate, Joseph Downing and the Publication of Pietist Literature in England, 1705–1734. In: The German Book, 1450–1750. Studies presented to David L. Paisey in his retirement. Edited by John L. Flood and William A. Kelly. London 1995, 319–332, 323–325 zu den Übersetzungen von 1705 und 1706 sowie der Rolle der SPCK dabei.

Unter die Prämissen einer solchen Imagestrategie fügen sich auch die eingangs erwähnten Englandbezüge im *Großen Aufsatz* von 1704. Dabei geht es Francke mehrfach dezidiert darum, dass seine Idee, das hallische System, nach England verpflanzt werde: vor »etlichen Jahren [hat] Dr. Woodward, ein berühmter Prediger zu London in Engelland, in einer öffentlichen Predigt, die er von der Aufferziehung der Jugend gehalten, seinen Engeländer die hieselbst gemachte Anstalten zum Exempel vorgestellet, und sie zur Nachfolge auffgemuntert«. Francke hebt weiter hervor, dass die Predigt »im Druck auch in der Schweiz ins teutsche übersetzet ist«, und dass der Übersetzer Johann Jakob Scherer (1653–1733) »exemplaria hergesandt hat, darinnen es kann auff begehren gezeiget werden« – dieser Grenzen überschreitende Medienerfolg kann mithin vor Ort im Waisenhaus überprüft werden. Zudem fügt Francke in späteren Bearbeitungsstufen dann auch das (oben genannte) Beispiel White Kennetts hinzu. Außerdem behauptet er, dass die in London nach hallischem Vorbild errichtete Schule bereits größer sei als das hiesige Pädagogium. Als Beleg für den hallischen Exporterfolg dient also eine Londoner Predigt aus dem Jahr 1700 von Joshua Woodward (1657–1712), die 1703 bereits in der dritten Auflage gedruckt erschien – von jenem Woodward, der kurz danach das Vorwort zur ersten Auflage der *Pietas Hallensis* von 1705 beisteuern wird.[54]

Was unter dem Blickwinkel der Imagebildung sichtbar wird, ist Franckes Durchsetzungswillen. Ausgehend von einem Grundkonsens und einem gemeinsamen Ziel, aber auf der Grundlage zweier unterschiedlicher Modelle politischer Kultur und Vergesellschaftung, werden Kommunikationsstrategien hier auch bis zu einem gewissen Grad als Konkurrenzanordnung erkennbar. Dies ist *ein* Beispiel für die Vielfalt der Ausprägungen der Halle-London-Kontakte. Die hier dokumentierte Tagung hat diese multiperspektivisch in den Blick genommen. Blicken wir auf die Beiträge des Bandes.

Die Beiträge des Bandes

Am Beginn steht ein das Thema insgesamt rahmender Text von Andreas Gestrich, der auf der Tagung als öffentlicher Abendvortrag gehalten wurde: *Der Pietismus und die deutsch-britischen Beziehungen um 1700*. Gestrich steckt hier die Leitthemen der Zeit und ihre Wechselwirkungen mit den pietistischen Aktivitäten

[54] August Hermann Franckes Schrift über eine Reform des Erziehungs- und Bildungswesens als Ausgangspunkt einer geistlichen und sozialen Neuordnung der Evangelischen Kirche des 18. Jahrhunderts. Der Grosse Aufsatz. Mit e. quellenkritischen Einf. Hg. v. Otto Podczeck. Berlin 1962 (Abhandlungen der Sächsischen Akademie der Wissenschaften zu Leipzig. Philologisch-historische Klasse 53, Heft 3), 114 und 118; zur Londoner Schule siehe Brunner, Halle Pietists in England [s. Anm. 4], 77–79 sowie den Beitrag von Juliane Jacobi; zur Predigt Woodwards und dem Vorwort von 1705 und 1706 siehe Schunka, Zwischen Kontingenz und Providenz [s. Anm. 2], 100; Brunner, Halle Pietists in England [s. Anm. 4], 85f. sowie den Beitrag von Andreas Gestrich.

zwischen Halle und England ab. Er vollzieht dies in vier Schritten: Pietismus und Politik, der Pietismus und das Thema einer protestantischen Kirchenunion, pietistische Akteure und die Medien des Austauschs zwischen Deutschland und Großbritannien (ein Thema, das im Anschluss Jan van de Kamp aufnimmt), Mission sowie deutsch-englische Kooperation im Bereich der Wissenschaften (diese untersucht in Bezug auf das Waisenhaus Kelly J. Whitmer im Band). Im Fazit hebt er hervor, dass die konkreten konfessionspolitischen Konstellationen der Zeit um 1700 paneuropäisch einen Rahmen schufen, der es möglich machte, dass der (Hallesche) Pietismus die deutsch-englischen Beziehungen merklich mit prägen konnte. Wesentliche Faktoren dabei waren die pietistisch-lutherischen Hofprediger aus Halle in London als Verbindungspersonen zu den oberen Kreisen der Gesellschaft sowie die prinzipielle Interessenübereinstimmung in den moral-politischen Reformanliegen zwischen dem Waisenhaus und der SPCK. Gestrich pointiert zugleich die historische Situativität dieser produktiven Konstellation um 1700, die sich ab dem zweiten Drittel des 18. Jahrhunderts zu verändern und zu verblassen beginnt. Die große Ausnahme bilden die Missionsaktivitäten.

Im Anschluss erörtert Jan van de Kamp *Das Vorfeld der England-Halle-Kontakte*. Konkret nimmt van de Kamp dazu theologische und religiöse Austauschprozesse zwischen England und Deutschland im 16. und 17. Jahrhundert in den Blick, die er als den Nährboden für die Blüte der Halle-England-Beziehungen begreift. Im persönlich zurückhaltenden Vorgehen Franckes in Bezug auf England bzw. die SPCK, so van de Kamp, zeige sich eine lutherische Konstante des 17. Jahrhunderts überhaupt: Francke verzichtete aufgrund konfessioneller Differenzen mit dem Anglikanismus auf eine Debatte über dogmatische und ekklesiologische Unterschiede. Van de Kamp hebt hervor, dass zu Beginn des 17. Jahrhunderts und dann auch in der Zeit um 1700 durch familiäre Bindungen angeregt, neben der Beförderung der Frömmigkeit auch die naturwissenschaftliche Forschung im Fokus der Akteure stand.

Ludolfs eingangs zitiertes Statement zur Bedeutung der Insel war nur eine von mehreren Aufforderungen an Francke, sich stärker um England zu kümmern. Es gab zahlreiche Personen, die ihm immer wieder vorwarfen, er würde die Englandkontakte nicht ernst genug nehmen und damit letztlich dem Aufbau des Reiches Gottes schaden. Diese Zusammenhänge greift im Anschluss Alexander Schunka in seinem Aufsatz zu Heinrich Wilhelm Ludolf als *Wanderer zwischen den Welten* auf. Schunka prüft das bislang unumstrittene Narrativ, dass Ludolf als ein Botschafter des Waisenhauses in den beiden Jahrzehnten um das Jahr 1700 unterwegs war. Er zeigt, dass Ludolf zuvorderst ganz eigene Ziele verfolgte, nämlich die Errichtung eines universalen Christentums. Im Zuge dessen und zu diesem Zweck, förderte er auch das Waisenhaus, von dem er fasziniert war. Weltenwanderer wie Ludolf etablierten durch wechselnde Präsenz produktive Verbindungen grenzübergreifend. Ludolf stellte, so Schunka, Francke die Strategie zur Verfügung, existierende Infrastrukturen in Kirche und Politik für die eignen Ziele zu nutzen.

Mit dem folgenden Aufsatz von Michael Schaich wird die mit den ersten Beiträgen begonnene stufenweise Fokussierung der Thematik von einer übergreifenden Perspektive hin zu den konkreten Akteurs- und Handlungsebenen weitergeführt. Unter dem Titel *Kontaktzonen* untersucht Schaich *Die religiöse Topographie Londons als Handlungsraum hallischer Pietisten.* Denn, so sein Ausgangsbefund, den in der Forschung immer wieder als zentral deklarierten Londonbeziehungen des Waisenhauses steht eine weitgehende Ausblendung des sozialen, konfessionellen und urbanen Londoner Umfelds, in dem sich die hallischen Emissäre bewegten, entgegen. Es geht ihm darum, die Hallenser in der sozialen und religiösen Landschaft Londons um 1700 zu verorten und damit ihren Handlungsraum auszuloten. Die Pietisten mussten sich in einem hochgradig gemischtkonfessionellen Umfeld behaupten. Kooperation und Konkurrenz bestimmten ihren Alltag. Sie rangen als eine von vielen Interessengruppierungen um Aufmerksamkeit und Gestaltungspielräume. Die Pietisten standen vor der Aufgabe, durch alltägliches Handeln sich ihren Platz in London zu erarbeiten und darüber die religiöse Topografie der Stadt zu verändern.

Die beiden folgenden Aufsätze von Kelly J. Whitmer und Juliane Jacobi behandeln zwei der Kernthemen, die in den Halle-London-Kontakten verhandelt wurden: experimentelle Naturwissenschaft sowie Pädagogik und Bildung. Kelly Whitmer nimmt die sowohl von Andreas Gestrich sowie von Jan van de Kamp als eines der wesentlichen Themen der protestantisch-deutschen Englandbeziehungen des 17. und frühen 18. Jahrhunderts identifizierte Naturwissenschaftskommunikation in den Blick: *Extending an experimental community: Halle and the British Royal Society c. 1700.* Ausgehend von der Beobachtung, dass die jüngere wissenschaftshistorische Forschung der Kultur experimenteller Wissensgenerierung besondere Aufmerksamkeit geschenkt hat, fragt sie nach deren Verbindungen zur Reformpädagogik des Waisenhauses. Whitmer arbeitet heraus, dass die Royal Society für das Feld naturwissenschaftlichen Experimentierens im Waisenhaus und an der Universität Halle zum Vorbild wurde, wobei Frederick Slare eine zentrale Stellung einnahm. Dabei ist u.a. die Vakuumpumpe im Besitz des Waisenhauses von höchstem Interesse, durch die ein nicht zu unterschätzender Prestigegewinn erwirtschaftet wurde. Die öffentliche, experimentelle Kultur wuchs in der preußischen Universitätsstadt hauptsächlich im Umfeld des Waisenhauses; dies war der Ort, an dem studentische Lehrer und ihre Schüler sowie Handwerker und Professoren zum Durchführen und Beobachten von Experimenten zusammen kamen.

Juliane Jacobi widmet sich anschließend einem zentralen Thema: *Bildungstransfer im frühen 18. Jahrhundert?* Kann man in den Jahrzehnten um 1700 tatsächlich von einem pädagogischen Transfer in den *Beziehungen zwischen dem Halleschen Waisenhaus und der Society for Promoting Christian Knowledge* sprechen? Dabei rückt sie die Erwartungen, Erfahrungen und Deutungen der handelnden Personen ins Zentrum. Quantitativ scheint der Austausch von Schülern und Lehrern zwischen dem Waisenhaus und der SPCK zunächst eher überschaubar gewesen zu sein – er ist aber für die Zeit um 1700 in pädagogikgeschichtlicher Perspektive im internationalen Rahmen dennoch bemerkenswert, obwohl oder gerade weil diese Zeit bereits durch nationale bildungsgeschichtliche Besonderheiten geprägt war. Jacobi versteht die Transfers deshalb nicht als Randerscheinung. Sie betont die durch sie evozierte bildungspolitische Dynamik. Gefördert wurden diese Aktivitäten insbesondere von Böhme und Johann Christian Jacobi (1670–1750). Letzterer lebte seit 1708 als Drucker und Buchhändler auf dem Savoy und wurde später Küster der deutschen Hofkapelle – ein Beispiel für die Verortung der aktiv handelnden Pietisten in der Topografie Londons.[55]

In dieser war in der folgenden Generation Friedrich Michael Ziegenhagen die zentrale pietistische Figur. Christina Jetter-Staib nimmt Ziegenhagen nicht als ein ausführendes Instrument hallischer Vorgaben, sondern als dezidiert selbständig agierende Persönlichkeit wahr. Ziegenhagens Äußerungen künden von einer großen Skepsis gegenüber der Metropole: »Londen ist für einige leute ein besonders an sich ziehender Ort, für mich nicht.«[56] Die Stadt verderbe junge Menschen, davon war Ziegenhagen überzeugt, weshalb die in London auf ihre Aufgaben vorzubereitenden, künftigen Missionare permanent beschäftigt wurden. Jetter-Staib hält fest, dass Ziegenhagens fromme Lebenswelt und das freiheitliche London als nahezu zwei differente Welten erscheinen. London wurde im Laufe des 18. Jahrhunderts zunehmend als Sprungbrett für die weltweite Arbeit am Reich Gottes wichtig. Der Blick ging ab den 1730er Jahren weniger in die englische Gesellschaft als Zielort pietistischen Handelns als vielmehr von dort aus in die transkontinentale Welt. Ziegenhagen erwies sich dabei als Kenner der englischen Verhältnisse, die von Gotthilf August Francke nur bedingt verstanden wurden; insbesondere schätzte er die Möglichkeiten hoch ein, die sich über die Zusammenarbeit mit der SPCK boten.

Ziegenhagens Stellung als zentralem Akteur zwischen Halle und London und darüber hinaus nach Tranquebar, Georgia und Pennsylvania stand lange ein Defizit in der Forschung gegenüber.[57] Einerseits ist diese Lücke jetzt durch die Biografie von Christina Jetter-Staib geschlossen worden, andererseits bleibt Arbeitsbedarf in Hinsicht auf den Theologen Ziegenhagen. Hier knüpft der folgende Beitrag von Jürgen Gröschl an. Er erzählt die Geschichte einer spannenden Archivspurensuche, denn der Nachlass des von Heinrich Melchior Mühlenberg (1711–1787) verehrten Ziegenhagen – *»Ach ich küße seine zitternde Hände im Geist«* – wurde seit Jahrzehnten von Spezialisten weltweit gesucht. Vor kurzer Zeit nun gelang die Identifizierung eines Teiles des Nachlasses im Archiv der

[55] Siehe den Beitrag von Michael Schaich, Anm. 5.

[56] Siehe den Beitrag von Christina Jetter-Staib bei Anm. 29.

[57] Thomas Müller-Bahlke hat in seiner Dissertation auf die Bedeutung Ziegenhagens für das transatlantisch-pietistische Netzwerk im Zusammenhang mit der Entsendung und der kirchlichen Aufbauarbeit Heinrich Melchior Mühlenbergs hingewiesen; Thomas J. Müller: Kirche zwischen zwei Welten. Die Obrigkeitsproblematik bei Heinrich Melchior Mühlenberg und die Kirchengründung der deutschen Lutheraner in Pennsylvania. Stuttgart 1994 (Transatlantische Historische Studien, 2), insb. 179–200.

Franckeschen Stiftungen. Mit diesem Fund, so stellt Gröschl heraus, wird es nun erstmals möglich sein, den Theologen Ziegenhagen und seine bis in die einzelnen Arbeitsschritte hinein nachvollziehbare Arbeitsweise zu untersuchen. Die überlieferten Predigten liegen in verschiedenen Ausarbeitungsstufen vor: von ersten Konzepten, über nachträglich bearbeitete Reinschriften bis hin zu den letztendlichen Fassungen auch für den Druck. Im Zusammenspiel damit sind ebenfalls vorhandene Bücherkataloge und Exzerpte Ziegenhagens von Interesse. Gröschl betont abschließend, dass die Suche nach den verbleibenden Teilen des Nachlasses noch nicht beendet sei. Er stellt u.a. die Frage, wo sich die an Johann Christian Christoph Ubele (1767–nach 1846) ausgehändigten Briefschaften der Indien- und Amerikabeziehungen heute befinden könnten.

Ubele (deutsch: Uebele), der im Waisenhaus die Lateinschule besucht und in Halle und Rostock studiert hatte, war seit 1790 Pfarrer in London, später Prediger auf Alderney und exponiert in der Dänisch-Halleschen Mission in London engagiert. Mit Ubele verlassen wir den für den vorliegenden Band abgesteckten Zeitraum und formulieren ein Forschungsdefizit. Ubele, eine zentrale Gelenkstelle für die Halle-London-Kontakte zwischen 1790 und 1840, stand über längere Zeit in Kontakt mit Georg Christian Knapp (1753–1825), einem der beiden Stiftungsdirektoren jener Jahre und zuständig für die geistlichen und Missionsangelegenheiten.[58] Zusätzlich interessant ist, dass Ubele 1819 mit dem anderen Stiftungsdirektor August Hermann Niemeyer (1754–1828) in London persönlich zusammentraf. Niemeyer war der erste Stiftungsdirektor, der nach weit mehr als einhundert Jahren intensiver Kontakte zwischen Halle und London England besuchte; auch August Hermann Francke war zeitlebens nicht über den Kanal gereist, obwohl dies sogar von der preußischen Königin noch 1725 angeregt worden war.[59] Die Korrespondenz zwischen Ubele und Knapp sowie Niemeyers Englandreise sind Ausgangspunkte für die ausstehende Erforschung der Londonbeziehungen des Waisenhauses in der ersten Hälfte des 19. Jahrhunderts.

Am Schluss des Bandes steht der Beitrag von Alexander Pyrges zum *Sprungbrett London*. Er thematisiert die andere zentrale Handlungsebene, die für die Halle-London-Kontakte ab dem zweiten Drittel des 18. Jahrhunderts prägend wurde: *Annäherungen an die englisch-hallischen Beziehungen aus der Perspektive des Kolonialprojekts Ebenezer (1730–1780)*. Pyrges, der sich dem Thema

[58] Von Ubele sind über 300 Briefe aus der Zeit zwischen 1792 und Anfang der 1840er Jahre im Archiv der Franckeschen Stiftungen dokumentiert.

[59] Licht und Schatten. August Hermann Niemeyer – ein Leben an der Epochenwende um 1800. Hg. v. Brigitte Klosterberg. Halle/Saale 2004 (Kataloge der Franckeschen Stiftungen, 13), 250–252; Brief von Karl Friedrich Adolf Steinkopf (1773–1859) aus London, der die Reise vorschlägt, an Georg Christian Knapp vom 25.11.1814: AFSt/M 1 C 50 : 67, und Brief von Georg Christian Knapp an C. Schwabe († 1843) nach London vom 18.08.1819, der die Rückkehr Niemeyers nach Halle anzeigt: AFSt/M 1 C 53 : 28; Gröschl, Das internationale Kommunikationsnetzwerk [s. Anm. 9], 177 sowie AFSt/H A 179 : 42.

ausführlich in seiner Dissertation gewidmet hat,[60] destilliert neben konkreten Handlungszusammenhängen zwischen Halle, Augsburg, London und Georgia ein konzeptionelles Design aus dem Material. Dabei wird der Blick weg von theologisch evidenten Kommunikationszusammenhängen und hervortretenden Wendepunkten in Biografien hin zu den alltäglichen Routinen des transterritorialen Geschehens gelenkt. Pyrges schlägt eine Perspektive der Vernetztheit vor, die auf die basale Frage zielt, was das soziale Handeln ausmacht und die soziale Welt ordnet. Für das Projekt Ebenezer war die Themsemetropole ebenso von zentraler Bedeutung, wie für Mühlenbergs Wirken in Pennsylvania ab 1742, eben auch und gerade in solch handfesten Bereichen wie Finanzen und Transport. In der Perspektive der Vernetztheit sind insbesondere die alltäglichen, vermeintlich trivialen Handlungen von Interesse, die Kontinente übergreifenden Aktivitäten der Akteure durchziehen. Auf deren Grundlage konnte von Glaucha aus über London nach Indien und Amerika an der Verbreitung der hallischen Ideen und Konzepte, am Image des Waisenhauses und damit am Reich Gottes gearbeitet werden.

---

60 Alexander Pyrges: Das Kolonialprojekt EbenEzer. Formen und Mechanismen protestantischer Expansion in der atlantischen Welt des 18. Jahrhunderts. Stuttgart [erscheint Winter 2014/15].

Andreas Gestrich

Der Pietismus und die deutsch-britischen Beziehungen um 1700[1]

»Um 1700 war England, von Deutschland wie von den meisten anderen Ländern aus gesehen, eine *terra incognita*«, schrieb 1985 der Anglist und Buchwissenschaftler Bernhard Fabian.[2] Aus einer auf die Verbreitung fiktionaler Literatur im Original oder in Übersetzung konzentrierten Perspektive mag dies zutreffen. Aus vielen anderen Perspektiven ist dieses pauschale Urteil problematisch. Die Beziehungen zwischen den britischen Inseln und dem deutschsprachigen Raum waren um 1700 vielschichtig und eng. Das implizierte auch den regelmäßigen Austausch von Informationen und Nachrichten über private Korrespondenzen und öffentliche Medien. Zwar hatte sich England aufgrund der eigenen Bürgerkriege aus dem Dreißigjährigen Krieg und der Politik auf dem Kontinent in der ersten Hälfte des 17. Jahrhunderts weitgehend herausgehalten,[3] aber am Ende des 17. Jahrhunderts waren die wechselseitigen Einflüsse wieder stark und spielten für die innere Entwicklung Englands und des Reiches vielfach eine entscheidende Rolle: Die *Glorious Revolution* von 1688 und die Sicherung der protestantischen Thronfolge sind ohne den Kontext der erneuten Kriege des Reiches mit Frankreich unter Ludwig XIV. (1638–1715) nicht zu verstehen. Umgekehrt waren die politischen, sozialen und wirtschaftlichen Entwicklungen in England auch von erheblicher Bedeutung für das Reich. Die Parteinahme Londons für die Habsburgische Seite im Spanischen Erbfolgekrieg stabilisierte die traditionellen Machtverhältnisse im Reich, nachdem die katholischen Wittelsbacher sich auf

---

1 Dieser Beitrag wurde als einleitender Abendvortrag bei der diesem Band zu Grunde liegenden Tagung gehalten. Es gibt daher notwendig Überschneidungen mit anderen Beiträgen in diesem Band. Der Vortragsduktus wurde weitgehend beibehalten. Wenn im Folgenden von »Deutschland« die Rede ist, bezieht sich diese abgekürzte Redeweise auf die Territorien des Alten Reiches, ähnlich bezieht sich die Bezeichnung »England« in der Regel auf die britisch-schottische Doppelmonarchie, die erst mit der Union von 1707 zum Vereinigten Königreich von Großbritannien wurde.

2 Berhard Fabian: Englisch als neue Fremdsprache des 18. Jahrhunderts. In: Mehrsprachigkeit in der deutschen Aufklärung. Hg. v. Dieter Kimpel. Hamburg 1985 (Studien zum 18. Jahrhundert, 5), 178–196, hier 178. Dass das allgemeine Wissen über England und vor allem die deutsche Anglophilie im Laufe des 18. Jahrhunderts erheblich zunahm, soll damit nicht bestritten werden. Vgl. dazu auch Michael Maurer: Aufklärung und Anglophilie in Deutschland. Göttingen, Zürich 1987.

3 Zum Engagement englischer Soldaten im Dreißigjährigen Krieg vgl. Adam Marks: England, the English and the Thirty Years' War (1618–1648). PhD thesis [masch.]. St. Andrews 2012. Die gegenseitige Wahrnehmung war trotz der Kriege ohnehin nicht zum Erliegen gekommen. Vgl. dazu z.B. Jayne E.E. Boys: London's News Press and the Thirty Yeras War. Woodbridge 2011.

die Seite der Bourbonen gestellt und damit einen Krieg innerhalb des Reiches ausgelöst hatten.[4] Der Aufstieg Englands als Kolonialmacht beeinflusste nicht nur die wirtschaftliche Produktion und den privaten Konsum in Deutschland, sondern auch die Wissenschaften an Universitäten und Akademien nachhaltig.[5]

Was hat dies mit dem Pietismus zu tun? Vier Aspekte sollen hier hervorgehoben werden: Zunächst standen auf fast allen Ebenen und Feldern der politischen Beziehungen zwischen England und dem deutschsprachigen Raum Fragen der Kirchen- und Religionspolitik mit auf der Agenda. Denn auch nach dem Ende der Hochphase des sogenannten konfessionellen Zeitalters durchdrangen und formten religiöse Gegensätze weiterhin alle Lebensbereiche und wirkten sich auf die internationalen Beziehungen und Transferprozesse in Politik und Wirtschaft, Wissenschaft und Kunst aus.[6]

Zweitens wurden die alten konfessionellen Gegensätze seit dem Ende des 17. Jahrhunderts von einer konfessionsübergreifenden und keineswegs nur die protestantischen Kirchen ergreifenden Frömmigkeitsbewegung transformiert. Der deutsche Pietismus nahm hierbei eine zentrale Stellung ein, stand aber in Verbindung und im intellektuellen Austausch mit Bewegungen wie dem englischen Puritanismus des 16. und 17. Jahrhunderts, dem Methodismus des 18. Jahrhunderts oder auch dem in Frankreich verbreiteten katholischen Jansenismus.[7] War für diese Frömmigkeitsbewegungen theoretisch eine konfessionsübergreifende Solidarität der Erweckten und zum Teil auch ein Streben nach einer Wiedervereinigung der christlichen oder zumindest der protestantischen Kirchen charakteristisch, so verschärften sie real vielfach die Spannungen zwischen den etablierten Kirchen, indem sie konfessionelle theologische Unterschiede in heilsgeschichtliche Kontexte stellten.

---

4 Vgl. dazu u.a. The Anglo-Dutch Moment: Essays on the Glorious Revolution and its World Impact. Hg. v. Jonathan Israel. Cambridge 1991 sowie die Beiträge zu dem Sammelband Hannover, Großbritannien und Europa. Erfahrungsraum Personalunion 1714–1837. Hg. v. Ronald G. Asch u. Thomas Vogtherr. Göttingen 2014 (Veröffentlichungen der Historischen Kommission für Niedersachsen und Bremen, 277).

5 Vgl. z.B. Peter Kriedte: Vom Großhändler zum Detaillisten. Der Handel mit »Kolonialwaren« im 17. und 18. Jahrhundert. In: Kolonialwaren für Europa. Zur Sozialgeschichte der Genußmittel. Hg. v. Claus Füllberg-Stolberg [u.a.]. Berlin 1994 (Jahrbuch für Wirtschaftsgeschichte 1994/1), 11–36.

6 Andrew C. Thompson: Britain, Hanover and the Protestant Interest: 1688–1756. Woodbridge 2006. Vgl. auch W. Reginald Ward: Christianity under the Ancien Régime, 1648–1789. Cambridge 1999, 1: »In the middle of the seventeenth century religious belief and practice, by no means all Christian or confessionally organised, was interwoven with most aspects of life and was very difficult to escape.« Ähnlich argumentiert Joachim Bahlcke: Die Konstruktion der intellektuellen Kultur Europas um 1700. Forschungen zu Leben, Werk und Wirkung Daniel Ernst Jablonskis aus drei Jahrhunderten. In: Daniel Ernst Jablonski: Religion, Wissenschaft und Politik um 1700. Hg.v. J. Bahlcke u. Werner Korthaase. Wiesbaden 2008 (Jabloniana 1. Quellen und Forschungen zur europäischen Kulturgeschichte der frühen Neuzeit), 3–42.

7 Vgl. v.a. W. Reginald Ward: Early Evangelicalism. A Global Intellectual History, 1670–1789. Cambridge 2010; Jansenismus, Quietismus, Pietismus. Hg. v. Hartmut Lehman [u.a.]. Göttingen 2002 (Arbeiten zur Geschichte des Pietismus, 42).

Drittens etablierte gerade der Austausch über religiöse Fragen auf verschiedenen Ebenen feste Beziehungen und Kommunikationsnetzwerke. Das 17. und 18. Jahrhundert war ohnehin eine Zeit sich rasch entfaltender Korrespondenznetzwerke – von Gelehrten, Kaufleuten, Politikern. Pietisten waren besonders intensive ›Netzwerker‹ und etablierten und hinterließen umfangreiche Briefarchive.[8] Religiöse und weltliche Themen und Anliegen waren dabei vielfach nicht zu trennen. Diplomatische, wissenschaftliche oder wirtschaftliche Korrespondenznetzwerke wurden häufig für religiöse Zirkel und Zwecke geöffnet und diese umgekehrt auch für säkulare Belange in Anspruch genommen. Solche frühneuzeitlichen Kommunikationsnetzwerke lassen sich an vielen Beispielen und Gruppen untersuchen. Kennzeichnend für die internationalen, d.h. auch deutsch-englischen Aspekte pietistischer Kommunikation sind Missionsprojekte, die Übersetzung religiöser Literatur oder gemeinsame Publikationsvorhaben in beiden Ländern sowie Personal- und Religionspolitik im globalen Rahmen.

Viertens war die Zeit um 1700 nicht nur gekennzeichnet durch enge Beziehungen in Politik und Religion, sondern – das steht mit den Korrespondenznetzwerken in engem Zusammenhang – auch durch den Beginn intensivierter naturwissenschaftlicher Forschung und einer raschen geographischen Ausweitung von Handel, Reisen und philologischer und ethnographischer Forschung. Durch den rasanten Aufstieg Englands zur dominanten Kolonialmacht waren die Beziehungen zu England für alle Wissenschaftler, die sich mit außereuropäischen Themen beschäftigten, aber auch für die Naturwissenschaften zentral. Auch mit diesem Aspekt der deutsch-britischen Beziehungen war der Pietismus nicht zuletzt über sein Engagement in der Mission und sein besonderes Interesse an der Übertragung der Bibel und religiöser Schriften in fremde Sprachen eng verknüpft.

Daraus folgt die Gliederung des Aufsatzes in vier Abschnitte, die durch eine Zusammenfassung beschlossen werden: Zunächst wird der pietistische Blick auf die politischen Beziehungen zwischen Großbritannien und dem deutschsprachigen Raum auf dem Kontinent im Kontext der allgemeinen politischen Entwicklungen des ausgehenden 17. und beginnenden 18. Jahrhunderts skizziert.

---

8 La République des Lettres. Hg. v. Hans Bots u. Françoise Waquet. Paris 1997; Franz Mauelshagen: Netzwerke des Vertrauens. Gelehrtenkorrespondenzen und wissenschaftlicher Austausch in der Frühen Neuzeit. In: Vertrauen. Historische Annäherungen. Hg. v. Ute Frevert. Göttingen 2003, 119–151; Kommunikation in der Frühen Neuzeit. Hg. v. Klaus-Dieter Herbst u. Stefan Kratochwil. Frankfurt/Main 2009. Zu den pietistischen Kommunikationsnetzwerken vgl. Brigitte Klosterberg: August Hermann Francke und das hallische Kommunikationsnetzwerk: Bedeutung, Überlieferung, Erschließung. In: Die Welt verändern. August Hermann Francke – Ein Lebenswerk um 1700. Hg. v. Holger Zaunstöck [u.a.]. Halle/Saale 2013 (Katalog der Franckeschen Stiftungen, 29), 157–165; Jürgen Gröschl: »Denn was wir da gutes hineinschreiben, das geht durch alle christlichen Gemeinden in America« – das internationale Kommunikationsnetzwerk August Hermann Franckes. In: Die Welt verändern [s. Anm. 8], 167–179; Thomas Müller-Bahlke: Die Bedeutung des Adels für das hallische Netzwerk. In: Die Welt verändern [s. Anm. 8], 181–193 sowie die u.a. im Rahmen des Projekts »Pietistische Kommunikationsnetzwerke« inzwischen hervorragend erschlossenen und online recherchierbaren Briefnachlässe im Archiv der Franckeschen Stiftungen [http://digital.francke-halle.de = das »Francke-Portal« / und: http://digital.francke-halle.de/ (letzter Zugriff 03.09.2014)].

Was bedeuteten die protestantische Thronfolge und die internationale Positionierung der englischen Politik für ›erweckte‹ protestantische Christen diesseits und jenseits des Kanals? In einem zweiten Abschnitt wird ein kurzer Blick auf ein besonderes Kommunikationsfeld geworfen: die Bestrebungen zu einer Union der protestantischen Kirchen in Europa. In einem dritten Abschnitt werden wichtige pietistische Akteure und Medien des Austauschs zwischen England und Deutschland vorgestellt. Für Deutschland liegt dabei das Schwergewicht auf den Glauchaschen Anstalten in Halle, für Großbritannien auf der Society for Promoting Christian Knowledge (SPCK). Abschließend wird die Bedeutung des Pietismus für die wissenschaftlichen Beziehungen und den wissenschaftlichen Austausch zwischen Deutschland und England behandelt.

1. Pietismus und Politik: Heilsgeschichte und deutsch-britische Beziehungen

Am 31. Dezember 1700 beschloss die Londoner Zeitung *The Post Man and The Historical Account* das Jahr mit einem gerafften historischen Rückblick auf das 17. Jahrhundert.[9] Der Bericht begann mit folgender Einleitung: »The XVII Century has been justly called from its very beginning the Iron Age«.[10] Obwohl auch die früheren Jahrhunderte »very leud and dissolute« gewesen seien, habe dieses nun zu Ende gegangene Jahrhundert alle vorherigen an Bosheit (»in all manner of wickedness«) übertroffen. Tugend, Aufrichtigkeit und Gerechtigkeit seien von der Welt vertrieben, die Christenheit ein ständiges Blutfeld, eine Bühne der Raserei, der Grausamkeiten und der Zerstörung (»a Field of Blood, a Theatre of Ravage, Crueltites and Destruction«). Der Frömmigkeit und Religion seien solch tödliche Wunden zugefügt worden »that there is reason to fear that they will not recover their first splendour, till Righteousness comes to inhabit the New Earth,

[9] Zu der Zeitung und ihrem Verleger, dem Londoner Buchhändler Richard Baldwin (c. 1653–1698), vgl. Stanley Morison: The English Newspaper, 1622–1932: An Account of the Physical Development of Journals Printed in London 1622–1932. Cambridge 1932, 59–70; C.Y. Ferdinand: Richard Baldwin Junior, Bookseller. In: Studies in Bibliography 42, 1989, 254–264. Der doppelte Titel der Zeitung verweist darauf, dass es sich um eine Fusion von zwei Zeitungen, dem *Post Man* und dem *Historical Account of the Publick Transactions in Christendom* handelt, die 1695 von Baldwin zusammengelegt wurden.

[10] The Post Man and The Historical Account, 28.–31. Dezember, 1700, Nr. 849, 1. Die antike Metaphorik des eisernen Zeitalters war im 16. und 17. Jahrhundert auf die aufkommende Jahrhunderteinteilung übertragen und das 17. Jahrhundert vielfach als ein »eisernes Jahrhundert« bezeichnet worden. Vgl. Arndt Brendecke: Die Jahrhundertwenden. Eine Geschichte ihrer Wahrnehmung und Wirkung. Frankfurt/Main 2000, 126 u. Anm. 28 für zahlreiche Nachweise sowie Markus Meumann: Von der Endzeit zum Säkulum. Zur Neuordnung von Zeithorizonten und Zukunftserwartungen ausgangs des 17. Jahrhunderts. In: Kulturelle Orientierung um 1700 – Traditionen, Programme, konzeptionell Vielfalt. Hg. v. Sylvia Heudecker [u.a.]. Tübingen 2004 (Frühe Neuzeit, 93), 100–121, 117–120.

promised in the Holy Writings«.[11] Die Wiederkehr des Glanzes (splendour) in die Welt komme also erst mit der Errichtung des Reiches Christi auf Erden, das in der Bibel (z.B. 2Petr 3,13; Apk 20,1–10) angekündigt worden sei.

Der *Post Man* war kein religiöses oder gar schwärmerisches Blatt, sondern ein Nachrichtenblatt, das politisch allerdings eindeutig auf der Seite der Whigs zu verorten war, also jener Partei, die klar hinter der protestantischen Thronfolge und der durch die *Glorious Revolution* etablierten Form der konstitutionellen Monarchie in England stand und alle Versuche einer Rückkehr der katholischen Stuarts verhinderte. Die Zeitung nahm den religiösen Rückblick auf das vergangene Jahrhundert auch nicht weiter auf, sondern ging dann zu den wie gewohnt neutralen Meldungen der wichtigsten Tagesereignisse über. Dennoch ist diese kurze religiöse Bilanz auch für die deutsch-britischen Beziehungen und den Pietismus interessant, denn der Artikel wurde vermutlich von John (Jean) de Fonvive († 1737) verfasst, dem ›Chefredakteur‹ des Blattes. Fonvive war ein Hugenotte, der nach der Aufhebung des Edikts von Nantes im Jahr 1685 nach England geflohen war und sich dort rasch als einer der erfolgreichsten Journalisten und als ein sehr einflussreiches Mitglied der Hugenottengemeinde etablieren konnte.[12] Bei den reformierten Hugenotten, die in England und in zahlreichen deutschen Territorien eine wichtige religiöse Minderheitengruppe darstellten, war es im 17. Jahrhundert zu einer starken Ausbreitung chiliastischer Hoffnungen auf eine Herrschaft Christi auf Erden in einem tausendjährigen Friedensreich gekommen.[13] Fonvive griff zur Jahrhundertwende 1700 diese religiöse Naherwartung und die theologische Rhetorik dieser Tradition auf. Im englischen Puritanismus war millenaristisches Gedankengut weit verbreitet. Zahllose Pamphlete und Predigten mit entsprechenden Interpretationen der eigenen Zeit als Endzeit kursierten in England in den 1640er Jahren,[14] literarisch am bekanntesten wurde der puritanische

---

11 Post Man and the Historical Account [s. Anm. 9], 1.

12 Vgl. zu John de Fonvives u.a. Ric Berman: The Foundations of Modern Freemasonry. The Grand Architects. Political Change and the Scientific Enlightenment. Eastbourne 2012, 31f. (Der Verleger des Post Man, Richard Baldwin, verlegte auch zahlreiche Schriften der Freimaurer). Fonvive betätigte sich auch als ›Chronist‹ Wilhelms III. Vgl. John de Fonvive: Fasti Gulielmi Tertii, or, An Account of the most memorable actions transacted during His Majesty's life, both before and since his accession to the crown: with the days, months, and years wherein the same hapned [sic]. London 1697.

13 Die Vorstellung, dass Christus vor dem letzten Gericht sein Reich auf Erden einrichten werde, in dem er mit den Gerechten die Herrschaft über die Welt einnehmen würde, war als religiöse Naherwartung von den Reformatoren auf dem Kontinent und von der anglikanischen Kirche als Irrlehre zurückgewiesen worden. Ulrich Gäbler: Geschichte, Gegenwart, Zukunft. In: Glaubenswelten und Lebenswelten. Hg. v. Hartmut Lehmann. Göttingen 2004 (Geschichte des Pietismus, 4), 19–48, hier 20; Ulrich H.J. Körtner: Weltangst und Weltende. Eine theologische Interpretation der Apokalyptik. Göttingen 1988, 192–194.

14 Breit diskutiert wurde z.B. Henry Archer: The personall reign of Christ upon earth: In a treatise wherin is fully and largely laid open and proved, that Jesus Christ, together with the saints, shall visibly possesse a monarchicall state and kingdome in this world. Which sheweth, 1. That there shall be such a kingdome. 2. The manner of it. 3. The duration of it. 4. The time when it is to begin. London: Benjamin Allen 1642.

Chiliasmus in Werken des Dichters John Milton (1608–1674).[15] In Deutschland war dieses Gedankengut im 17. Jahrhundert ebenfalls in Umlauf – zunächst primär, wie Ulrich Gäbler gezeigt hat, im »populären, mystisch-spiritualistischen Laienschrifttum«.[16] Seit dem ausgehenden 17. Jahrhundert findet es sich in den verschiedenen Spielarten des radikalen Pietismus.[17] Mit Philipp Jakob Spener (1635–1705) und August Hermann Francke (1663–1727) drang ein gemäßigter Chiliasmus dann auch breiter in den von ihnen inspirierten lutherischen Pietismus ein.[18] Es waren nicht zuletzt englische religiöse Schriften, die in Übersetzung dieses chiliastische Gedankengut auch auf den deutschen Buchmarkt gebracht und den Boden für diese Sicht der Zeit bereitet hatten.[19]

Diese religiös-heilsgeschichtliche Interpretation der Zeit wirkte sich im Rahmen der deutsch-britischen Beziehungen in verschiedener Weise auf die Politik aus. Hier kann nur ein Aspekt hervorgehoben werden, der allerdings Folgen in verschiedenen Kontexten zeitigte. Auf beiden Seiten des Kanals war aus protestantischer Sicht ein Hauptproblem der Zeit das Wiedererstarken der katholischen Kirche nach dem Dreißigjährigen Krieg. »Papism« und »righteousness« gingen für ›erweckte‹ protestantische Christen wie den hugenottischen Journalisten Fonvive nicht zusammen. Auch den englischen Puritanismus des 16. und 17. Jahrhunderts kennzeichnete eine starke Abneigung gegen ›Papismus‹ und katholische kirchliche Hierarchie,[20] die sich auf die von ihm beeinflussten Frömmigkeitsbewegungen des 17. und 18. Jahrhunderts in den reformierten Kirchen und im englischen Nonkonformismus, aber auch auf den inneranglika-

---

15 Zu Milton vgl. z.B. Stella P. Revard: Milton's Millenarianism from the Nativity Ode to Paradise Regained. In: Milton and the End of Times. Hg. v. Juliet Cummins. Cambridge 2003, 42–81. Als Überblick vgl. Jeffrey K. Jue: Puritan Millenarianism in Old and New England. In: Cambridge Companion to Puritanism. Hg. v. John Coffey u. Paul C.H. Lim. Cambridge 2008, 259–276.

16 Gäbler, Geschichte [s. Anm. 13], 23.

17 Vgl. z.B. zu dem Chiliasmus des Ehepaares Johann Wilhelm (1649–1727) und Johanna Eleonora Petersen (1644–1724) Gäbler, Geschichte [s. Anm. 13], 25–29 sowie die Beiträge aus: Der radikale Pietismus. Zwischenbilanz und Perspektiven der Forschung. Hg. v. Wolfgang Breul [u.a.]. Göttingen 2010 (Arbeiten zur Geschichte des Pietismus, 55).

18 Vgl. Heike Krauter-Dierolf: Die Eschatologie Philipp Jakob Speners. Der Streit mit der lutherischen Orthodoxie um die »Hoffnung besserer Zeiten«. Tübingen 2005 (Beiträge zur historischen Theologie, 131).
Zu A.H. Francke und Spener in diesem Kontext z.B. Philipp Jakob Spener, Briefwechsel mit August Hermann Francke: 1689–1704. Hg. v. Johannes Wallmann u. Udo Sträter in Zsarb. mit Veronika Albrecht-Birkner. Tübingen 2006, 433f., Brief v. 7.3.1696.

19 Vgl. dazu auch Klaus Deppermann: Der englische Puritanismus. In: Der Pietismus vom siebzehnten bis zum frühen 18. Jahrhundert. Hg. v. Martin Brecht. Göttingen 1993 (Geschichte des Pietismus, 1), 9–55, hier 43f.; Gäbler, Geschichte [s. Anm. 13], 22 mit Anm. 21.

20 Vgl. zum puritanischen Antikatholizismus des 17. Jahrhunderts z.B. Achsah Guibbory: Ceremony and Community from Herbert to Milton: Literature, Religion and Cultural Conflict in Seventeenth-Century England. Cambridge 1998, 38f.

nischen Reformflügel übertrug.[21] In Deutschland hatten die ›Gründungsväter‹ des Pietismus wie Spener und Francke zwar durchaus zugestanden, dass es in allen Kirchen und Denominationen erweckte, fromme Christen geben könne. Aber die katholische Kirche als Institution und die theologische Begründung ihrer Verfassung lehnten auch Spener und Francke ab und identifizierten sie mit der »Hure Babylon« der Johannesoffenbarung (z.B. Apk 17,5), deren Fall den Beginn des neuen Reiches signalisiere. Spener spricht in seinen Schriften und Briefen meist vom »hochmüthigen Babel«, auf dessen zügigen Fall er hoffe, damit die Zeit der wahren Kirche, das »himmlische Jerusalem«, bald anbrechen möge.[22] Viele deutsche Pietisten folgten ihnen in diesem spezifisch antikatholischen Chiliasmus.[23] Diese enorme religiöse Aufladung des Zeitgeschehens bedeutete aber, dass es um mehr als nur um Territorien und Thronfolgen ging, dass die Auseinandersetzungen zwischen protestantischen und katholischen Mächten und Dynastien in heilsgeschichtlichen Dimensionen erfahren wurde.

Das bezog sich vor allem auf Frankreich, aber – da eng damit verbunden – auch auf die politischen Vorgänge in England. Wilhelm von Oranien (1650–1702) wurde in der antifranzösischen hugenottischen Propaganda mit geradezu messianischen Zügen versehen. Ludwig XIV. hatte die durch den sogenannten Großen Türkenkrieg (1683–1699) eingetretene Schwächung des Reiches bekanntlich für seine Expansionspläne zu nutzen gewusst und das französische Territorium nicht nur in Kriegen mit den Generalstaaten nach Nordosten, sondern auch mit dem Reich bis zum Rhein erweitert. Die Gegeninitiative des Reiches und anderer europäischer Mächte mündete in den Neunjährigen Krieg (1688–1697) der sogenannten Großen Allianz. Diese Allianz war ganz wesentlich von Wilhelm von Oranien, dem Schwiegersohn des englischen Königs Jakob II. (1633–1701), geschmiedet worden. Jakob II., der inzwischen zum Katholizismus konvertiert war, wollte sich dieser Koalition nicht anschließen. Seine prokatholische Politik in den internationalen Beziehungen wie auch in England selbst sowie die Geburt eines männlichen Thronfolgers führten 1688 zur ›Glorreichen Revolution‹ zum Ausschluss aller Katholiken von der Thronfolge und zur doppelten Krönung von Jakobs protestantischer Tochter Mary (1662–1694) und ihres Mannes Wilhelm von Oranien zu Monarchen. 1714 folgten dann – aufgrund des frühzeitigen Todes der Kinder von Queen Anne (1665–1714) – die Kurfürsten von Braunschweig-Lüneburg (Hannover) als protestantische Herrscher.

---

21 Vgl. The Politics of Religion in Restoration England. Hg. v. Tim Harris [u.a.]. Cambridge 1990; Colin Haydon: Anti-Catholicism in Eighteenth-century England, C. 1714–80: A Political and social study, c. 1714–80. Manchester 1993.

22 Vgl. z.B. Philipp Jakob Spener, Briefe aus der Dresdener Zeit 1686–1691. Bd. 2: 1688. Hg. v. Johannes Wallmann in Zsarb. m. Klaus vom Orde. Tübingen 2009, 353, Brief Nr. 83 an Johann Heinrich Thamer, v. 14.8.1688; zum »himmlischen Jerusalem vgl. auch Claus Bernet: Gebaute Apokalypse. Die Utopie des Himmlischen Jerusalem in der Frühen Neuzeit. Mainz 2007.

23 Hartmut Weiss: Philipp Jakob Speners Verhältnis zum römischen Katholizismus. Diss. [masch.]. Kiel 1987 sowie dazu die weiterführende Rez. von Johannes Wallmann in: PuN 17, 1991, 248–252.

In England hatte sich mithin um 1700 ein rigider Antikatholizismus gewissermaßen als Staatsdoktrin durchgesetzt. Er wurde selbstredend von den protestantischen Herrscherhäusern, die ihren Thronanspruch weiterhin gegen die katholischen Stuarts im Exil verteidigen mussten, mit getragen. Was auch immer die machtpolitischen Gründe für die protestantischen Thronfolgeregelungen und die antifranzösische Koalition (die ja auch katholische Mächte umfasste) auf der Ebene der internationalen Politik waren: Im ausgehenden 17. und frühen 18. Jahrhundert war der Schutz des »protestant interest« in England und in den protestantischen Territorien des Reiches getragen von einer Stimmung, die aus dem nonkonformistischen bzw. pietistischen Umfeld wesentliche theologische und publizistische Unterstützung erhielt.[24] Viel von dieser antikatholischen Stimmung um 1700 wird für England fassbar in Daniel Defoes (1660–1731) Schrift *The Danger of the Protestant Religion Consider'd: From the Present Prospect of a Religious War in Europe,* in der er 1701 für eine Konfessionalisierung des beginnenden Spanischen Erbfolgekrieges und für eine antifranzösische Koalition warb:

> Wherefore I desire only of Parliaments, of Protestants and Kings, that they wou'd condescend so far, as to take the Poor Distressed Protestant Religion into their Care: [...] In this Case a War of Religion will require us to lay aside all our ill-natur'd Animosities: Here is no Foreigners, no Refugees, no *Dutch* Men; ›Tis a *Protestant*, is the General Term. [...] In this Cause of Religion, Gentlemen, if the *Swede,* or the *Dane* or the most remote Nation be Attackt, we are only to examine if the Protestant Religion be his Signal; if so, we ought to help and relieve them, let them be what Nation or People soever [...]When the Protestants in any part of Europe are attacked, *Proximus ardet* Let us consider, if ever the fire of popery consumes the Protestant powers of Europe, the flame will certainly catch hold of us in England.[25]

Defoe stammte aus einer presbyterianisch-nonkonformistischen Familie und hatte sich verschiedentlich für innerprotestantische Toleranz und Einheit eingesetzt, vertrat aber gleichzeitig eine scharfe Abgrenzung gegenüber dem Katholizismus zu Hause und im europäischen Kontext.[26] In diesem Zitat stellte er die Solidarität mit den protestantischen Glaubensgenossen über alle nationalen Unterschiede und Interessen.

Deutsche Pietisten wie Philipp Jakob Spener äußerten sich zu den politischen Vorgängen der Zeit ganz ähnlich. Speners antikatholische Haltung war besonders durch die Aufhebung des Ediktes von Nantes durch Ludwig XIV. im Jahr 1685 verstärkt worden, die in vieler Hinsicht als eine Wasserscheide gegenüber den

---

24 Zur Bedeutung des »Protestant interest« vgl. v.a. Thompson, Britain [s. Anm. 6], 39–42, der ebenfalls die These vertritt, dass die britische Außenpolitik jener Zeit nicht auf Aspekte der Interessen- und Machtpolitik reduziert werden könne.

25 Daniel Defoe: The Danger of the Protestant Religion Consider'd: From the Present Prospect of a Religious War in Europe. London 1701, 18f. Dieser Abschnitt wird auch zit. bei Sugiko Nishikawa: English Attitudes toward Continental Protestants with Particular Reference to Church Briefs c. 1680–1740. PhD [masch.]. London 1998, 3. Vgl. zum Zusammenhang von Religion und Außenpolitik in England auch Steven C.A. Pincus: Protestantism and Patriotism. Ideology and the Making of English Foreign Policy 1650–1668. Cambridge 1996.

26 Differenzierter zu Defoes z.T. wechselnden politischen Einstellungen William James Roosen: Defoe and Diplomacy. Cranbury, NJ [u.a.] 1986, u.a. 30f.

eher auf Überwindung der Glaubensspaltung ausgerichteten Jahrzehnten nach dem Dreißigjährigen Krieg angesehen werden muss. Hochrangige Bemühungen um eine Kirchenunion von Protestanten und Katholiken waren dadurch endgültig zum Erliegen gekommen.[27] Spener betonte immer wieder, dass die Aufhebung des Ediktes ein weiterer Angriff des »hochmüthigen Babel«, eine Strafe Gottes sei, die die Protestanten durch ihre Sünden allerdings auch selbst auf sich gezogen hätten. Er ging davon aus, dass Ludwig mit seinen antiprotestantischen Maßnahmen nicht am Rhein Halt machen würde und dass die Auswirkungen auf das Reich erheblich sein würden. »Aber wir haben vornehmlich zu bitten, daß auch wir in den izigen Zeiten, so uns betroffen, mit genugsamer gnade mögen ausgerüstet werden [...] damit wir oder die unsrige würdig werden mögen, zu sehen das heil des Herrn am Ende seiner Gerichte«.[28]

Fluchtpunkt von Speners Wahrnehmung der katholischen Kirche blieb immer das »Ende der Gerichte«, also die Heilsgeschichte.[29] Das wird auch an seinen Äußerungen über England deutlich. Genau verfolgte er die Rekatholisierungspolitik Jakobs II. und die Bereitschaft Wilhelms von Oranien, in England militärisch einzugreifen und die protestantische Thronfolge für sich und seine Frau zu sichern. Spener schien durch Korrespondenzpartner über die Lage in England sehr genau informiert. In einem lateinischen Brief an einen unbekannten Briefpartner schrieb er am 10. Juli 1688, der Erfolg mache Jakob II. immer kühner in seinen Versuchen, das gesamte britische Königreich dem römischen Joch zu unterwerfen (»omnem Britanniem iugo Romano subiicere«).[30] Ende September 1688, wenige Wochen vor der Landung Wilhelms in England, begrüßte Spener dessen Engagement, damit »das gantz Evangelische wesen, so fern es das Pabstthum zu allgemeinen feind hat, mehr lufft bekommen möchte«. Zugleich fürchtete er allerdings den Krieg und einen möglichen negativen Ausgang, der die Lage für die Protestanten dann noch schwieriger machen würde.[31]

---

27 Nach der Aufhebung des Ediktes von Nantes waren irenische Bemühungen, die auf die Wiedervereinigung aller christlicher Kirchen zielten und noch in den 1670er Jahren von Leibniz und anderen befürwortet wurden, nicht weiter verfolgt worden. Vgl. zu den Unionsbemühungen v.a. die Beiträge in Union – Konversion – Toleranz. Dimensionen der Annäherung zwischen den christlichen Konfessionen im 17. und 18. Jahrhundert. Hg. v. Heinz Duchhardt u. Gerhard May. Mainz 2000 (Veröffentlichungen des Instituts für europäische Geschichte Mainz, Abt. für Universalgeschichte, Beih. 50) sowie Irenik und Antikonfessionalismus im 17. und 18. Jahrhundert. Hg. v. Harm Klueting. Hildesheim 2003.

28 Spener, Briefe aus der Dresdener Zeit [s. Anm. 22], Bd. 2, 39, Nr. 9 an Pfalzgraf Christian II von Pfalz-Birkenfeld, Januar 1688.

29 Zu Speners Antikatholizismus vgl. z.B. auch Krauter-Dierolf, Eschatologie [s. Anm. 18], 39f.

30 Spener, Briefe aus der Dresdener Zeit [s. Anm. 22], Bd. 2, 313, Nr. 74 v. 20.7.1688.

31 Spener, Briefe aus der Dresdener Zeit [s. Anm. 22], Bd. 2, 313, Nr. 94 an Anna Elisabeth Kißner, v. 20.9.1688

2. Der Pietismus und das Thema einer protestantischen Kirchenunion

Speners Ängste bestätigten sich bekanntlich nicht. Jakob II. und seine Familie flohen ins französische Exil und Wilhelm und Maria sicherten die protestantische Thronfolge in England. Allerdings trat im Kontext der Aufhebung des Ediktes von Nantes und generell des erstarkenden Katholizismus in Europa um 1700 ein anders Ziel wieder verstärkt in den Vordergrund – die Überwindung der innerprotestantischen Unterschiede in einer Union der protestantischen Konfessionen.[32] Im Kontext der zahlreichen innerprotestantischen ›Mischehen‹ auf der Ebene der Herrscherhäuser, der Probleme gemischtkonfessioneller Territorien wie z.B. Brandenburg-Preußens sowie der Frage nach der Führung der Protestanten im Reich nach der machtpolitisch motivierten Konversion August des Starken (1670–1733) zum Katholizismus kam es zu einer deutlichen Wiederbelebung der Bemühungen, den innerprotestantischen Zusammenhalt zu stärken und vor allem innerhalb von Herrschaftsbereichen die Spaltung der protestantischen Kirchen zu überwinden. Die Pietisten spielten keine unwesentliche Rolle für die allmähliche »Relativierung des fundamentaltheologischen Anticalvinismus« im Luthertum und beförderten in der Regel den Austausch zwischen den Konfessionen.[33] Allerdings gab es auch von pietistischer Seite Widerstände. Francke und Spener zeigten beide wenig Interesse an einer über Verhandlungen und Kompromisse hergestellten Union der Kirchen. Die Einheit der Kirche könne – konfessionsübergreifend – nur durch eine auf Buße und Bekehrung aufgebaute weltweite Reformation erreicht werden.[34]

Auf englischer Seite stellte nicht nur die Integration der Hugenotten, sondern auch des einheimischen Dissent sowie auf der Ebene der Herrschafts- und Kirchenverfassung die Multikonfessionalität ihrer Herrscherpaare Probleme dar.

---

[32] Für einen Überblick über die theologischen und personellen Kontinuitäten zwischen der früheren, auf die Vereinigung von Katholiken und Protestanten zielenden Irenik und den neuen innerprotestantischen Einigungsbestrebungen vgl. Alexander Schunka: Union, Reunion, or Toleration. Reconciliatory Attempts among Eighteenth-Century Protestants. In: Diversity and Dissent. Negotiating Religious Difference in Central Europe, 1500–1800. Hg. v. Gary Cohen [u.a.]. New York 2011, 193–208.

[33] Walter Sparn: Die fundamentaltheologische Fixierung des Anticalvinismus im deutschen Luthertum. In: Calvinismus in den Auseinandersetzungen des frühen konfessionellen Zeitalters. Hg. v. Herman Selderhuis [u.a.]. Göttingen 2013, 127–150, hier 146. Zu Spener und den Hugenotten vgl. z.B. Klaus Deppermann: Die politischen Voraussetzungen für die Etablierung des Pietismus in Preußen. In: PuN 12, 1986, 38–53, v.a. 43–47.

[34] Vgl. u.a. Martin Brecht: Der Pietismus und die Irenik. In: Irenik [s. Anm. 27], 211–222; Schunka, Union [s. Anm. 32], 197f.; Marzena Gorecka: Pietistische Reformation als Ausdruck des neuen weltlichen Einheitsbewußtseins. In: Interdisziplinäre Pietismusforschungen. Beiträge zum Ersten Internationalen Kongress für Pietismusforschung 2001. Hg. v. Udo Sträter [u.a.]. 2 Bde. Tübingen 2005 (Hallesche Forschungen, 17), Bd. 2, 759–767; Christina Jetter-Staib: Halle, England und Das Reich Gottes weltweit – Friedrich Michael Ziegenhagen (1694–1776). Hallescher Pietist und Londoner Hofprediger. Halle/Saale 2013 (Hallesche Forschungen, 34), 79.

Mit den Hannoveranern waren die Könige selbst in gewisser Weise zu Dissentern geworden. Georg I. (1660–1727) und seine Familie nahmen zwar in London am anglikanischen Gottesdienst und Abendmahl teil, waren also in gewisser Weise »full members of the Anglican Church«.[35] In Hannover aber gingen sie zum lutherischen Gottesdienst und die Kurfürsten standen dort als Landesherren an der Spitze der lutherischen Kirche. In Schottland, wo sich die frühen Georges allerdings nie aufhielten, wären sie zugleich noch Oberhaupt der presbyterianischen schottischen Kirche gewesen. Solche komplexen Gemengelagen bargen einigen Konfliktstoff in sich, den es zu entschärfen galt. In England bestand daher in politischen und teilweise auch in kirchlichen Kreisen ebenfalls ein Interesse an einer stärkeren Union der protestantischen Kirchen. Dafür wollte man sich auch der Unterstützung durch den kontinentaleuropäischen Protestantismus versichern. Denn falls die anglikanische Kirche, die dogmatisch in manchen Punkten dem Calvinismus, in ihrer Organisation als Bischofskirche jedoch eher dem Luthertum nahestand, das Modell für eine europäische Einigung der protestantischen Kirchen abgeben könnte, würde dies ihre Stellung im Land und die Position des konservativen anglikanischen Establishments, das vor allem an der Bischofsverfassung der Kirche festhalten wollte, deutlich stärken.[36]

Die Kirchenunionsdiskussionen um 1700 bildeten einen Rahmen, in dem es zu einem regen Austausch und Interagieren nicht nur zwischen den Höfen und ihren entsprechenden Beratern,[37] Bischöfen, Hofpredigern, Konsistorien etc., kam, sondern zu einer relativ breiten europäischen Debatte, an der auch pietistisch orientierte Theologen einen nicht unerheblichen Anteil nahmen. Sie spielten gerade im deutsch-englischen Austausch eine herausragende Rolle in der Beförderung der religionspolitischen Zusammenarbeit und des Transfers von Ideen und Schriften. Hervorzuheben ist hier besonders der reformierte brandenburgisch-preußische Hofprediger Daniel Ernst Jablonski (1660–1741). Er war ein Enkel des tschechischen Theologen und Pädagogen Johann Amos Comenius (1592–1670), hatte u.a. in Oxford studiert, stand der Herrnhuter Brüdergemeine und dem Pietismus des Grafen Zinzendorf (1700–1760) nahe und hatte auch Gottfried Wilhelm Leibniz' (1646–1717) Pläne für eine Kirchenunion unterstützt. Jablonski schien die anglikanische Kirche und ihr *Book of Common Prayer* gut

35 Ragnhild M. Hatton: The Anglo-Hanoverian Connection 1714–1760. London 1982, 12; zit. auch bei Jetter-Staib, Halle [s. Anm. 34], 69, Anm. 158.

36 Vgl. u.a. Alexander Schunka: Zwischen Kontingenz und Providenz. Frühe Englandkontakte der Halleschen Pietisten und protestantische Irenik um 1700. In: PuN 34, 2008, 82–114, hier 85f. für den Forschungsstand zur inneren Entwicklung der anglikanischen Kirche um 1700.

37 Die Literatur zur Rolle von Leibniz in diesem Zusammenhang ist natürlich besonders umfangreich. Vgl. als Überblick Schunka, Union [s. Anm. 32]. Für die Rolle der Höfe und die weit über die Theologie hinausreichende Bedeutung der Lösungsversuche für dogmatische Differenzen interessant auch D. Bertoloni Meli: Caroline, Leibniz, and Clarke. In: Journal of the History of Ideas 60, 1999, 469–486.

als Grundlage für eine Union geeignet.[38] August Hermann Francke, in gewisser Weise Jablonskis lutherischer Gegenspieler in Brandenburg-Preußen, unterstützte Jablonskis Pläne zwar nicht, aber sollte mit zwei aus Halle stammenden Hofpredigern, Anton Wilhelm Böhme (1673–1722) und Friedrich Michael Ziegenhagen (1694–1776) ab 1701 relativ starke Persönlichkeiten als Kontaktpersonen in London platzieren, die sich von seinem Desinteresse nur partiell von einem regen Austausch und einer engen Zusammenarbeit mit der anglikanischen Kirche und unionsorientierten Kreisen abhalten ließen.

Franckes theologisch motivierte Skepsis gegenüber Unionsplänen machte einen Bereich der intensiven deutsch-britischen Zusammenarbeit zu einem besonders interessanten Experimentierfeld konfessionsübergreifender Kooperation: die Mission. Seit 1710 unterstützte die Londoner Society for Promoting Christian Knowledege (SPCK) die 1706 begonnene Dänisch-Hallesche Mission in der dänischen Handelsstation im südindischen Tranquebar.[39] Die SPCK war 1698 mit dem Ziel gegründet worden, zur moralischen Reform und Verbreitung christlichen Wissens in Großbritannien beizutragen. Francke wurde 1700 zum Mitglied der SPCK ernannt. Diese unterstützte finanziell und logistisch die hallische Mission und bediente sich für ihre Auslandsmission vor allem der Theologen aus Halle.[40] Damit betonte sie nicht nur ihre Unabhängigkeit von der anglikanischen Amtskirche, sondern verlieh auch ihrem Interesse an konfessionsübergreifenden Allianzen im Protestantismus Ausdruck.[41] Zumindest im Bereich der Mission galt für die SPCK »[that] it is rather to be conceived that the heathens should

---

[38] Hartmut Rudolph: Bemerkungen zu Leibniz' Reunionskonzept. In: Union [s. Anm. 27], 227–242; Sugiko Nishikawa: Die Fronten im Blick. Daniel Ernst Jablonski und die Unterstützung kontinentaler Protestanten. In: Jablonski [s. Anm. 6], 151–168; Alexander Schunka: Brüderliche Korrespondenz, unanständige Korrespondenz. Konfession und Politik zwischen Brandenburg-Preußen, Hannover und England im Wendejahr 1706. In: Jablonski [s. Anm. 6], 123–150 sowie Alexander Schunka: Daniel Ernst Jablonski, Pietism and Ecclesiastical Union. In: Pietism, Revivalism and Modernity, 1650–1850. Hg. v. Fred van Lieburg u. Daniel Lindmark. Cambridge 2008, 23–41.

[39] Jeffrey Cox: The British Missionary Enterprise since 1700. Abingdon, New York 2008, 44–48 zur Zusammenarbeit von SPCK und Halle Nishikawa, Attitudes [s. Anm. 25] 182–188; Heike Liebau: Die Quellen der Dänisch-Halleschen Mission in Tranquebar in deutschen Archiven. Ihre Bedeutung für die Indienforschung. Berlin 1993; Daniel Jeyaraj: Bartholomäus Ziegenbalg: The Father of Modern Protestant Mission – An Indian Assessment. Delhi 2006; Thomas Müller-Bahlke: The Mission in India and the worldwide communication network of the Halle orphan-house. In: Halle and the Beginning of Protestant Christianity in India. Hg. v. Andreas Gross [u.a.]. 3 Bde. Halle/Saale 2006, Bd. 1: The Danish-Halle and the English-Halle Mission, 57–79.

[40] Vgl. dazu ausführlicher unten Abschnitt 3.

[41] Auf diese Tatsache hat vor allem Sugiko Nishikawa: The SPCK in Defence of Protestant Minorities in Early Eighteenth-Century Europe. In: Journal of Ecclesiastical History 56, 2005, 730–748, hier 735 überzeugend hingewiesen und herausgearbeitet, dass die SPCK ihren unabhängigen Status als ›Laienvereinigung‹ gegenüber der anglikanischen Kirche durchaus betonte und ausspielte.

be Lutheran Christians than no Christians«.[42] Umgekehrt mussten die Hallenser Missionare für die Unterstützung ihrer Mission durch die SPCK hinnehmen, dass die Katechismen, die sie in der Mission benutzten, unter Aufsicht der SPCK zusammengestellt und damit auch inhaltlich von ihr geprägt wurden.

Im Gegensatz zur SPCK oder dem in London gut vernetzten Jablonski (auch er war ein Mitglied der SPCK) sträubte sich Francke eher gegen theologische Kompromisse in für ihn zentralen lutherischen Glaubenssätzen. Aber sowohl seine ›Männer vor Ort‹ in London, als auch die Missionare selbst waren gegenüber dieser Art ökumenischer Zusammenarbeit aufgeschlossen. Besonders den Missionaren schienen die innerprotestantischen Differenzen marginal und für ihre Gemeinden irrelevant. Für sie stellte die Präsenz der Jesuiten und damit die Glaubenskonkurrenz mit den Katholiken in Indien die eigentliche Gefahr dar.[43]

Allerdings blieb die im Großen und Ganzen erfolgreiche Zusammenarbeit auf dem Feld der Mission ohne politische Auswirkungen. Die politischen Bemühungen um eine protestantische Kirchenunion scheiterten letztlich aufgrund der Veränderung der politischen Großwetterlage in Großbritannien nach dem Monarchiewechsel 1714 und auf dem Kontinent nach dem Tod Ludwigs XIV. im Jahr 1715. Aber die Kommunikationsbeziehungen, die im breiteren Kontext des religiösen und kirchenpolitischen Austauschs aufgebaut worden waren, überlebten das politische Ende der Unionsbemühungen und bildeten die Grundlage für weitere religiöse und kulturelle Transferprozesse und enge Zusammenarbeit auf dem Feld der Mission, aber auch in anderen Bereichen.[44]

3. Pietistische Akteure und Medien des Austauschs zwischen Deutschland und Großbritannien

Religion und konfessionelle Zugehörigkeit formten nicht nur Trennlinien, sondern stellten – wie die Unionsbestrebungen zeigten – auch ein Feld des besonders intensiven Dialogs und der gegenseitigen Befruchtung dar. Ein ganz wesentlicher Bestandteil dieses Austauschs war die Übersetzung theologischer bzw. allgemein

---

42 So der Sekretär der SPCK, Henry Newman, in einem Schreiben an ein anderes führendes Mitglied der Gesellschaft. Zit. nach Nishikawa, SPCK [s. Anm. 41], 736. Dort zit. ohne Datumsangabe aus SPCK Archives, University Library Cambridge, Society's letters, iii, CS2/3, fos 84-5.

43 Zu Ziegenbalgs Einstellung und zu seiner Korrespondenz mit der SPCK Nishikawa, SPCK [s. Anm. 41], 737. Zur Konkurrenz mit den Jesuiten vgl. Jetter-Staib, Halle [s. Anm. 34], 261.

44 Zu den komplexen Zusammenhängen des Scheitern der Unionsbemühungen und zum Ende des Austauschs zwischen London und Berlin ausführlicher Schunka, Kontingenz [s. Anm. 36], v.a. 105–108; Schunka, Korrespondenz [s. Anm. 38] sowie seine demnächst abgeschlossene Habilitationsschrift zum Thema »England und der deutsche Protestantismus zwischen 1688 und 1740« und sein Beitrag im vorliegenden Band.

religiöser Literatur. Die Forschung der letzten Jahrzehnte hat verschiedentlich auf die Bedeutung der Übersetzungen englischer Erbauungsliteratur schon des frühen 17. Jahrhunderts für den Pietismus hingewiesen. Übersetzungen zentraler Werke des englischen Puritanismus kursierten in Deutschland bereits während des Dreißigjährigen Krieges und in den Jahrzehnten danach in großer Zahl und hohen Auflagen. Die für Spener und den gesamten Pietismus besonders einflussreiche Schrift *The Practice of Piety, directing a Christian how to walk that he may please God* des englischen Puritaners Lewis Bayly (1565–1631) ist nur ein Beispiel unter vielen. Dabei handelte es sich bei diesen Übersetzungen englischer Schriften oft nicht um reine Übersetzungen, sondern um Texte, die dogmatisch durchaus an die jeweils eigenen Positionen angepasst wurden.[45] Oft gingen die Rezeptionswege auch nicht direkt von England nach Deutschland, sondern über die Niederlande oder die Schweiz. Etliche Bücher wurden aber auch von deutschen Theologen, die ausreichend Englisch konnten, rezipiert und in Übersetzungen ediert.[46]

Was sich im frühen 17. Jahrhundert um diese Übersetzungen herum zunächst noch nicht notwendig etablierte, waren umfangreiche Korrespondenznetzwerke und persönliche Beziehungen zwischen Autoren, Übersetzern und Rezipienten. Seit der Mitte des 17. Jahrhunderts gab es jedoch wichtige Mittler mit ausgedehnten persönlichen Beziehungen und guten Informationsnetzwerken. Das waren häufig Emigranten, die aufgrund ihrer linguistischen Kompetenzen die Übersetzung religiöser, wissenschaftlicher oder auch politischer Schriften übernahmen. In der Mitte des 17. Jahrhunderts war ein solcher Mittler der aus einer reformierten Pfälzer Gelehrtenfamilie stammende Theodore Haak (1605–1690). Er war 1638 nach England ausgewandert und nahm rasch eine zentrale Position in einem internationalen religiösen und wissenschaftlichen Kommunikationsnetzwerk ein. Er übersetzte Miltons *Paradise Lost* und andere Schriften aus dem puritanischen

[45] Das Erscheinungsdatum der Erstauflage ist unbekannt. Neuauflagen sind ab 1613 nachweisbar. Für eine frühe dt. Übersetzung vgl. [Lewis Bayly:] Praxis Pietatis: Das ist: Ubung der Gottseligkeit: Darinn begriffen/ wie ein Christgläubiger Mensch/ in wahrer erkäntnuß Gottes/ und seiner selbsten/ zunemen; sein Leben täglich in der Forcht Gottes anstellen/ mit ruhigem Gewissen zubringen/ unnd nach vollendetem Lauff seliglich beschliessen kan: Sampt beygefügten schönen Geist- und Trostreichen Gebetten; Erstlich/ in Englischer Sprach uber die dreyssig mal; hernacher Frantzösisch zu unterschiedenen malen außgangen: anjetzo aber … auch in die Teutsche Sprach gebracht. Basel: Wagner 1630–1631. Siehe auch den Beitrag von Jan van de Kamp in diesem Band.

[46] Edgar C. McKenzie: British Devotional Literature and the Rise of German Pietism. PhD (masch.). St Andrews 1984; Edgar C. McKenzie: A Catalogue of British Devotional and Religious Books in German Translation from the Reformation to 1750. Berlin, New York 1996 (Bibliographie zur Geschichte des Pietismus, 2); Udo Sträter: Sonthom, Bayly, Dyke und Hall: Studien zur Rezeption der englischen Erbauungsliteratur in Deutschland im 17. Jahrhundert. Tübingen 1987 (Beiträge zur historischen Theologie, 71). Zusammenfassung des neueren Forschungsstandes bei Peter Damrau: The Reception of English Puritan Literature in Germany. London 2006, 13–29.

Umfeld ins Deutsche, war aber auch einer der Mitbegründer der Royal Society, der ersten Akademie der Wissenschaften.[47]

Die kommunikativen Allianzen, die der Pietismus seit dem späten 17. Jahrhundert mit den verschiedenen gesellschaftlichen Wissens- und Handlungsfeldern im deutsch-britischen Austausch einging, lassen sich besonders gut am Beispiel des Halleschen Pietismus verdeutlichen. Der pietistische Austausch mit Großbritannien war natürlich nicht auf Halle beschränkt. In den Jahren ab 1700 gab es jedoch zunächst kein anderes Zentrum, das über eine ähnliche Ausstrahlungskraft und ein vergleichbar elaboriertes Kommunikationsnetzwerk nach und in England verfügt hätte wie die Glauchaschen Anstalten in Halle. Erst ab den 1730er Jahren erwuchs Halle mit der Herrnhuter Brüdergemeine eine international ähnlich aktiv kommunizierende Konkurrenz, die ebenfalls über ein weites Netz von Informanten und Kommunikationspartnern verfügte. Wenn man allerdings die Jahre um 1700 im engeren Sinne betrachtet, dann liefen die spezifisch pietistischen Kommunikationsstränge auf deutscher Seite noch überwiegend in Halle zusammen.[48]

Auf der britischen Seite waren die Verhältnisse etwas unübersichtlicher. Die Zahl der Spieler auf dem Feld religiös-gesellschaftlicher Reformen war hier größer, denn die Pluralisierung der protestantischen Gruppen, die im Bürgerkrieg offen zu Tage getreten war, konnte nach dem Tod Cromwells (1599–1658) und der Restauration der Monarchie im Jahr 1660 nicht vollständig rückgängig gemacht werden.[49] Die große Konkurrenz auf dem ›religiösen Markt‹ führte neben den transnationalen Unionsbestrebungen auch zu Reformanstrengungen innerhalb der anglikanischen Kirche. Die bei weitem wichtigste Initiative in diesem Zusammenhang war die bereits erwähnte Gründung der Society for Promoting Christian Knowledge, die rasch zum größten Akteur internationaler protestanti-

---

47 Vgl. Pamela Barnett: Theodore Haak, F.R.S. (1605–1690). The First German Translator of ›Paradise Lost‹. Den Haag 1962; Dorothy Stimpson: Hartlib, Haak and Oldenburg: Intelligencers. In: Isis 31, 1940, 309–326; Samuel Hartlib and Universal Reformation. Studies in Intellectual Communication. Hg. v. Mark Greengrass [u.a.]. Cambridge 1994. Vgl. dazu auch den Beitrag von Jan van de Kamp in diesem Band.

48 D.F. Durnbaugh: Communication Networks as one Aspect of Pietist Definition: The Example of Radical Pietist Connections between North America and Europe. In: Pietism in Germany and North America 1680–1820. Hg. v. Jonathan Strom [u.a.]. Farnham/Burlington 2009, 33–50 sowie Müller-Bahlke, The Mission in India [s. Anm. 39].

49 Zwar wurde die anglikanische Staatskirche wieder Staatskirche, aber viele puritanische Pfarrer und Gemeindeglieder verweigerten sich trotz Sanktionen dem restaurierten anglikanischen Bekenntnis und formten eigene religiöse Gruppierungen. J.H. Pruett: The Parish Clergy under the Later Stuarts. Urbana 1978; John Spurr: The Restoration Church of England. Yale 1991. Die protestantischen *Dissenters* breiteten sich in der Folgezeit beachtlich aus und beeinflussten auch die anglikanische Kirche selbst, in der sich ein innerkirchlicher Reformflügel (low church) herausbildete. Erich Beyreuther: August Hermann Francke und die Anfänge der ökumenischen Bewegung. Leipzig 1957, 105 fasste dies etwas überpointiert zusammen: »Der politisch besiegte Puritanismus beginnt die seelische Eroberung Englands«.

scher Verbindungen und innerkirchlicher Reformbestrebungen in Großbritannien aufstieg.[50] Die Mittel, die dazu eingesetzt wurden, waren Netzwerkarbeit, die Herausgabe und Verbreitung religiöser Schriften und – in England selbst – die Gründung von Armenschulen und Gemeindebibliotheken.[51] Die SPCK gründete eine eigene Druckerei und wurde im Laufe des 18. Jahrhunderts zum größten Verleger für christliche Literatur in Großbritannien.

Die SPCK wurde so zu einer tragenden Säule der postrevolutionären englischen Gesellschaft. Zugleich war sie allerdings durchaus kritisch gegenüber den konservativen Kräften in der anglikanischen Staatskirche eingestellt. Mit ihrem Engagement für Armenfürsorge, Schulen, Verbreitung religiöser Schriften sowie der Ambivalenz von Nähe zum ›establishment‹[52] und kritischer Distanz zu manchen Gegebenheiten der Kirche war die SPCK den Zielen und Unternehmungen Franckes in Halle nicht unähnlich.[53] Schon um 1700 kam es deshalb bereits vor und unabhängig von Franckes Entschluss zum Engagement in der Mission zu engen Verbindungen zwischen Halle und der SPCK. Francke war bereits im Jahr 1700 zu einem korrespondierenden Mitglied ernannt worden.[54] Es war dann aber besonders der Theologe Anton Wilhelm Böhme, ein Schüler Franckes, der die Beziehungen zwischen Halle und der SPCK organisierte. Böhme war 1701 auf Veranlassung Franckes nach England gegangen und nahm rasch eine zentrale

---

50 Zum breiteren religiösen und kirchenpolitischen Umfeld der Gründung der SPCK vgl. jetzt Brent S. Sirota: The Christian Monitors: The Church of England and the Age of Benevolence, 1680–1730. Yale 2014, 69–109, 132–148.

51 Thomas Bray, einer der Gründer der SPCK, gilt in England gilt als der Erfinder der *parish libraries*, die die Gemeinden mit gutem religiösem Lesestoff versorgen sollten. Vgl. William D. Houlette: Parish Libraries and the Work of the Reverend Thomas Bray. In: The Library Quarterly 4, 1934, 588–609.

52 Vgl. z.B. Philipp Jenkins: The Making of a Ruling Class. The Glamorgan Gentry 1640–1790. Cambridge 1983, 143f., 170 vor allem zum sozialen Umfeld von Sir Humphrey Mackworth (1657–1717), einem der Gründer der SPCK. Zum harten Kern der SPCK gehörten um 1700 zwar keine Mitglieder der Hocharistokratie und auch keine Regierungsmitglieder. Dennoch war die Gesellschaft über ihre Führungsgremien und Männer wie den Abgeordneten Sir John Philipps (1666–1737), den Bankier Henry Hoare (1677–1737), den Arzt und Wissenschaftler Frederick Slare (1647–1727), den Theologen und Erben eines Levantehandelsgeschäfts Robert Nelson (1656–1715) und andere extrem gut mit der Regierung und führenden Wirtschafts- und Wissenschaftskreisen in London und weltweit vernetzt. Vgl. auch Sugiko Nishikawa: The SPCK in Defence of Protestant Minorities in Early Eighteenth-Century Europe. In: Journal of Ecclesiastical History 56, 2005, 730–748, hier v.a. 735f.

53 Im Gegensatz zu Halle war die SPCK allerdings dezidiert unhierarchisch und vereinsmäßig organisiert. Beyreuther schrieb dazu mit einer gewissen Bewunderung: »Diese Priesterkirche [d.h. die anglikanische Kirche, A.G.], die nicht wie die Lutherische Reformation ein allgemeines Priestertum proklamiert hat, versteht es, die in den ›Religious Societies‹ entbundene Laienaktivität ohne Misstrauen an sich zu binden, und gibt ihr alle Wirkungsmöglichkeiten frei. Sie erträgt ihren theologischen Dilettantismus ohne Nervosität.« (Beyreuther, Francke [s. Anm. 49], 106).

54 Zur Aufnahme Franckes in die SPCK vgl. Schunka, Kontingenz [s. Anm. 36], 97.

Position in der SPCK ein.[55] Er war dem lutherischen Prinzgemahl von Queen Anne, dem Prinzen Georg von Dänemark (1653–1708), von dessen Sekretär Heinrich Wilhelm Ludolf (1655–1712)[56] als lutherischer Hofprediger empfohlen worden.[57] Auch Ludolf war ein Vertrauter Franckes und ein Mitglied der ersten Stunde in der SPCK. Mit Böhme setzte dann eine Reihe pietistischer Hofprediger aus Halle am englischen Hof ein. Sein direkter Nachfolger war Friedrich Michael Ziegenhagen, der ebenfalls als Mittelsmann zwischen Halle und der SPCK und der Mission in Indien fungierte.[58]

Eine der von den Engländern bewunderten Stärken der Halleschen Pietisten war deren Sprachkompetenz in vielen Fremdsprachen. Dies war zwar zunächst keine Spezifik des Pietismus, sondern eher des deutschen Universitätssystems und seines Umfeldes, aber der Expansionsdrang Halles und der missionarische Eifer der Anhänger Franckes hat die Bedeutung von Sprachkompetenz und die Notwendigkeit von Übersetzungen noch deutlicher gemacht. In der Tat sind die linguistischen Kompetenzen vieler deutscher Pietisten in England zum Teil ganz erstaunlich. Die Vielsprachigkeit Ludolfs in den Sprachen des Nahen Ostens und Russlands ist bekannt.[59] Aber auch die Fähigkeiten des Hofpredigers Böhme waren eindrücklich. Nach kurzer Zeit in London erreichte er eine erhebliche Sprachkompetenz im Englischen und übersetzte in die Fremdsprache auf generell hohem Niveau.

Es war vor allem Böhme, der als Übersetzer religiöser Schriften hallisches Gedankengut über den Verlag der SPCK nach England brachte.[60] Er entfaltete in London eine erstaunlich intensive Übersetzungstätigkeit. Diese stand, wie Udo

---

[55] Daniel L. Brunner: Halle Pietists in England: Anthony William Boehm and the Society for Promoting Christian Knowledge. Göttingen 1993 (Arbeiten zur Geschichte des Pietismus, 29); Arno Sames: AntonWilhelm Böhme (1673–1722). Studien zum ökumenischen Denken und Handeln eines halleschen Pietisten. Göttingen 1989 (Arbeiten zur Geschichte des Pietismus, 26), 109f.

[56] Zu Ludolf und Francke vgl. Martin Brecht: August Hermann Francke und der Hallesche Pietismus. In: Der Pietismus vom 17. bis zum frühen 18. Jahrhundert. Hg. v. M. Brecht unter Mitarb. v. Johannes van den Berg. Göttingen 1993 (Geschichte des Pietismus, 3), 440–540, hier 514f., sowie jetzt den Beitrag von Alexander Schunka im vorliegenden Band.

[57] Zu dem politisch blassen Georg von Dänemark vgl. Charles Beem: »I am Her Majesty's Subject«. Prince George of Denmark and the Transformation of the English Male Consort. In: Canadian Journal of History 39, 2004, 457–487.

[58] Vgl. zu Ziegenhagen v.a. Jetter-Staib, Halle [s. Anm. 34], Brecht, Francke [s. Anm. 56], 521–527 sowie Norman J. Threinen: Friedrich Ziegenhagen: The London Connections to India and America. In: Halle Pietism, Colonial North America, and the United States. Hg. v. Hans-Jürgen Grabbe. Stuttgart 2008 (USA-Studien, 15), 113–134.

[59] Zu Ludolf als Sprachforscher und seinen Beziehungen nach Osteuropa Renate Wilson: Heinrich Wilhelm Ludolf, August Hermann Francke und der Eingang nach Russland. In: Halle und Osteuropa. Zur europäischen Ausstrahlung des Halleschen Pietismus. Hg. v. Johannes Wallmann u. Udo Sträter. Tübingen 1998 (Hallesche Forschungen, 1), 83–108.

[60] Zur Übersetzungstätigkeit Böhmes vgl. Sames, Böhme [s. Anm. 55], 114–116.

Sträter gezeigt hat, in der Tradition einer längeren gegenseitigen Wahrnehmung und Rezeption durch Übersetzungen. Im Zentrum von Böhmes Übersetzungstätigkeit standen besonders die Werke August Hermann Franckes, zuerst dessen *Fußstapfen des liebreichen und getreuen, lebenden und waltenden Gottes*, die 1705 unter dem Titel *Pietas Hallensis: Or a publick Demonstration of the Foot-Steps of a Divine Providence* im Verlag der SPCK herauskam.[61] Das Buch erlebte in den folgenden Jahren zahlreiche Neuauflagen. Das Vorwort zur ersten Auflage stammt nicht von Böhme selbst, sondern von dem anglikanischen Pfarrer und literarisch produktiven Agitator für moralische Erneuerung und Reform Josiah Woodward (1657–1712). Woodward publizierte viel über den Verlag der SPCK, war in seiner Funktion als einer der Pfarrer der East India Company zugleich ein wichtiger Mittelsmann zwischen SPCK und der Handelskompanie für die Mission in Indien.

Es ist interessant, in welche größeren Zusammenhänge er die Tätigkeit Halles einordnet. Das Vorwort beginnt mit einer Positionierung protestantischer Wohltätigkeit als Konkurrenzprojekt zur katholischen Kirche und ihrer Form der Caritas. Es geht also um den bekannten konfessionellen Gegensatz. Zugleich nutzt er das Vorwort als Gelegenheit, um für die Union der protestantischen Kirchen zu werben:

> There have appear'd in our Language several Books, some years since, setting forth the Piety and Charity, exercised in Roman Catholick Countries, and particularly in some of the most Famous Cities of that Religion, with all possible Advantage; as Pietas Romana Printed at Oxford, Pietas Paroiensis at Paris &c. Wherein it has been insinuated, that Charity is a Mark of the Catholick Church exclusive to all other Churches, (by the Catholick always understanding the Roman Church) and Protestants are thence invited to Reunite themselves to a Church, which seems to carry such fair Pretensions to the Fruits of this Divine Grace.[62]

Francke wird mit diesem letzten Satz wohl übereingestimmt haben: eine protestantische Kirche, die an ihren Handlungen die »Früchte der göttlichen Gnade« zeige, also eine aus sich selbst heraus erneuerte und neue protestantische Kirche, war ganz in seinem Sinn. In einem zweite Schritt stellte Woodward die halleschen Unternehmungen dann konsequent als ein Vorbild dar, die das Potential nicht nur zur Veränderung der Kirche, sondern der Welt insgesamt hätten und daher wichtiger seien als Schlachten und Siege, mit deren Nachrichten die Zeitungen jetzt noch angefüllt seien:

---

[61] Pietas Hallensis: Or, a publick DEMONSTRATION OF THE FOOT-STEPS OF A Divine BEING yet in the World: IN AN HISTORICAL NARRATION OF THE Orphan-House, And other charitable Institutions, at Glaucha near Hall in Saxony. By Augustus Hermannus Franck; Professor of Divinity in the Frederician University of Hall, Pastor of Glaucha, and Director of the Pious Foundations there. Continued to the beginning of the year MDCCII, In a Letter to a Friend. And now done out of High-Dutch into English. With a PREFACE bringing it down to the present Time; together with a short History of PIETISM, And an APPENDIX containing several Instruments and Publick Papers relating to this Work. LONDON, Printed and Sold by J. Downing in Bartholomew-Close near West-Smithfield, 1705.

[62] Pietas Hallensis [s. Anm. 61], (i).

> This little Historical Piece … fairly accounts, I think, of one of the greatest Transactions at this day in the World; which if it prodceeds as it has hitherto done, will in a very few Years come to have a much greater Influence on the Publick Affairs of Europe, than all the Battles and Sieges with which our Gazettes, Mercuries and Registers are filled.

Schließlich ordnet Woodward seine Bemühungen, Halle in England bekannter zu machen, in den größeren politischen Kontext der deutsch-britischen Beziehungen ein, die so alt und so eng seien, dass eine genauere Kenntnisnahme der Vorgänge und Entwicklungen in Deutschland naheliegend sei.

> And this [=Halles Reform] coming to us from a Nation from whom we derive both our Pedigree and Religion, together with many of our Ancient Laws and Political Establishments, and with whom also our Alliances at this Instant are such as ought to make us now or never somewhat inquisitive for certain into their Affairs and Acts as these have both always had a near Influence on ours, both in Church and State, in Peace and War; and as they must have more so now, in all probability, whether according to the present Crisis of Christendom in general, or that of this Kingdom in particular […].[63]

Die Halleschen Anstalten waren für Männer wie Woodward ein besonderes Aushängeschild des deutschen Protestantismus. Er betont zugleich die politische Dimension der Verbindungen zwischen den beiden Ländern. Das Vorwort endet, wie es begann: mit einer antikatholischen Stoßrichtung. Das Ziel, das es nicht aus den Augen zu verlieren gelte, sei die Union der Protestanten. Die Arbeit an diesem Ziel war auch ein wichtiger Kontext nicht nur für Woodward, sondern auch für den Übersetzer Böhme.

Mindestens ebenso einflussreich wie Böhmes Übersetzungen von Franckes Schriften wurde allerdings seine englische Ausgabe von Arndts (1555–1621) *Wahrem Christentum*, einem Zentraltext des gesamten Pietismus. *Of true Christianity* erschien 1712 in einer englisch-lateinischen Ausgabe im SPCK-Verlag und fand weite Verbreitung im gesamten englischsprachigen Raum, also vor allem auch in den nordamerikanischen Kolonien. Viele von Böhmes eigenen Arbeiten erschienen sowohl in englischen als auch in deutschen Ausgaben. Interessanterweise druckte die SPCK auch deutschsprachige Literatur. Manche seiner Schriften erschienen mehr oder weniger gleichzeitig in London und in mehreren deutschen Verlagen, unter anderem natürlich in Halle. An seinen Arbeiten lassen sich die enge Zusammenarbeit zwischen Halle und der SPCK und die systematisch verfolgten Publikationsstrategien dieser religiösen Reformer gut verfolgen.

Man kann auf Männer wie Böhme, Ziegenhagen oder auch Ludolf aus verschiedenen Perspektiven blicken. Zunächst waren sie Pietisten, denen es primär um moralische Erneuerung, um die Reform und eventuell auch Vereinigung der protestantischen Kirchen ging. Jedoch blieben besonders die Hofprediger über viele Jahre auf ihrem Londoner Posten und wurden dadurch zugleich zu Kulturvermittlern, nicht nur in religiösen Dingen, sondern auch in Fragen der Politik, zum Teil auch der Wirtschaft und in vielen Bereichen der Wissenschaft, nicht zuletzt im Bereich der sich entfaltenden naturwissenschaftlichen Forschung. Diese stand um 1700 weder in einem generellen Gegensatz zur Religion, wie das seit

[63] Pietas Hallensis [s. Anm. 61], ii u. vi. Zum Antikatholizismus der SPCK vgl. Haydon, Anti-Catholicism [s. Anm. 21], 41–46, 58f.

der späteren Aufklärung und dann speziell im 19. Jahrhundert zunehmend der Fall war, noch waren Pietisten besonders skeptisch gegenüber naturwissenschaftlicher Forschung. Im Gegenteil, gerade in Halle gingen Glaube und Wissenschaft, und vor allem auch Mission und Wissenschaft, Hand in Hand.[64] Der Pietismus spielte daher auch in diesem Feld eine wichtige Rolle für die deutsch-britischen Beziehungen um 1700.

4. Pietismus, Mission und deutsch-englische Kooperation im Bereich der Wissenschaften

In seiner 1938 veröffentlichten Doktorarbeit *Science, Technology and Society in Seventeenth-Century England* stellte der amerikanische Soziologe Robert K. Merton die These einer gewissen Wahlverwandtschaft zwischen Puritanismus, Pietismus und dem Aufstieg der neuen Naturwissenschaften auf. Er tat dies unter anderem anhand der Analyse der religiösen Zugehörigkeit der Mitglieder der 1660 gegründeten Royal Society of London for Improving Natural Knowledge, der ältesten Akademie der Wissenschaften in Europa. Soziologen und Wissenschaftshistoriker diskutieren die »Merton These« seit Jahrzehnten ähnlich kontrovers wie Max Webers These vom Zusammenhang von protestantischer Ethik und dem Geist des Kapitalismus, der Merton offensichtlich stark verpflichtet war.[65] Der Befund der hohen Beteiligung puritanisch und pietistisch gesinnter Personen in dieser naturwissenschaftlichen Gesellschaft ist unabhängig von der Validität der Merton-These für das Thema der deutsch-britischen Beziehungen von erheblichem Interesse, denn es ist unbestreitbar, dass die organisierte naturwissenschaftliche Forschung in England im 17. Jahrhundert eng mit einem Netzwerk protestantischer Migranten aus Deutschland und Frankreich verflochten war.

Die Anfangsgeschichte der Royal Society führt zurück in die erste Hälfte des 17. Jahrhunderts. Ein Impuls kam vermutlich aus einem Kreis um den Comenius-Anhänger, Universalgelehrten und internationalen Netzwerker Samuel Hartlib

---

[64] Aus der inzwischen sehr reichhaltigen Literatur zu diesem Thema vgl. v.a. Udo Sträter: Zum Verhältnis des frühen Pietismus zu den Naturwissenschaften. In: PuN 32, 2006, 79–100; Ann-Charlott Trepp: Von der Glückseligkeit alles zu wissen. Die Erforschung der Natur als religiöse Praxis in der Frühen Neuzeit (1550–1750). Frankfurt/Main, München 2009; Richard Toellner: Medizin und Pharmazie. In: Glaubenswelten und Lebenswelten [s. Anm. 13], 334–356; Thomas Müller-Bahlke: Naturwissenschaft und Technik. Der Hallesche Pietismus am Vorabend der Industrialisierung. In: Glaubenswelten und Lebenswelten [s. Anm. 13], 357–385; Ann-Charlott Trepp: Von der Missionierung der Seelen zur Erforschung der Natur. In: GuG 36, 2010, 231–256; Johanna Geyer-Kordesch: Pietismus, Medizin und Aufklärung in Preußen im 18. Jahrhundert: Das Leben und Werk Georg August Stahls. Tübingen 2000 (Hallesche Beiträge zur europäischen Aufklärung, 13).

[65] Robert K. Merton: Science, Technology and Society in Seventeenth-Century England [1938]. New York 1970. Zur Debatte u.a. Steven Shapin: Understanding the Merton-Thesis. In: Isis 79, 1988, 594–605; Gary Abraham: Misunderstanding the Merton Thesis: A Boundary Dispute between History and Sociology. In: Isis 74, 1983, 368–387; Vidar Enebakk: The Three Merton Theses. In: Journal of Classical Sociology 7, 2007, 221–238.

(c. 1600–1662). Der Migrant aus Danzig hatte sich seit 1628 in England niedergelassen, war in London Nachbar des berühmten Samuel Pepys (1633–1703) und stand mit vielen Gelehrten der Zeit in Verbindung. Der *Hartlib circle* war ein internationaler Kreis von Wissenschaftlern, die zum Teil in England lebten, zum Teil miteinander korrespondierten und für eine universale Reform der Gesellschaft und der Wissenschaften eintraten. Hartlibs enormer Briefwechsel von über 4.000 Briefen im Umfang von ca. 25.000 Seiten wurde jüngst in einem großen britischen Forschungsprojekt erschlossen.[66] In enger Verbindung mit dem Hartlib-Kreis stand der bereits erwähnte nach England ausgewanderte pfälzische Theologe Theodor Haak. Beide mögen direkt oder indirekt an der Gründung der Royal Society beteiligt gewesen sein – fest steht, dass sie eng mit dem Kreis der dort aktiven Naturforscher verbunden waren und auch als Bindeglieder für die Generation der in England um 1700 aktiven Deutschen fungierten. Theodor Haak war eine zentrale Figur innerhalb der Royal Society, weniger als Wissenschaftler, aber als Organisator, Übersetzer und internationaler Korrespondent. Er war verwandt mit Frederick Slare bzw. Schloer (1647–1727), einem Londoner Arzt, der ebenfalls aus einer pfälzischen Theologenfamilie stammte und eng mit dem berühmten Naturwissenschaftler Robert Boyle (1627–1691) in der Royal Society zusammenarbeitete. Haak war, wie bereits erwähnt, zugleich auch Übersetzer zentraler religiöser Schriften aus dem Umkreis des englischen Puritanismus. Diese Übersetzungen beeinflussten die Gründungsgeneration des Pietismus nachhaltig. Spener rezipierte die Werke von Daniel Dyke († 1614)[67] in den Übersetzungen Theodor Haaks, die in Deutschland in der zweiten Hälfte des 17. Jahrhunderts in bis zu 20 Auflagen gedruckt und vertrieben wurden.[68]

Bei Slare lebte an seinem Lebensende auch der Hofprediger Anton Wilhelm Böhme, den wir bereits als Schüler und Übersetzer der Arbeiten von Francke ins Englische kennengelernt hatten. Wie Böhme und Francke war auch Slare ein Mitglied der SPCK, die ab 1710 aktiv die Mission in Tranquebar Indien unterstützte.[69] Die Mission etablierte sich im 18. Jahrhundert rasch als ein wichtiger Partner der naturwissenschaftlichen Forschung. Die ersten dänisch-halleschen Missionare in Tranquebar, vor allem Bartholomäus Ziegenbalg (1682–1719), beschäftigten sich zwar noch intensiver mit der Sprache und Gesellschaft der Tamilien in Südindien,

---

[66] Vgl. URL: http://hridigital.shef.ac.uk/hartlib (letzter Zugriff: 20.08.2014).

[67] Daniel Dyke: Nosce te ipsum: Das grosse Geheimnus deß Selb-betrugs … ubersetzet …durch D.H.P. göttlichen Worts inbrünstigen Liebhaber [engl. Tit: The Mystery of Selfe-deceiving: or, a Discourse and discovery of the deceitfulnesse of mans heart. London 1614]. Basel: Georg Decker, 1636.

[68] Vgl. Johanes Wallmann: Philipp Jakob Spener und die Anfänge des Pietismus. 2., überarb. u. erw. Aufl. Tübingen 1986 (Beiträge zur Historischen Theologie, 42), 53f. mit Anm. 56 zu Haak und seiner Übersetzungstätigkeit. Siehe in diesem Gesamtkontext auch die Beiträge von Jan van de Kamp und Kelly J. Whitmer in diesem Band.

[69] Vgl. z.B. Helmut Obst: Bekehrung – Mission – Weltreformation im Halleschen Pietismus. In: Geliebtes Europa – Ostindische Welt. 300 Jahre interkultureller Dialog im Spiegel der Dänisch-Halleschen Mission. Hg. v. Heike Liebau. Halle/Saale 2006 (Kataloge der Franckeschen Stiftungen, 16).

als mit den Naturwissenschaften. Aber auch die frühen Berichte zeigen bereits den Reichtum an geographischem, botanischem und medizinischem Wissen, das über die Missionare nach Europa gelangt.[70] Solche Informationen wurden natürlich auch von Kaufleuten und Militärs im Kolonialdienst gesammelt. Die Missionare waren jedoch aufgrund ihrer Sprachkompetenzen besonders für die Erschließung indigenen Wissens von zunehmender Bedeutung. Die Hochzeit der naturwissenschaftlichen Forschung Hallescher Missionare in Tranquebar kam mit Missionaren wie dem in Halle ausgebildeten Theologen Christoph Samuel John (1747–1813), der seit 1771 in Tranquebar wirkte und als Zoologe internationale Reputation erlangte, oder mit Johann Peter Rottler (1749–1836), ebenfalls Missionar in Tranquebar und herausragender Botaniker, dessen Herbarien heute in den Royal Botanic Gardens in Kew sind. Auch die Herrnhuter, die seit 1760 in der Indien-Mission tätig wurden, widmeten sich aus praktischen Gründen der eigenen Versorgung intensiv der Botanik der Missionsgebiete und tauschten sich entsprechend auch mit akademischen Netzwerken aus.[71]

Allerdings war die enge Verbindung von Wissenschaft und Mission nicht immer unproblematisch. Zum einen gab es bei vielen pietistischen Unterstützern der Mission auch ein dezidiertes Desinteresse an den Naturwissenschaften und ein entsprechendes Misstrauen gegen zu große Aktivitäten der Missionare auf diesem Gebiet. Der wichtigste Promotor der Dänisch-Halleschen Indienmission in London, der Hofprediger Friedrich Michael Ziegenhagen, war an diesen Dingen in London wie in der Mission desinteressiert. Für ihn stand die Verbreitung des Wortes Gottes, mithin die philologische Arbeit der Missionare als Erforscher der indigenen Sprachen und Übersetzer der Heiligen Schrift und von religiösen Traktaten im Vordergrund. Bereits ein zu intensives Interesse der Missionare an der indigenen Kultur und Religion war ihm eher suspekt. Auch Versuche deutscher Studenten in London, Zugang zur Royal Society zu gewinnen, stand er ablehnend gegenüber und setzte sich nicht für sie ein.[72]

Zum anderen standen die Handelskompanien, auf deren logistische Kooperation die Missionsgesellschaften für den Transport von Menschen und Gütern angewiesen waren, den wissenschaftlichen Interessen der Missionare nicht unkritisch gegenüber. Die Verbreitung von zu präzisem Wissen über die Geographie der Regionen und vor allem ihre natürlichen Ressourcen und ihr wirtschaftliches

---

[70] Vgl. z.B. das ausführliche Register in Johann Lucas Niekamp: Kurzgef. Missionsgeschichte oder Auszug der evangel. Mißionsberichte aus Ost-Indien von dem Jahr 1705 bis zu Ende des Jahres 1736, Mit zwey dazu nöthigen Land-Charten Und einer Vorrede Herrn Gotthilf August Franckens […]. Halle: Waysen-Haus, 1740. Zum Gesamtkontext vgl. auch Heike Liebau: Country Priests, Catechists, Schoolmasters as Cultural, Religious, and Social Middlemen in the Context of the Tranquebar Mission. In: Christians and Missionaries in India. Cross-Cultural Communication since 1500. Hg. v. Robert Eric Frykenberg. Grand Rapids [u.a.] 2003, 70–92, hier v.a. 90f.

[71] Vgl. z.B. Michael T. Bravo: Mission Gardens: Natural history and Global Expansion, 1720–1820. In: Colonial Botany: Science, Commerce, and Politics in the Early Modern World. Hg. v. Londa Schiebinger u. Claudia Swan. 2. Aufl. Philadelphia 2007, 49–65.

[72] Vgl. z.B. Jetter-Staib, Halle [s. Anm. 34], 202f.

Potential konnte unliebsame Konkurrenz auf den Plan bringen. Außerdem war man kritisch gegenüber Leuten, die man nicht kannte, die man auf den Schiffen transportieren sollte und die man als mögliche Wirtschaftsspione beargwöhnte. Gegenüber Gotthilf August Francke (1696–1769) klagte Ziegenhagen 1736: »da andere nationen sich immermehr in den ost-indischen handel zu mischen anfangen, so ist die hiesige Compagnie nicht wol darauf [die Mitnahme von Missionaren und Missionspersonal, AG] zu sprechen, und zugleich in sorgen, daß fremde unter verstelten nahmen und Kleidung sich hier einfinden und ihre unstande erkundigen mogten«. [73] Schließlich wurden die Missionare besonders im Bereich der Entdeckung und möglichen wirtschaftlichen Nutzung von Heilpflanzen selbst als Konkurrenz gefürchtet. Missionsärzte waren in dieser Hinsicht besonders suspekt, und das Gepäck der Missionare, das die East India Company transportierte, wurden regelmäßig auf versteckte Handelswaren untersucht.[74]

Die Naturwissenschaften waren aber nicht der einzige Bereich, in dem die pietistische Mission und besonders Halle von Bedeutung für die deutsch-britischen Wissenschaftsverbindungen waren. Heinrich Wilhelm Ludolf z.B. unternahm seine Reisen nach Russland (1692–1694)[75] sowie nach Konstantinopel, Jerusalem und Kairo (1698–1699) partiell im Auftrag und mit finanzieller Unterstützung von britischer Seite. Seine russische Grammatik wurde 1696 von Oxford University Press gedruckt, die – wie später die Cansteinsche Bibelanstalt in Halle – Lettern in verschiedenen, vor allem auch orientalischen Sprachen erworben hatte. Von Oxford gingen ab 1650 auch die Bestrebungen aus, die Levante zu christianisieren.[76] Involviert in dieses Projekt war wiederum der Kreis um Samuel Hartlib, die finanzielle Unterstützung kam ganz wesentlich von dem Hartlib nahestehenden Robert Boyle. Boyle war nicht nur Gründungsmitglied der Royal Society, sondern auch ein Direktor der East India Company sowie Freeman der Levant Company. Aus seinem beträchtlichen privaten Vermögen förderte er großzügig christliche Publikations- und Missionsprojekten, besonders im Nahen Osten.[77] In diesem Zusammenhang stand Boyle auch in Verbindung mit Heinrich Wilhelm Ludolfs Onkel Hiob Ludolf (1624–1704), einem Juristen, Historiker und

73 Ziegenhagen an G.A. Francke, 30.12.1736. Halle, Archiv der Franckeschen Stiftungen (AFSt)/M 1 E 2 : 126, 2f. Zit. nach Jetter-Staib, Halle [s. Anm. 34], 249.

74 Vgl. Jetter-Staib, Halle [s. Anm. 34], 250.

75 Renate Wilson: Heinrich Wilhelm Ludolf, August Hermann Francke und der Eingang nach Rußland. In: Halle und Osteuropa [s. Anm. 59], 83–108.

76 Alastair Hamilton: The Learned Press: Oriental Languages. In: History of Oxford University Press. Bd. 1: Beginnings to 1780. Hg. v. Ian Gadd. Oxford 2013, 399–418, hier 405f.

77 Zu Boyle und dem Hartlib-Zirkel vgl. z.B. Malcolm Oster: Millenarianism and the New Science. The Case of Robert Boyle. In: Samuel Hartlib and Universal Reformation. Studies in Intellectual Communication. Hg. v. Mark Greengrass [u.a.]. Camridge 1994, 137–148; zu Boyle und seinem Interesse an der Levante vgl. Charles G.D. Littleton: Ancient Languages and New Science. The Levant in the Intellectual Live of Robert Boyle. In: The Republic of Letters and the Levant. Hg. v. Alastair Hamilton [u.a.]. Leiden 2005, 151–172. Zu Boyles finanziellem Engagement für die Übersetzung der Bibel und religiöser Schriften vgl. William Poole: The Learned Press: Divinity. In: History of Oxford University Press [s. Anm. 76], 351–370, hier 360.

Sprachwissenschaftler, der international durch seine Geschichte Äthiopiens Aufmerksamkeit erregt hatte, die 1682 auch in einer englischen Ausgabe erschienen war.[78] Ein Jahr später, 1683, reiste Hiob Ludolf, der bereits als Student in England gewesen war, noch einmal nach London, besuchte die Royal Society und auch Boyle und versuchte – allerdings erfolglos – eine eigene Reise nach Äthiopien zu organisieren und zu finanzieren.[79] In Hiobs Haus in Frankfurt hatte Heinrich Wilhelm Ludolf nicht nur Sprachunterricht erhalten, sondern auch Spener kennen gelernt, der ihn mit dem Pietismus und mit Halle in Verbindung brachte.[80] Inwieweit Heinrich Wilhelm Ludolfs Reisen in die Levante in den Jahren 1698 und 1699, in direktem Anschluss an einen Besuch in Halle, auch nach dem Tode Boyles von diesem Kreis oder eher von der SPCK finanziell mitgetragen wurde, ist unklar. Bekannt ist, dass auch Ludolf in enger Verbindung zu Frederic Slare, dem Freund Haaks und Boehmes und Förderer der SPCK, stand.[81] Von seiner Reise schrieb er zahlreiche Briefe an Francke. Aus Konstantinopel berichtete er u.a. über die Jesuitenmission, ihren Sprachunterricht und die generell hervorragende Ausbildung, die ihre Mitglieder dort erhielten.[82] Seine Berichte werden nicht ohne Einfluss auf die Gründung des Collegium Orientale durch Francke in Halle gewesen sein, das sich in der Folgezeit rasch zu einem wichtigen und frühen Zentrum der akademischen Orientalistik in Deutschland entwickelte.[83]

Die Wissenschaftsbeziehungen der beiden Ludolfs sind sicher nur ein Beispiel unter vielen für die engen akademischen Verbindungen zwischen Deutschland und England um 1700. Sie zeigen jedoch besonders gut die um diese Zeit noch

---

78 Hiob Ludolf: A new history of Ethiopia: being a full and accurate description of the kingdom of Abessinia, vulgarly, though erroneously called the empire of Prester John : in four books [...]. London: S. Smith, 1682.

79 Vgl. Dominik Collet: Die Welt in der Stube: Begegnungen mit Außereuropa in Kunstkammern der frühen Neuzeit. Göttingen 2007, 154f.

80 Zur Gelehrtenfamilie Ludolf vgl. auch Martin Mulsow: Prekäres Wissen. Eine andere Ideengeschichte der Frühen Neuzeit. Frankfurt/Main 2012.

81 Vgl. z.B. Edmund Calamy: An Historical Account of My Own Life, with Some Reflections on the Times I Had Lived in. Hg. v. John T. Rutt: 2 Bde. London 1829, Bd. 2, 42.Auch in Briefen an Francke gibt Ludolf Slare als wichtige Kontaktperson an. Vgl. H.W. Ludolf an A.H. Francke v. 14.03.1697 (AFSt/H A 112 , 11–14). Ludolf hatte im Jahr 1698 Halle besucht, dort auch einen russischen Sprachkurs abgehalten, an dem auch August Hermann Francke selbst teilnahm. Vgl. Die Welt verändern [s. Anm. 8], 236.

82 Vgl. Briefe H.W. Ludolfs an A.H. Francke: AFSt/H A 112 , Bl. 11–14; AFSt/H D 71 Bl. 45–48 sowie v.a. AFSt/H D 71 Bl. 13 zu Konstantinopel »ubi juvenes Jesuitae mature se assuefacerent linguis orientalibus atque juventuti in scientis et artibus instituendae operam darent. Singulis unam linguam commendat, ut probe excolat, ex sequentibus sex linguis: Graecam tam vulgarem quam literalem, Slavonicam, Arabicam, Persicam, Armenam et Turcicam«. Zu Ludolfs Reise vgl. Abbas Amin: Ägyptomanie und Orientalismus: Ägypten in der deutschen Reiseliteratur (1175–1663). Göttingen 2013 (Studien zur Deutschen Literatur), 422 und Joachim Tetzner: Briefe H.W. Ludolfs aus Kleinasien und Ägypten am Ende des 17. Jahrhunderts. In: Der Islam 33, 1958, 326–336.

83 Die Forschung zur Orientalistik ist breit. Vgl. als Überblick Dominique Bourel: Die deutsche Orientalistik im 18. Jahrhundert: von der Mission zu Wissenschaft. In: Historische Kritik und biblischer Kanon in der deutschen Aufklärung. Hg. v. Henning Graf Revetlow. Wiebaden 1988, 113–126. Zum *collegium orientale* mit weiterer Literatur u.a. Jonathan Sheehan: The Enlightenment Bible: Translation, Scholarship, Culture. Princeton 2005, 60f.

völlig selbstverständliche Gemengelage von Religion, Wissenschaft und Politik, die dem Pietismus eine außergewöhnlich günstige Basis der Einflussnahme auf den verschiedensten Ebenen bot. Zugleich war die Gelegenheit zu dieser besonderen Einflussnahme des Pietismus auf die deutsch-britischen Wissenschaftsbeziehungen aber auch an eben diese Konstellation gebunden und ging mit ihr zu Ende. Schon ab den 1720er Jahren haben sich die Wissenschaftsbeziehungen von diesem Kontext deutlich gelöst. Im Jahrhundert der Aufklärung und der Anglophilie bedurfte es der religiösen Vermittler bald nicht mehr, um nachhaltige fachwissenschaftliche Verbindungen zwischen Deutschland und England zu etablieren.

5. Zusammenfassung

Die vier Schlaglichter auf Aspekte der deutsch-britischen Beziehungen um 1700 sollten verdeutlichen, dass bestimmte Konstellationen und Gegebenheiten jener Zeit – die andauernden religiösen Gegensätze und Verfolgungen, aber auch die Hoffnung auf ein rasches Ende der Spaltung der Konfessionen und die Arbeit an einer inneren Reform der Kirchen wie der Gesellschaften – einen Rahmen schufen, der es ermöglichte, dass eine religiöse Bewegung wie der Pietismus diese Beziehungen wesentlich mit prägen konnte. England entwickelte sich in jener Zeit zur Vormacht des Protestantismus in Europa und zur wichtigsten Kolonialmacht. Daher war es naheliegend, dass Religionspolitik und Mission wesentliche Felder darstellten, in denen Pietisten ihren Einfluss in den internationalen Beziehungen geltend zu machen versuchten und dies auch mit Erfolg tun konnten.

Ein weiterer begünstigender Faktor für die Bedeutung des Pietismus für die deutsch-britischen Beziehungen war die Abfolge fremder Monarchen auf dem englischen Thron. Wilhelm von Oranien und die Hannoveraner waren ›fremde‹ Herrscher. Für sich und ihren Hofstaat holten sie Prediger ins Land, die nicht der anglikanischen Kirche angehörten. Obwohl die Könige aus Hannover sicher keine Pietisten waren, bot ihr Luthertum Halle eine Chance, hier wichtige Stellen zu besetzen. Die lutherischen Hofprediger aus Halle waren Verbindungspersonen zu den oberen Kreisen der Gesellschaft. Dass sich Halles Interessen zudem mit den moralpolitischen Reformanliegen einer Gesellschaft wie der SPCK trafen, vergrößerte die Wirkungsmöglichkeiten der Hofprediger noch einmal beträchtlich.

Der vom Pietismus beeinflusste Austausch zwischen England und Deutschland beschränkte sich allerdings nicht auf Fragen der Kirchen- und Religionspolitik oder der Mission. Vielmehr schufen die in diesen Feldern geschaffenen Kommunikationskanäle und -netzwerke eine Grundlage für einen sehr viel breiteren Austausch. Hier wurde am Beispiel der wissenschaftlichen Verbindungen und der Übersetzungstätigkeit ein Schlaglicht auf einen weiteren Bereich der deutsch-britischen Beziehungen geworfen, der um 1700 ganz wesentlich von diesen pietistischen Netzwerken mit geprägt wurde.

Diese Konstellation, in der Pietisten einen besonderen Einfluss auf die deutsch-britischen Beziehungen ausüben konnten, veränderte sich jedoch ab dem zweiten Drittel des 18. Jahrhunderts deutlich. Die Thematik einer protestantischen Union verschwand von der Prioritätenliste deutsch-britischer Politik und der Antikatholizismus der Jahrhundertwende wurde gemäßigter. Zwar rückte das Thema der religiösen Vertreibungen Anfang der 1730er Jahre mit der Ausweisung der Salzburger Protestanten nochmals in den Fokus der öffentlichen Debatte in Europa. Aber die Tatsache, dass diese Vertreibungen nicht von Frankreich ausgingen, nahm dem Thema etwas von seiner politischen Brisanz in den internationalen Beziehungen.

Schließlich löste sich allmählich auch die spezifische Verbindung von Wissenschaft und Religion, die für die Zeit um 1700 charakteristisch war. Der Pietismus geriet zunehmend in Gegensatz zu Strömungen der wissenschaftlichen Aufklärung, die sich nicht mehr bruchlos in das eigene theologische System integrieren ließ. Einflussreiche Pietisten in London wie der Hofprediger Ziegenhagen suchten letztlich nur noch die Verbindung zu ihren Zirkeln für Mission und religiöse Reform. Zum weiteren Feld der europäischen Diplomatie aber auch zu Wissenschaftseinrichtungen wie der Royal Society waren die Beziehungen in der Mitte des 18. Jahrhunderts dann allenfalls zufällig. Die wissenschaftlichen Verbindungen innerhalb der europäischen Gelehrtenrepublik und ihre Medien waren inzwischen jedoch auch so weit institutionalisiert, dass es pietistischer Korrespondenznetzwerke und Kommunikationskanäle, wie sie von Halle aus aufgebaut worden waren, auch gar nicht mehr bedurfte. Dies gilt auch für die meisten anderen Bereiche. In der europäischen Politik verlor der Faktor der Konfession im 18. Jahrhundert zunehmend an Bedeutung. Der Pietismus spielte somit um 1700 in den deutsch-britischen Beziehungen eine besondere, aber eben auch stark auf dieses Zeitfenster beschränkte Rolle. Würde man die gleiche Frage für die Zeit um 1800 stellen, fiele die Antwort wesentlich zurückhaltender aus, denn das Jahrhundert überdauert hat von den alten pietistischen Netzwerken fast nur die Kooperation in der Mission.

Jan van de Kamp

Das Vorfeld der England-Halle-Kontakte. Theologische und religiöse Austauschprozesse zwischen England und Deutschland im 16. und 17. Jahrhundert[1]

I. Theologischer und religiöser Austausch zwischen England und Deutschland im 16. und 17. Jahrhundert als Nährboden der England-Halle-Kontakte im 18. Jahrhundert

Mit einiger Vorsicht kann man die Anfang des 18. Jahrhunderts entstandenen Verbindungen zwischen England und dem hallischen Pietismus als Folge eines langen Austausches auf theologischer und religiöser Ebene zwischen dem Protestantismus in England und in Deutschland[2] seit der Reformation betrachten.[3] Jedoch kann man nicht von einer direkten Folge sprechen, wie aus Alexander Schunkas Revision des gängigen Bildes der Halle-England-Verbindung hervorgegangen ist. Die Verbindungen zwischen dem hallischen Pietismus und England machten nur einen Teil von einem komplizierten Geflecht von religiös-politischen Beziehungen zwischen England und dem kontinentalen Protestantismus aus. Von diesem Netz partizipierten auch Brandenburger Reformierte. Außerdem divergierten die Zielsetzungen der unterschiedlichen Gruppen. Zwar profitierten die hallischen Pietisten von diesen Verbindungen, aber sie verfolgten andere Zielsetzungen als die Engländer und die Brandenburger Reformierten. Den Anglikanern ging es um die Mitarbeit der kontinentalen Protestanten bei der Lösung der kirchlichen Spaltungen auf der britischen Insel. Die Brandenburger Reformierten zielten auf eine Kirchenunion und auf die Übernahme der anglikanischen Liturgie sowie des Episkopates ab. Den hallischen Pietisten aber war eine Kirchenunion ein Schritt zu weit. Sie strebten lediglich nach einer innerlichen Vereinigung der wahren Gläubigen. Der Grund, dass August Hermann Francke (1663–1727) sich dennoch – allerdings ganz behutsam – auf die Verbindung mit England einließ, war ein strategischer: Er erhoffte, in England finanzielle Unterstützung für den Ausbau des Halleschen Waisenhauses zu bekommen.[4]

---

[1] Ich danke Herrn Matthias Mangold, M.A. (Heidelberg), der diesen Text korrigiert hat.

[2] Der angemessene, denn historische, Begriff wäre: das Heilige Römische Reich Deutscher Nation. Weil dieser Begriff sehr lang ist, wird der kurze Terminus »Deutschland« gebraucht. In diesem Beitrag steht er für das Heilige Römische Reich ohne die österreichischen und burgundischen Reichskreise.

[3] Hinweise darauf wurden schon in der Forschung gegeben: Udo Sträter: Sonthom, Bayly, Dyke und Hall. Studien zur Rezeption der englischen Erbauungsliteratur in Deutschland im 17. Jahrhundert. Tübingen 1987, 18–20; Alexander Schunka: Zwischen Kontingenz und Providenz. Frühe Englandkontakte der Halleschen Pietisten und protestantische Irenik um 1700. In: Pietismus und Neuzeit (PuN) 34, 2008, 82–114, hier 82.

[4] Schunka, Zwischen Kontingenz und Providenz [s. Anm. 3].

Wegen der unterschiedlichen Zielsetzungen der verschiedenen Akteure wäre es besser, die theologischen und religiösen Beziehungen zwischen England und Deutschland vor dem 18. Jahrhundert nicht als direkte Vorbereitung der englisch-hallischen Kontakte, sondern als deren Vorfeld zu betrachten, oder präziser: als den Nährboden, in dem diese spätere Beziehungen aufblühen konnten. In diesem Sinne ist ein Überblick über das Netz dieser Beziehungen bis ins 18. Jahrhundert sinnvoll und erforderlich. Bisher sind die Beziehungen im 16. und 17. und diejenigen im 18. Jahrhundert aber nicht oder nur ganz knapp in Kombination dargestellt worden.[5] Es stellen sich dabei die Fragen, welche theologischen und religiösen Austauschprozesse es zwischen England und Deutschland in der Nachreformationszeit bis zum Anfang des 18. Jahrhunderts gab, und auf welche Weise die hallische lutherische Kirche, Francke und der hallische Pietismus in diesem Austausch aufgenommen wurden.

Die Erforschung des theologischen und religiösen Transfers von Deutschland nach England steckt noch in ihren Anfängen. Einen wichtigen Schritt vorwärts hat Corinna Flügge mit ihrer systematischen Untersuchung englischer Übersetzungen lutherischen Erbauungsliteratur aus Deutschland im 16. und 17. Jahrhundert gemacht. Ab 1548 bis 1680 erschien eine Reihe von englischen Übersetzungen von Schriften von unter anderen Urbanus Rhegius, Johann Habermann, Johann Arndt und Johann Gerhard. Die Übersetzungen erfüllten in England einen Bedarf, zum Beispiel die katechetischen Schriften von Rhegius, oder sie gehörten zu Gattungen, die in England bereits viel Popularität erlangt hatten, wie dies zum Beispiel mit Gerhards Meditationsliteratur der Fall war. Schließlich haben auch englische Erbauungsschriftsteller aus den Übersetzungen zitiert.[6]

Ganz anders sieht die Forschungslage hinsichtlich des Transfers von England nach Deutschland aus, weswegen ich diese hier viel ausführlicher als den Transfer in umgekehrte Richtung behandeln kann. Es handelt sich dabei vor allem um die Vermittlung von Ideen, Praktiken und Schrifttum aus der Frömmigkeitsbewegung des Puritanismus. Diese wird im frömmigkeitsgeschichtlichen Sinne definiert. Sie

---

5 Nicht in: Edgar C. McKenzie: British devotional literature and the rise of German Pietism. Bd. 1. Diss. theol. [masch.] St. Andrews 1984; Arno Sames: Anton Wilhelm Böhme (1673–1722). Studien zum ökumenischen Denken und Handeln eines Halleschen Pietisten. Göttingen 1990; Daniel L. Brunner: Halle pietists in England. Anthony William Boehm and the Society for Promoting Christian Knowledge. Göttingen 1993; Willem Jan op 't Hof: De internationale invloed van het puritanisme. In: Het puritanisme. Geschiedenis, theologie en invloed. Hg. v. Willem van 't Spijker [u.a.]. Zoetermeer 2001, 271–384, hier 340–355; Schunka, Zwischen Kontingenz und Providenz [s. Anm. 3]; Christina Jetter-Staib: Halle, England und das Reich Gottes weltweit – Friedrich Michael Ziegenhagen (1694–1776). Hallescher Pietist und Londoner Hofprediger. Halle/Saale 2013. Ganz knapp in: Martin Schmidt: England und der deutsche Pietismus. In: Evangelische Theologie 13, 1953, 205–224; Sträter, Sonthom [s. Anm. 3], 4–24; Rainer Lächele: Die »Sammlung auserlesener Materien zum Bau des Reichs Gottes« zwischen 1730 und 1760. Erbauungszeitschriften als Kommunikationsmedium des Pietismus. Tübingen 2006, 191–203. Alexander Schunka (Erfurt/Gotha) bereitet eine Habilitationsschrift über das Thema »England und der deutsche Protestantismus zwischen 1688 und 1740« vor.

6 Corinna Flügge: Devotion translated. Zur Rezeption deutscher lutherischer Erbauungsliteratur im frühneuzeitlichen England. Kamen 2012.

war von der reformierten Theologie geprägt und war eine charakteristische und besonders intensive Variante des frühneuzeitlichen reformierten Protestantismus, die um die Mitte des 16. Jahrhunderts in der Church of England entstand. Der Puritanismus hielt die Church of England für halbreformiert. Einerseits forderte sie zu einer Reformation der kirchlichen Strukturen und Bräuche auf. Die Liturgie, die Riten, die Kleidung der Geistlichen und die episkopale Hierarchie sollte gemäß den aus der Bibel hergeleiteten Normen reformiert werden. Andererseits suchte der Puritanismus die Frömmigkeit von Individuen, Familien und Gruppen zu fördern, um über diesen Weg eine umfassende Reform der Gesellschaft zu erreichen. Die Kraft des Puritanismus innerhalb der englischen Kirche und Politik wurde nach dem Antritt von König Charles II. (1630–1685) im Jahre 1660 endgültig gebrochen, aber ihre spezifische Frömmigkeitspraxis lebte noch bis ins 18. Jahrhundert in einzelnen Gebieten, Orten, Gemeinden und Kreisen fort.

Elemente der puritanischen Frömmigkeit waren die Bekämpfung von Sünden der Gesellschaft, die Disziplinierung der täglichen praktischen Frömmigkeit (*practice of piety*), die Unterscheidung von Weltkindern und Gläubigen, Scheingläubigen und wahren Gläubigen und die Selbstprüfung beziehungsweise die Vergewisserung ihres Anteils an der Seligkeit anhand vieler Kennzeichen der Wirkung des Heiligen Geistes im Menschen. Zu diesen Kennzeichen gehörten unter anderem Zerschlagenheit wegen der Sünden, eines existenziellen religiösen Wendeprozesses (Wiedergeburt), einer allmählichen Zunahme im Glauben und einer Dynamik zwischen Glaubensfreude und Glaubensverlassenheit. Andere Elemente der puritanischen Frömmigkeit waren eine intensive Sabbatheiligung, die Sammlung der Frommen in Konventikeln, die Beschäftigung mit den vier letzten Dingen (Tod, Himmel, Hölle, Gericht) und die Erwartung der Vernichtung von Rom, dem Islam und der Bekehrung von Juden und Heiden.[7]

Über verschiedene Wege wurde der Puritanismus auf dem europäischen Kontinent und seit dem Anfang des 17. Jahrhunderts nach Deutschland vermittelt und drang dort zunächst in die reformierte Konfession, später auch in die lutherische ein.[8] Auf diese Konfession wirkten die puritanischen Einflüsse ergänzend zur nachreformatorischen lutherischen Frömmigkeit von Johann Arndt (1555–1621) und anderen. Diese Tradition konzentrierte sich auf das innerliche, geistliche Leben. Der Puritanismus bereicherte sie mit Anleitungen zu einer disziplinierten Frömmigkeit im Alltag, für besondere Situationen und auf allen gesellschaftlichen Ebenen.[9]

---

7 John Spurr: English puritanism, 1603–1689. New York [u.a.] 1998; John Coffey u. Paul Chang-Ha Lim: Introduction. In: The Cambridge Companion to Puritanism. Hg. v. J. Coffey u. P.C.-H. Lim. Cambridge 2008, 1–15; Charles E. Hambrick-Stowe: Practical divinity and spirituality. In: The Cambridge Companion, 191–205.

8 Anthony Milton: Puritanism and the continental Reformed churches. In: The Cambridge Companion [s. Anm. 7], 109–126.

9 Jan van de Kamp: Die Einführung der christlichen Disziplinierung des Alltags in die deutsche evangelische Erbauungsliteratur durch Lewis Baylys *Praxis Pietatis* (1628). In: PuN 37, 2011, 11–19, hier 12f.

II. Verbindungen zwischen England und Deutschland im 16. Jahrhundert und 17. Jahrhundert

Eine erste Verbindung zwischen England und Deutschland wurde geschaffen durch Reisen und Migrationen von Protestanten zwischen beiden Ländern.[10] Der Straßburger Reformator Martin Bucer (1491–1555) wurde 1548 nach Cambridge berufen. Seit etwa 1540 wichen reformierte Exulanten wegen Verfolgungen vom Kontinent nach England aus. In der Regierungszeit der englischen Königin Mary I. (1515–1558), wegen ihrer strengen Verfolgung der Protestanten »Bloody Mary« genannt, wanderten viele Protestanten aus England auf den Kontinent aus. In späteren Jahrzehnten fand eine umgekehrte Migration statt. Im Exil versammelte man sich in eigenen Kirchengemeinden oder integrierte sich in die einheimischen Kirchengemeinden. Man verbreitete hier theologische und religiöse Einflüsse aus der Heimat sowie Literatur.[11]

Der schottische Unionstheologe John Durie (1596–1680) bereiste seit 1628 den Kontinent, um Unterstützung für seine Pläne zur Vereinigung der lutherischen und reformierten Konfession zu gewinnen.[12] Als eines der Mittel zur Versöhnung zwischen den beiden Konfessionen betrachtete Durie die Verschiebung des Schwerpunktes innerhalb der akademischen Theologie von der Systematik auf die *praxis pietatis* (Praxis der Gottseligkeit). Durie arbeitete eng mit dem aus Elbing gebürtigen, aber in London wohnhaften Samuel Hartlib[13] (ca. 1600–1662) zusammen, der ein internationales Korrespondenznetz koordinierte,[14] sowie mit dem tschechischen Pädagogen und Theologen der Unitas Fratrum, Johann Amos Comenius[15] (1592–1670). Neben persönlichen Verbindungen gab es einen Aus-

---

10 Vgl. für die nächsten Absätze im allgemeinen: Jan van de Kamp: »auff bitte und einrahten etzlicher frommen Menschen ins hochteutsche ubersetzet«. Deutsche Übersetzungen englischer und niederländischer reformierter Erbauungsbücher 1667–1697 und die Rolle von Netzwerken. Diss. theol. [masch.] Amsterdam 2011, 34–37, 40–43; Jan van de Kamp: De invloed van het puritanisme in het Duitse taalgebied in de zeventiende eeuw. In: Documentatieblad Nadere Reformatie 37, 2013, 1–22.

11 Gilbert Waterhouse: The literary relations of England and Germany in the seventeenth century. London 1914, 95; Albert Hauck: Deutschland und England in ihren kirchlichen Beziehungen. Leipzig 1917, 1–67; McKenzie, British devotional literature [s. Anm. 5], Bd. 1, 102–106; Andreas Selling: Deutsche Gelehrten-Reisen nach England 1660–1714. Frankfurt/Main [u.a.] 1990, 12f., 144–148.

12 Pierre-Olivier Léchot: Un christianisme »sans partialité«. Irénisme et méthode chez John Dury (v. 1600–1680). Paris 2011.

13 Samuel Hartlib and universal reformation. Studies in intellectual communication. Hg. v. Mark Greengrass [u.a.]. Cambridge [u.a.] 1994; Mark Greengrass: Art. »Hartlib, Samuel (c. 1600–1662)«. In: ODNB 2004, Onlinefassung 2007, http://www.oxforddnb.com/view/article/12500 (letzter Zugriff: 08.04.2013).

14 George Henry Turnbull: Hartlib, Dury and Comenius: gleanings from Hartlib's papers. London 1947.

15 Milada Blekastad: Comenius: Versuch eines Umrisses von Leben, Werk und Schicksal des Jan Amos Komenský. Oslo 1969.

tausch theologischen Schrifttums. Luthers Werke wurden ins Englische übersetzt und englische Märtyrergeschichten ins Deutsche.[16]

Eine zweite Verbindung bildete die gelehrte Reise, die *peregrinatio academica*. In der Frühen Neuzeit unternahmen Studenten oft lange Studienreisen in verschiedene europäische Länder, um Kenntnis über die Wissenschaft, das gesellschaftliche und kirchliche Leben in anderen Ländern zu erlangen. England war unter deutschen Studenten seit der Mitte des 17. Jahrhunderts ein beliebtes Reiseziel. Oft waren theologische, religiöse, geisteswissenschaftliche und naturwissenschaftliche Interessen miteinander verbunden. Man besuchte Kirchengemeinden, Gelehrte wie Philologen und Theologen, Universitäten und man nahm an Sitzungen der Royal Society of London for the Improvement of Natural Knowledge[17] teil. In dieser Institution wurde die aufkommende experimentelle Naturwissenschaft in Europa auf höchstem Niveau praktiziert. Mehrere aus Deutschland stammende Gelehrte, wie Henry Oldenburg (ca. 1619–1677) aus Bremen und Theodor Haak (1605–1690) aus Neuhausen in der Nähe von Worms waren bedeutende Mitglieder der Society.[18]

Der Handel war ein dritter Vermittlungsweg von Theologie und Religion aus England nach Deutschland. Die erfolgreiche Textilhandelskompagnie der *Merchant Adventurers* hatte verschiedene Stapelplätze in Nordwestdeutschland, und zwar in Emden, Stade und Hamburg. Englische Händler gründeten hier englischsprachige Kirchengemeinden, in die sie aus England stammende Prediger beriefen. Der Austausch verlief auch in die umgekehrte geografische Richtung: in England lebende Deutsche, vor allem Kaufleute, versammelten sich in deutschen Kirchengemeinden. Seit etwa 1660 wurde die Einwanderung ausländischer Kaufleute sehr gefördert und so wanderten viele deutsche Kaufleute nach London aus.[19]

Eine vierte Verbindung bildete den Buchhandel. Seit der Reformationszeit und mehr noch infolge der Heirat des pfälzischen Kurfürsten und späteren Winterkönigs Friedrich V. (1596–1632) mit der schottisch-englischen Prinzessin Elisabeth Stuart (1596–1662) im Jahre 1613 intensivierten sich die buchhändlerischen Beziehungen zwischen England und Deutschland. Auf der Frankfurter Buchmesse waren große englische Verlage anwesend.[20]

---

[16] Waterhouse, The literary relations [s. Anm. 11], 95; McKenzie, British devotional literature [s. Anm. 5], Bd. 1, 102–106.

[17] Siehe dazu auch den Beitrag von Kelly Whitmer in diesem Band.

[18] Waterhouse, The literary relations [s. Anm. 11], 1–3; William Douglas Robson-Scott: German travellers in England, 1400–1800. Oxford 1953; Selling, Deutsche Gelehrten-Reisen [s. Anm. 11]; Panikos Panayi: Germans in Britain's History. In: Germans in Britain. Hg. v. P. Panayi. London, Rio Grande 1996, 1–16; Raingard Esser: Germans in Early Modern Britain. In: Germans in Britain, 17–28.

[19] Keith L. Sprunger: Dutch Puritanism. A History of English and Scottish Churches of the Netherlands in the Sixteenth and Seventeenth Centuries. Leiden 1982, 14–29, 187; Selling, Deutsche Gelehrten-Reisen [s. Anm. 11], 146; Margrit Schulte Beerbühl: Deutsche Kaufleute in London: Welthandel und Einbürgerung (1600–1818). München 2007.

[20] Max Spirgatis: Englische Literatur auf der Frankfurter Buchmesse von 1561–1620. In: Sammlung bibliothekswissenschaftlicher Arbeiten 15, 1902, 37–89; Alexander Dietz: Frankfurter Handelsgeschichte. Bd. 3. Frankfurt/Main 1921, Ndr. Glashütten im Taunus 1970, 73f., 116f.

III. Die Vermittlung puritanischer Frömmigkeit von England nach Deutschland im 17. und im frühen 18. Jahrhundert

Über diese verschiedenen Wege nun wurde puritanische Frömmigkeit von England nach Deutschland vermittelt. Manifest wurde dieser Austausch besonders in der Produktion von deutschen Übersetzungen puritanischer Schriften seit dem Anfang des 17. Jahrhunderts. Über alle erwähnten Wege strömte diese Literatur nach Deutschland ein. Anhand einiger Beispiele soll dies im Folgenden aufgezeigt werden.

John Durie schlug vor, das berühmte Erbauungsbuch *Practice of piety* (vor 1612) von Lewis Bayly (ca. 1575–1631) zusammen mit Johann Arndts *Vier Bücher vom wahren Christentum* (1605–1610), dem Credo, dem Vaterunser und dem Dekalog als Bekenntnisgrundlage einer unierten Kirche zu gebrauchen.[21] Der englische Kaufmann in Stade, Emanuel Thomson, übersetzte unter dem Pseudonym Emanuel Sonthom eine Schrift des Puritaners Edmund Bunny (1540–1619) ins Deutsche: *Güldenes Kleinod der Kinder Gottes* (1612).[22] Für den Zeitraum von 1561 bis 1620 sind in den Katalogen der Frankfurter Buchmesse 312 englischsprachige Bücher verzeichnet, darunter eine große Zahl puritanischer Schriften.[23]

Sehr oft scheint eine Studienreise nach England den Anlass zum Übersetzen puritanischer Schriften ins Deutsche gegeben zu haben. Ein Beispiel ist der schon erwähnte Theodor Haak. Sein Lebensweg, seine Aktivitäten und sein Umfeld sollen hier exemplarisch kurz vorgestellt werden. Haak wurde in Neuhausen bei Worms in der Pfalz geboren und war mit reformierten Theologenfamilien wie Tossanus und Spanheim verwandt. Er studierte in Heidelberg und – wegen der Eroberung der Pfalz im Dreißigjährigen Krieg – 1625 bis 1626 in Oxford und Cambridge Theologie und Mathematik. Mit Puritanern stand er in persönlicher Verbindung. 1631 wurde er durch den bekannten Bischof Joseph Hall (1574–1654) zum Diakon ordiniert. Gleichzeitig blieb die Verbindung mit der Heimat: er setzte sich für die bedrängten Reformierten in der Pfalz ein und war inoffizieller Korrespondent des pfälzischen Kurfürsten Karl Ludwig (1617/8–1680).

Seit 1635 erschienen in Frankfurt und Amsterdam von Haak angefertigte deutsche Übersetzungen puritanischer Erbauungsbücher, und zwar von Henry Scudder († 1652), Daniel Dyke († 1614) und Henry Whitfield (1590/91–1657). Diese Schriften thematisierten die Gefahr des Selbstbetrugs, die Bekehrung und die Praxis der Gottseligkeit. 1638 ließ Haak sich definitiv in London nieder.

---

21 Hans Leube: Kalvinismus und Luthertum. Bd. 1. Leipzig 1928, 237f.

22 Karl Josef Höltgen: Die Lösung des alten Rätsels: Emanuel Sonthom, das Güldene Kleinod und das englische Original. In: Anglia 100, 1982, 257–272; McKenzie, British devotional literature [s. Anm. 5], Bd. 1, 177–181; Sträter, Sonthom [s. Anm. 3], 67–76.

23 Spirgatis, Englische Literatur [s. Anm. 20], 44–47.

Theodor Haak. Ölgemälde von Sylvester Harding, 1760–1809. British Museum: Inventarnr.: Gg,1.436AN275981. © Trustees of the British Museum

Hier empfing er viele Besucher aus Deutschland. Auch beteiligte er sich an der naturwissenschaftlich interessierten 1645 Group und später als Mitglied an der Royal Society.[24]

Im Umfeld von Haak und des kurpfälzischen Hofes gab es in der ersten Hälfte des 17. Jahrhunderts einen Kreis junger Männer, die in England studierten oder dieses Land bereisten. Sie bemühten sich um die Vermittlung puritanischer Erbauungsliteratur nach Deutschland. In diesem Kreis setzte man sich ebenfalls für die Reformierten in der Pfalz ein und man hatte Verbindung zu John Durie und seinem Netzwerk.[25]

Haaks Neffe, der spätere Pfarrer Friedrich Schloer (ca. 1601–ca. 1676), war einer dieser Männer. Er wanderte nach England aus, wo er die englische Staatsangehörigkeit erhielt.[26] Sein Sohn Frederick Slare[27] (1648–1727) und Anton Horneck[28] (1641–1697) waren in London nahe mit Haak verbunden.[29] Slare war medizinisch und naturwissenschaftlich tätig. Horneck stammte aus Bacharach in der Pfalz, studierte in Oxford und war seit 1671 Pfarrer in London. In seinen Predigten forderte er zur Selbstprüfung, Bekehrung und Weltverleugnung als Voraussetzung einer wahren christlichen Existenz auf. Er regte die Bildung kleiner Jugendgruppen (*religious societies*) an, in denen man sich über geistliche Erfahrungen austauschte und dessen Glieder Nächstenliebe an Armen, Kranken und Waisen praktizierten. Aus diesen *religious societies* entwickelte sich 1699 die Society for the Promoting of Christian Knowledge (SPCK), welche Armenschulen förderte und Erbauungsliteratur verbreitete. Slare war einer der Gründungsmitglieder.

Wurde die puritanische Erbauungsliteratur anfangs nur in den reformierten Territorien Deutschlands aufgenommen, wie in Hanau, Oppenheim und Herborn, wurden ihr seit den 1630er Jahren auch die Tore der lutherischen Gebiete

---

24 Pamela R. Barnett: Theodore Haak, F.R.S. (1605–1690). The first German translator of »Paradise Lost«. 's-Gravenhage 1962; Ole Peter Grell: Dutch Calvinists in early Stuart London. The Dutch church in Austin Friars 1603–1642. Leiden [u.a.] 1989, 181; Albert Galloway Keller: Art. »Haak, Theodore (1605–1690)«. In: ODNB, 2004, http://www.oxforddnb.com/view/article/11827 (letzter Zugriff: 08.04.2013).

25 Jan van de Kamp: Ein frühes reformiert-pietistisches Netzwerk in der Kurpfalz in der ersten Hälfte des 17. Jahrhunderts. In: Archiv für Reformationsgeschichte 103, 2012, 238–265.

26 Barnett, Theodore Haak [s. Anm. 24], Index unter »Schloer, Frederick«.

27 Barnett, Theodore Haak [s. Anm. 24], Index unter »Slare, Frederick«; Lawrence M. Principe: Art. »Slare, Frederick (1646/7–1727)«. In: ODNB 2004, http://www.oxforddnb.com/view/article/25715 (letzter Zugriff: 08.04.2013); Schunka, Zwischen Kontingenz und Providenz [s. Anm. 3], 88–91.

28 Friedrich Wilhelm Bautz: Art. »Horneck, Anton«. In: Biographisch-Bibliographisches Kirchenlexikon (BBKL) 2, 1990, 1060–1061; William Reginald Ward: Art. »Horneck, Anthony (1641–1697)«. In: ODNB 2004, Onlinefassung 2008, http://www.oxforddnb.com/view/article/13801 (letzter Zugriff: 08.04.2013); Scott Thomas Kisker: Foundation for revival. Anthony Horneck, the religious societies and the construction of an Anglican pietism. Lanham [u.a.] 2008.

29 Selling, Deutsche Gelehrten-Reisen [s. Anm. 11], 87f.; Schunka, Zwischen Kontingenz und Providenz [s. Anm. 3], 89f.

geöffnet.[30] *Praxis pietatis* von Lewis Bayly und *Sonthoms Güldenes Kleinod* erschienen 1631 respektive 1632 in lutherischer Bearbeitung. In Straßburg erschienen diese Schriften sogar mit kirchlicher Approbation, was wahrscheinlich dem Kirchenpräsident Johann Schmidt (1594–1658) zu verdanken war. Er war einer der Lehrer von Philipp Jakob Spener (1635–1705). Bei der Bearbeitung der Schriften wurden die Passagen über das Abendmahl und die Prädestination in lutherischem Sinne umgestaltet. Danach wurden diese beiden Schriften Bestseller: sie erschienen in nicht weniger als etwa 70 beziehungsweise 50 Auflagen. Nur durch Arndts *Wahres Christentum* wurden sie überboten. Seit der Reformation bis 1750 wurden etwa 690 Titel und 1.700 Auflagen englischer religiöser Schriften ins Deutsche übersetzt, darunter die Mehrzahl puritanischer Art.

Wie deutsche Lutheraner über puritanische Erbauungsliteratur dachten, war von der theologischen Prägung eines Territoriums oder von einflussreichen Theologen abhängig. Aufgenommen wurde das puritanische Schrifttum zuerst in denjenigen lutherischen Territorien, wo es eine konfessionell gemäßigte beziehungsweise melanchtonianische Tradition gab oder in Gebieten wo Reformbestrebungen vorherrschten. Gebiete mit einer gemäßigten lutherischen Tradition waren diejenigen, wo man sich nicht strikt auf die Konkordienformel verpflichtet hatte, wie Lüneburg, Straßburg und Nürnberg. In diesen Territorien konnten puritanische Schriften einerseits anschließen bei dem Verständnis der Rechtfertigung, welches den effektiven Aspekt neben dem forensischen (Zurechnung der Gerechtigkeit Gottes) mit einschloss, und bei der Auffassung, dass gute Werke zur Seligkeit notwendig sind. Auch wurde die puritanische Literatur freudig durch reformbestrebte lutherische Theologen aufgenommen, welche den Verfall der Kirche beklagten und sich bemühten, ihren Zustand zu bessern. Orthodoxe lutherische Theologen dagegen, wie Johann Hülsemann (1602–1661), Professor in Leipzig, und Conrad Tiburtius Rango (1639–1700), Pfarrer in Stettin und später Professor in Greifswald, bekämpften die puritanische Erbauungsliteratur vehement. Ihres Erachtens vermischten die puritanischen Schriften Gesetz und Evangelium, Rechtfertigung und Heiligung.

Großen Einfluss hat die puritanische Erbauungsliteratur auf den Vater des Pietismus, den bereits erwähnten Philipp Jakob Spener, ausgeübt. Schon in seiner Jugend setzte er sich intensiv mit diesem Schrifttum auseinander. In den 1670 begonnenen *Collegia pietatis* in Frankfurt am Main las man neben Joachim Lütkemanns (1608–1655) *Vorschmack göttlicher Güte* (1653) und Nicolaus Hunnius' (1585–1643) *Epitome credendorum oder Inhalt christlicher Lehre* (1625) auch die deutsche Übersetzung von Baylys *Practice of piety*. Jedoch soll angemerkt

30 Vgl. für die nächsten Absätze: McKenzie, British devotional literature [s. Anm. 5], Bd. 1; Sträter, Sonthom [s. Anm. 3]; McKenzie: A catalog of British devotional and religious books in German translation from the Reformation to 1750. Berlin [u.a.] 1997; op 't Hof, De internationale invloed [s. Anm. 5]; Peter Damrau: The Reception of English Puritan Literature in Germany. London 2006; Kamp, »auff bitte [...]« [s. Anm. 10].

werden, dass sich Speners anfängliche Hochschätzung später etwas abmilderte, weil er genauso wie die erwähnten orthodoxen Theologen in den puritanischen Schriften die Vermischung von Gesetz und Evangelium zu bemängeln begann. Dies hinderte ihn jedoch nicht daran, die puritanischen Schriften weiterhin denjenigen zu empfehlen, welche die lutherischen Katechismen gut kannten. Spener gab an, sich der Unterschiede zwischen der reformierten und lutherischen Lehre bewusst zu sein, betonte aber die Übereinstimmung zwischen beiden Konfessionen hinsichtlich der Praxis des christlichen Lebens.

Auch August Hermann Francke hat neben Arndt, dem Quietismus und dem radikalen Pietismus puritanische Einflüsse rezipiert.[31] Von Jugend an las er puritanische Erbauungsbücher wie Bayly, Sonthom und Dyke in deutscher Übersetzung. In seiner Jugend las er jedesmal, nachdem er das Abendmahl gefeiert hatte, aus Baylys Schrift sowie aus Ludwig Duntes (1597–1639) *Ubung des Christentums* (1630).[32] Während seines Studiums lernte er Englisch.[33] Auch während seiner hallischen Periode zeigen sich puritanische Einflüsse. Erstens ist hier auf seine Bemühungen um eine intensive Sonntagsheiligung mit Hinweisen für Vorbereitung, angemessenes Verhalten während der Predigt sowie für eine Nachbesprechung hinzuweisen.[34] Als Alternative für die Gebetsstunde am Sonntagabend las man mit den Waisen Geschichten exemplarischer Waisen oder andere Bücher wie deutsche Übersetzungen von John Bunyans (1628–1688) *Pilgrim's Progress* oder *Holy War*.[35] Weitere puritanische Einflüsse auf Francke sind seine Ansicht der Bekehrung als einen graduellen Prozess, seine Ablehnung der Adiaphora (Theater, Tanzen, Spielen, modischer Kleidung und ähnlichem Luxus, jeglicher fiktiver schöner Literatur), die von ihm an Pfarrer gestellte Bedingung, dass sie Zeichen von Bekehrung und Lebensheiligung aufweisen sollen, seine Empfehlung, zur ständigen Kontrolle des Fortschrittes des Theologiestudiums ein Tagebuch zu führen und die Aufforderung zum Aussprechen eines freien Gebetes.[36]

---

[31] Diese Einflüsse mögen auch durch andere, wie Spener, Johann Heinrich Horb (1645–1695) und Franckes Unterstützer in Erfurt, der Orientalist und Ratsherr Hiob Ludolf (1624–1704) vermittelt worden sein, vgl. Selling, Deutsche Gelehrten-Reisen [s. Anm. 11], 76; Martin Brecht: August Hermann Francke und der Hallische Pietismus. In: Geschichte des Pietismus. Bd. 1: Der Pietismus vom siebzehnten bis zum frühen achtzehnten Jahrhundert. Hg. v. M. Brecht [u.a.]. Göttingen 1993, 439–539, hier 447, 452.

[32] Auguste Sann: Bunyan in Deutschland. Studien zur literarischen Wechselbeziehung zwischen England und dem deutschen Pietismus. Gießen 1951, 21; Erhard Peschke: Bekehrung und Reform: Ansatz und Wurzeln der Theologie August Hermann Franckes. Bielefeld 1977, 68–82; McKenzie, British devotional literature [s. Anm. 5], Bd. 1, 160, 212; Brecht, August Hermann Francke [s. Anm. 31], 443.

[33] Brecht, August Hermann Francke [s. Anm. 31], 441.

[34] McKenzie, British devotional literature [s. Anm. 5], Bd. 1, 298–301.

[35] McKenzie, British devotional literature [s. Anm. 5], Bd. 1, 248.

[36] McKenzie, British devotional literature [s. Anm. 5], Bd. 1, 308–309, 311; Brecht, August Hermann Francke [s. Anm. 31], 456, 457, 460, 466, 491, 497, 498, 503, 505.

Francke hat Puritaner, wie Joseph Hall zitiert,[37] hat mit anderen über ihre Schriften korrespondiert und diese empfohlen, zum Beispiel die Schriften von Thomas Goodwin (1600–1680) und John Flavel (ca. 1627–1691).[38] Im Waisenhausverlag wurden, wiewohl in geringer Zahl, deutsche Übersetzungen englischer puritanischer Schriften, zum Beispiel von Goodwin, veröffentlicht.[39] Eine offenbar von Francke angeregte Übersetzung einer Predigt von Arthur Dent († 1607) wurde von dem Hamburger Theologen Hieronymus Bahr aus Hamburg angeprangert.[40]

Auch in Franckes Umfeld am Waisenhaus und an der Universität zeigten sich puritanische Einflüsse. Zu denken ist an Franckes Mitarbeiter Carl Hildebrand Freiherr von Canstein (1667–1719), der viele englische puritanische Schriften in niederländischer Übersetzung gesammelt hat,[41] an Franckes Schüler Johann Anastasius Freylinghausen[42] (1670–1739), der wie die Puritaner an eine begrenzte

---

37 McKenzie, British devotional literature [s. Anm. 5], Bd. 1, 204.

38 Siehe zum Beispiel AFSt/H C 510 : 2 (Johann Jakob Schröder an August Hermann Francke, 06.11.1711); AFSt/H A 179 : 28 (August Hermann Francke an Sophie Dorothea, Königin in Preußen, 16.03.1725). Siehe auch die Erwähnung Goodwins in Franckes Tagebuch am 16.03.1725 (AFSt/H A 179 : 1). Ernst Bartz: Die Wirtschaftsethik A.H. Franckes. Wilhelmsburg 1934, 23; Brunner, Halle pietists [s. Anm. 5], 151.

39 Brunner, Halle pietists [s. Anm. 5], 148–153; Graham Jefcoate: Joseph Downing and the publication of pietist literature in England, 1705–1734. In: The German book, 1450–1750. Studies presented to David L. Paisey in his retirement. Hg. v. John L. Flood u. William A. Kelly. London 1995, 319–332; McKenzie, A catalog [s. Anm. 30], »Chronological list of publications in short titles with places of publication«; Renate Wilson: Übersetzungen englischer und deutscher Erweckungsliteratur im Spiegel der Bestände der Hauptbibliothek der Franckeschen Stiftungen zu Halle 1700–1750. In: PuN 26, 2000, 81–93, hier 83. Das Übersetzungsprojekt der Goodwin-Schrifte lässt sich in folgenden Archivalien der Franckeschen Stiftungen verfolgen: AFSt/H C 6, 99–104; AFSt/H C 6, 211–214; AFSt/H C 229 : 59; AFSt/H C 229 : 58; AFSt/H C 229 : 57; AFSt/H A 185 : 17a.

40 Hieronymus Bahr: Höchstverderbliche Auferziehung der Kinder bey den Pietisten durch Gelegenheit des von dem hällischen Professore M. August Herrmann Francken, canonisirten zehen-jährigen Kindes Christlieb Leberecht Exters. [Hamburg?] 1709,)(3r: »Was hat ihn [Francke, d. Vf.] doch bewogen, daß er jüngsthin den *Arthur Dent*, einen groben Calvinischen Scribenten, aus dem Buchladen des Waysenhauses *recommendi*ret, und seinen Glaubens Sohn den verfallenen *D.* Extern in Zerbst dahin vermocht, dieses Dentens seine Buß-Predigt auffs neue drucken zu lassen? Ist denn nun keine erbauliche, und der Sicherheit steurende Buß-Predigt von unsern reinen Lehrern obhanden gewesen, daß, auff Franckens Angeben, die ketzerische Buß-Predigt eines tadelhafften Engelländers, der unter das reine Korn so viel Streu menget, von einem unschuldigen *Medico* hat müssen *edi*ret werden?« Bahr zielt wohl auf die 1708 in Zerbst erschiene Übersetzung von Dents Predigt ab, s. für die Übersetzung McKenzie, A catalog [s. Anm. 30], 161, Nr. 666. Der Drucker war wohl der erwähnte Christian Leberecht von Exter.

41 Brigitte Klosterberg, Mirjam-Juliane Pohl und Ole Fischer: Niederländische Buchbestände in der Bibliothek der Franckeschen Stiftungen. In: Goldenes Zeitalter und Jahrhundert der Aufklärung: Kulturtransfer zwischen den Niederlanden und dem mitteldeutschen Raum im 17. und 18. Jahrhundert. Hg. v. Erdmut Jost u. Holger Zaunstöck. Halle/Saale 2012, 108–127.

42 Brecht, August Hermann Francke [s. Anm. 31], 473f.

Gnadenzeit eines Menschen glaubte,[43] sowie an den Übersetzer von Richard Baxters (1615–1691) *Treatise of Self-Denyall* (1660) und den Spener-Freund Johann Fischer (1636–1705) der 1699 Inspektor des Saalekreises und Magdeburgischer Generalsuperintendent wurde.[44]

Andererseits inkorporierte Francke diese Elemente in seinen lutherischen konfessionellen Hintergrund, indem er sich auf Luther berief, ganze Teile der lutherischen Lehre einfach übernahm und die Prädestinationslehre sowie eine Union mit den Reformierten ablehnte.[45] Außerdem könnten die erwähnten Elemente auch teilweise auf das Gedankengut Johann Valentin Andreaes[46] (1586–1654) zurückgeführt werden, der ebenfalls reformierte Einflüsse aufgenommen hatte. Dieser hat die theologisch-religiöse Prägung Gothas, wo Francke aufwuchs, beeinflusst.[47] Veronika Albrecht-Birkner hat Sachsen-Gotha unter Herzog Ernst dem Frommen (1601–1675) und den hallischen Pietismus als »markante Beispiele intensiver Calvinismusrezeption durch lutherische Obrigkeiten und Theologen im 17. bzw. 18. Jahrhundert« bezeichnet.[48]

Fazit dieses kurzen Überblicks über die Rezeption puritanischer Einflüsse in der lutherischen Konfession in Deutschland ist, dass wegen des unterschiedlichen konfessionellen Hintergrundes im Hinblick auf die Gnaden-, Prädestinations-, Abendmahls- und Adiaphoralehre eine bedingungslose Aufnahme der puritanischen Schriften durch deutsche Lutheraner fast eine Unmöglichkeit war. Abhängig von der theologischen Richtung schwankte die Haltung der Lutheraner zwischen dem Extrem einer kategorischen Ablehnung und einer beschränkten Akzeptanz: einer bedingten, weil transformierten, Übernahme.

---

[43] McKenzie, British devotional literature [s. Anm. 5], Bd. 1, 311–314. Vgl. über Freylinghausen: Brecht, August Hermann Francke [s. Anm. 31], 473f.; Johann Anastasius Freylinghausen (1670 Gandersheim–1739 Halle). Lebens=Lauf eines pietistischen Theologen und Gesangbuchherausgebers. Hg. v. Wolfgang Miersemann. Halle/Saale 2004.

[44] Sträter, Sonthom [s. Anm. 3], 18, 51f., 114; Brecht, August Hermann Francke [s. Anm. 31], 497; Liivi Aarma: Art. »Fischer, Johann (Ps. Christianus Alethophilus), get. 15.12.1636 Lübeck, gest. 17.5.1705 Magdeburg (?)«. In: Biographisches Lexikon für Schleswig-Holstein und Lübeck 11, 2000, 109–112.

[45] Brecht, August Hermann Francke [s. Anm. 31], 464, 466, 499.

[46] Martin Brecht: Johann Valentin Andreae 1586–1654. Eine Biographie. Göttingen 2008.

[47] Veronika Albrecht-Birkner: Reformation des Lebens. Die Reformen Herzog Ernsts des Frommen von Sachsen-Gotha und ihre Auswirkungen auf Frömmigkeit, Schule und Alltag im ländlichen Raum (1640–1675). Leipzig 2002.

[48] Veronika Albrecht-Birkner: Calvinismusrezeption im Luthertum. Eine kirchengeschichtliche Spurenlese zwischen Calvinjahr und ›Lutherdekade‹ In: Calvins Theologie – für heute und morgen. Beiträge des Siegener Calvin-Kongresses 2009. Hg. v. Georg Plasger. Wuppertal 2010, 283–292, dort 292.

IV. Puritanische Einflüsse in Halle im 17. Jahrhundert und die Verbindung zwischen dem hallischen Pietismus und England im 18. Jahrhundert

Wenden wir uns jetzt den Einflüssen puritanischer Erbauungsliteratur in Halle beziehungsweise im hallischen Pietismus zu.[49] Schon seit Anfang des 17. Jahrhunderts lassen sich unter reformbestrebten orthodoxen Pfarrern in Halle Parallelen zu puritanischen Ideen und Praktiken ausmachen. Zu erwähnen ist hier Arnold Mengering (1596–1647), der ähnlich wie die Puritaner viel Wert auf Kasuistik und individuelle Gewissenserforschung legte. Reformbestrebte Pfarrer in Halle betonten auch die Sonntagsheiligung. Franckes Berufung als Pfarrer und Professor nach Halle im Jahre 1691 ist in dem Kontext der damaligen kirchlichen Verhältnisse in Halle sowohl als ein Bruch als auch als eine Brücke zu verstehen. Einerseits musste es sich gegen den Widerstand seiner orthodoxen Pfarrkollegen durchsetzen. Anderseits konnte er zurückgreifen auf eine Tradition von Reformbestrebungen in der Halleschen Kirche des vergangenen Jahrhunderts, die Parallelen mit dem Puritanismus aufweisen.

1699 kam es zu einer Verknüpfung zwischen dem hallischen Pietismus und den Nachkommen der Puritaner in England.[50] Diese Kontakte waren nicht auf die Initiative Franckes hin entstanden, sondern wurden durch seinen Bekannten Heinrich Wilhelm Ludolf[51] (1655–1712) vermittelt. Dieser verkehrte seit 1678 regelmäßig in England. Francke hat sich darauf zögernd aber doch zielorientiert eingelassen: einerseits lehnte er die Pläne der Engländer zu einer Union der anglikanischen und lutherischen Kirche ab, andererseits erhoffte er, finanzielle Unterstützung für seine Glauchaschen Anstalten zu bekommen. Die Kontinuität der Verbindung zwischen Halle und England war Ludolf und dem späteren Londoner Hofprediger Anton Wilhelm Boehme[52] (1673–1722) zu verdanken. Als Vermittler stellte Ludolf unter anderem den Kontakt zwischen Francke und dem erwähnten Frederick Slare und zum anglikanischen Geistlichen Theophilus Dorrington (1654–1715) her. Böhme hielt sich eine Zeit lang in Slares Haus auf und übersetzte hier Arndts *Wahres Christentum* und Franckes Bericht über die Glauchaschen Anstalten, Die *Fußstapfen des [...] Gottes [...] durch den ausführlichen Bericht vom Waysen-Hause* (1701) ins Englische.[53] Hinsichtlich konfessioneller und dogmatischer Unterschiede zwischen englischen Anglikanern und Presbyterianern einerseits und Lutheranern andererseits, hatte Böhme eine

---

49 Vgl. für diesen Absatz: Veronika Albrecht-Birkner u. Udo Sträter: Lutherische Orthodoxie in Halle – theologische Profile, Frömmigkeit und die Auseinandersetzung mit den Pietisten. In: Geschichte der Stadt Halle. Bd. 1: Halle im Mittelalter und in der Frühen Neuzeit. Hg. v. Werner Freitag u. Andreas Ranft. Halle/Saale 2006, 333–349.

50 Vgl. für diesen Absatz: Schunka, Zwischen Kontingenz und Providenz [s. Anm. 3], 87–114.

51 Selling, Deutsche Gelehrten-Reisen [s. Anm. 11], 110. Heinrich Wilhelm Ludolf zog 1678 nach England. Er war ein Neffe vom erwähnten Hiob Ludolf.

52 Selling, Deutsche Gelehrten-Reisen [s. Anm. 11], 153f.

53 Selling, Deutsche Gelehrten-Reisen [s. Anm. 11], 153f.

indifferente Haltung. Zwischen dem hallischen Pietismus und der SPCK gab es einen wechselseitigen Austausch hinsichtlich der materiellen Hilfe und der geistlichen Versorgung von Auswanderern, die Errichtung von Armenschulen und der Übersetzung, beziehungsweise Verbreitung, von Erbauungsliteratur.[54]

V. Schlussfolgerung

Zwischen England und Deutschland wurden im 16. und 17. Jahrhundert über verschiedene Wege, wie Reisen, Migrationen, und Handel, theologische und religiöse Inhalte vermittelt. In diesem Aufsatz habe ich vor allem den Transfer von England nach Deutschland beleuchtet, da über den Transfer in umgekehrte Richtung relativ wenig bekannt ist. Aus inhaltlicher Sicht war es vor allem puritanische Frömmigkeit, die nach Deutschland vermittelt wurde.

Puritanische Einflüsse wurden in Deutschland innerhalb der reformierten und lutherischen Konfession aufgenommen. In Letzterer geschah dies aber nur auf beschränkte Weise und durch einen konfessionellen Filter. Auch lutherische Pietisten wie Spener und Francke wurden durch puritanische Gedanken beeinflusst. Die Vermittlungs- und Austauschprozesse bildeten das Vorfeld und den Nährboden der Kontakte zwischen den Nachkommen des Puritanismus und dem hallischen Pietismus im 18. Jahrhundert. In der behutsamen Herangehensweise Franckes zeigt sich eine Konstante in der Haltung vieler Lutheraner des vorhergehenden Jahrhunderts. Francke konnte sich den Zielen seiner Korrespondenzpartner nicht völlig anschließen und verzichtete auf eine Debatte über dogmatische und ekklesiologische Unterschiede. Die von Albrecht-Birkner angesprochene Calvinismusrezeption im Luthertum war somit tatsächlich intensiv, aber immer beschränkt und gefiltert.

Interessant ist schließlich, dass sich in diesen Prozessen des »Networking across the channel« – so der Titel der diesem Band zugrundeliegenden Tagung[55] – ein Faden vom Anfang des 17. Jahrhunderts bis zum Anfang des nächsten Jahrhunderts spannt. Genauso wie schon am Anfang des 17. Jahrhunderts um Haak und seine pfälzischen Bekannten ein Austausch zwischen England und Deutschland zustande kam, knüpften um die nächste Jahrhundertwende die

---

[54] Über diesen Weg tauschte man sich über englische Erbauungsliteratur aus und wurden einige englische Erbauungsbücher in deutscher Übersetzung in Halle verlegt; vgl. Brunner, Halle pietists [s. Anm. 5], 129–153; Schunka, Zwischen Kontingenz und Providenz [s. Anm. 3], 85, 96, 113.

[55] Vgl. den Tagungsbericht von Erik Nagel: Tagungsbericht »Networking across the Channel. England und der Hallische Pietismus im 17. und 18. Jahrhundert«. 10.03.2011–11.03.2011, Halle an der Saale. In: H-Soz-u-Kult, 04.07.2011, URL: <http://hsozkult.geschichte.hu-berlin.de/tagungsberichte/id=3705> (letzter Zugriff 27.06.2014); ders.: Networking across the Channel: England and Halle Pietismin the Seventeenth and Eighteenth Centuries (Conference Report). In: German Historical Institute London Bulletin 33, 2011, No. 2, URL: http://www.ghil.ac.uk/publications/bulletin/bulletin_33_2.html (letzter Zugriff 30.06.2014).

hallischen Pietisten an dasselbe Umfeld an, und zwar an Haaks Großcousin Frederick Slare und die SPCK. Slare funktionierte genauso wie zuvor Haak als eine Art Portal für den weiteren Zugang nach England. Der Überblick über die Beziehungen zwischen England und Deutschland im 17. Jahrhundert lässt vermuten, dass man bei dem Austausch oft an bereits etablierte Beziehungen zwischen beiden Ländern angeknüpft hat.

Neben der erwähnten personellen Parallele gab es eine inhaltliche Parallele: in beiden Perioden hatte man die gleichen Zielsetzungen – die Beförderung der Frömmigkeit, unter anderem mittels der Verbreitung von Erbauungsliteratur, und die experimentelle Forschung der Naturwissenschaften. Die dogmatischen und ekklesiologischen Gegensätze zwischen der lutherischen Kirche und der Church of England machten aber in beiden Perioden einen bedingungslosen wechselseitigen Austausch oft sehr schwierig oder sogar unmöglich. Somit konnte es auch nicht zu einer institutionalisierten kirchlichen Einheit kommen, wie von englischer und brandenburgischer Seite vorgeschlagen. Die hallischen Pietisten strebten lediglich die innerliche geistliche Einheit der Frommen an. Am Beispiel von Böhme zeigt sich schließlich, dass Personen, die in der Nähe einer der beiden Seiten verkehrten und über einen gewissen Indifferentismus in konfessionellen und dogmatischen Sachen verfügten, als Brückenbauer auftreten konnten.

Alexander Schunka

»An England ist uns viel gelegen.« Heinrich Wilhelm Ludolf (1655–1712) als Wanderer zwischen den Welten

I. Ludolf, Halle und England

»An England ist uns viel gelegen.«[1] schrieb Heinrich Wilhelm Ludolf in programmatischer Absicht im September 1700 an August Hermann Francke (1663–1727). Zu diesem Zeitpunkt waren gerade zwei Pietisten dabei, in London eine Schule nach hallischem Vorbild aufzubauen. Ludolfs Hinweis auf die Bedeutung der britischen Insel war nur eine von mehreren Aufforderungen an Francke, sich stärker um England zu kümmern. Es gab zahlreiche Personen im Umfeld Halles, die dem Theologen und Gründer der Glauchaschen Anstalten immer wieder vorwarfen, er würde die Englandkontakte nicht ernst genug nehmen und damit letztlich dem Aufbau des Reiches Gottes schaden. Wenn Francke überhaupt auf solche Vorwürfe reagierte, dann meist mit der Entschuldigung, er sei wegen »Überhäuffung« nicht zum Schreiben gekommen. So warteten seine englischen Korrespondenzpartner teilweise bis zu drei Jahre lang auf Post.[2]

Heinrich Wilhelm Ludolf war der Mann, der für Francke in solchen Fällen aktiv wurde und der dessen potentielle Unterstützer auf der Insel über die Anstalten informierte und vertröstete, wenn Antwortschreiben ausblieben. Neben dem Hofprediger Georgs von Dänemark (1653–1708), Anton Wilhelm Böhme (1673–1722)[3], gilt Ludolf als einer der Säulenheiligen hallischer Englandbeziehungen zu Beginn des 18. Jahrhunderts. Weitaus bekannter ist der Spross einer Thüringer Gelehrtenfamilie heute freilich unter Slawisten und Osteuropahistorikern als Begründer einer deutschen »Russlandkunde« und Verfasser einer

---

1 Halle, Archiv der Franckeschen Stiftungen (nachfolgend AFSt): AFSt/H D 71 : fol. 51^r, Heinrich Wilhelm Ludolf an August Hermann Francke, Amsterdam, 19.09.1700. – Der vorliegende Beitrag fußt auf Quellenstudien, die im Rahmen eines Stipendiums der Fritz Thyssen Stiftung an den Franckeschen Stiftungen durchgeführt wurden. Er ordnet sich in Forschungen des Verfassers zu den Englandinteressen deutscher Protestanten um 1700 ein, die in Kürze in Buchform präsentiert werden.

2 Alexander Schunka: Zwischen Kontingenz und Providenz. Frühe Englandkontakte der halleschen Pietisten und protestantische Irenik um 1700. In: Pietismus und Neuzeit 34, 2008, 82–114. Die charakteristische »Überhäuffung« Franckes findet sich u.a. in: AFSt/H A 185 : 54, Georg Heinrich Neubauer an Anton Wilhelm Böhme, Halle, 13.09.1713; AFSt/H A 185 : 58, ders. an dens., Halle, 05.11.1713; AFSt/H A 185 : 141, ders. an dens., Halle, 09.11.1721; AFSt/H A 185 : 148, ders. an dens., Halle, 15.02.1722 u.ö.; AFSt/H C 229 : 63e, Anton Wilhelm Böhme an Carl Hildebrand von Canstein, o.D.

3 Arno Sames: Anton Wilhelm Böhme (1673–1722). Studien zum ökumenischen Denken und Handeln eines Halleschen Pietisten. Göttingen 1990; Daniel L. Brunner: Halle Pietists in England. Anthony William Boehm and the Society for Promoting Christian Knowledge. Göttingen 1993.

Grammatica Russica sowie einer kleinen landeskundlichen Abhandlung über das Zarenreich.[4] Beide Schriften erschienen allerdings nicht etwa in Deutschland, sondern in Oxford respektive in London, wo Ludolf seit den achtziger Jahren des 17. Jahrhunderts seinen Lebensmittelpunkt hatte, wenn er nicht gerade auf Reisen war. Seine Vorliebe für Großbritannien teilte er mit seinem ungleich berühmteren Onkel Hiob (1624–1704), dem Sprachgelehrten und herzoglich-gothaischen Rat.[5] Zum Begründer einer deutschen ›Englandkunde‹ taugt Heinrich Wilhelm Ludolf jedoch kaum – schon weil sich die britische Insel gegen Ende des 17. Jahrhunderts unter gar nicht so wenigen deutschen protestantischen Gelehrten und Geistlichen zunehmender Beliebtheit und steigenden Interesses erfreute. Deutsche Kenntnisse über Land, Leute und Sprache Großbritanniens waren zunächst freilich vielfach nur unwesentlich besser als über das Zarenreich.[6] Ludolf lässt sich aber auch aus zwei weiteren Gründen nicht als Propagator englischer Kultur und Landeskunde in Deutschland verstehen: weil er nichts Entsprechendes über Großbritannien publizierte und weil er sich – anders als für Russland – für Sprache, Kultur und Religion auf der Insel kaum interessierte. Letzteres hatte er mit August Hermann Francke gemeinsam.

Umso überraschender mag vor diesem Hintergrund die unzweifelhafte Bedeutung Ludolfs als Vermittler und Propagator der Glauchaschen Anstalten auf der Insel, ja sogar als *Spiritus rector* einer weltweiten Expansion des Halleschen Pietismus um 1700 anmuten. Die folgenden Ausführungen gehen diesem Problem nach und argumentieren, dass Ludolf eigentlich ganz andere Ziele verfolgte. Für ihn führte der Weg zu einem universalen Christentum aller wahrhaft Gläubigen auf der Welt nur über England. Insofern dienten ihm die britische Insel und die Kontakte zu Engländern in recht pragmatischer Absicht primär als Mittel zu einem eigenen Zweck, wenngleich Francke und Halle davon nachhaltig profitieren sollten. Auch wenn der Wahl-Engländer sich nie von Halle völlig vereinnahmen ließ, so schmälert dies seine zentrale Rolle für die Internationalisierung des

4 Joachim Tetzner: H.W. Ludolf und Russland. Berlin 1955; Eduard Winter: Halle als Ausgangspunkt der Deutschen Russlandkunde im 18. Jahrhundert. Berlin 1953. Die Schriften sind: Heinrich Wilhelm Ludolf: Grammatica Russica, quae continet non tantum praecipua fundamenta Russicae linguae, verum etiam Manuductionem quandam ad grammaticam Slavonicam. Oxonii: Sheldonian Theatre, 1696. Die kleine russische Landeskunde erschien noch einmal separat auf Englisch als: Heinrich Wilhelm Ludolf: Curious Observations concerning the Products of Russia. Anhang zu: Adam Brand: A journal of the embassy from their Majesties John and Peter Alexievitz, emperors of Muscovy &c. over land into China [...]. London: D. Brown and T. Goodwin, 1698. Die Russische Grammatik hatte auch einen deutschen Markt im Blick, wenn man die zahlreichen Einsprengsel und Übersetzungen ins Deutsche, etwa in den Vokabellisten, betrachtet.

5 Zu den Familienverhältnissen anhand älterer Literatur: Tetzner, Ludolf [s. Anm. 4], 10f., zu seinem Onkel Hiob Ludolf ist immer noch wertvoll: Joh[ann] Flemming: Hiob Ludolf. Ein Beitrag zur Geschichte der orientalischen Philologie. Teil 1. In: Beiträge zur Assyriologie und vergleichenden semitischen Sprachwissenschaft 1, 1890, 537–583.

6 Zu den deutschen Kenntnissen über Großbritannien um 1700 vgl. mit weiterer Literatur Alexander Schunka: Der neue Blick nach Westen. Englandinteressen im protestantischen Deutschland des 18. Jahrhunderts. In: Brückenschläge. Daniel Ernst Jablonski im Europa der Frühaufklärung. Ausstellungskatalog. Hg. v. Joachim Bahlcke [u.a.]. Dößel 2010, 155–167.

Halleschen Pietismus seit dem frühen 18. Jahrhundert keineswegs. Nur waren Ludolfs Interessen und Ziele mit denen Franckes nicht immer deckungsgleich und konnten sich etwa in ekklesiologischer Hinsicht sogar deutlich von denen des Glauchaer Theologen und Pfarrers abgrenzen. Francke und Ludolf unterschieden sich aber auch insofern voneinander, als man gerade in der Frühzeit der Anstalten manchmal weniger hinter Franckes Handeln einen großen, universalen Aufbau- und Reformplan zu entdecken scheint, als vielmehr bei Ludolf.[7]

Vor dem Hintergrund aktueller Diskussionen um globale Verflechtungen und um eine postmoderne »Provinzialisierung« Europas[8] wäre es verlockend, Ludolf als Wegbereiter religionsübergreifender Verständigung und interkonfessioneller Toleranz ansehen zu wollen. Zweifel sind dennoch angebracht, wenn zu lesen ist, Ludolfs großes Ziel sei die »Aussöhnung der christlichen Bekenntnisse« gewesen; er sei ein wahrer Kosmopolit gewesen, geprägt von »Toleranz und Offenheit gegenüber anderen Meinungen«.[9] So sehr man die Begeisterung über die scheinbare Modernität Ludolfs verstehen kann, so anachronistisch sind doch solche Zuschreibungen. Um Ludolfs Wirken und seine Bedeutung für die Expansion Halles angemessen bewerten zu können, wird man diese durchaus schillernde Person konsequent in ihre Zeit und in den theologischen und kulturellen Ideenhorizont um 1700 einordnen müssen. Daher sind zunächst einige Bemerkungen zu seiner Biographie unerlässlich (II), bevor als besonderes Charakteristikum von Ludolfs Wirken seine Reisetätigkeit herausgegriffen wird (III), ohne die man seine Geisteshaltung (IV), sein pragmatisches Verhältnis zur anglikanischen Kirche (V) und schließlich seine Rolle und Bedeutung als Inaugurator hallischer Englandbeziehungen (VI) schwerlich verstehen kann.

II. Ein Leben auf Reisen

Frühe Informationen über das Leben dieses reisenden Wahl-Engländers sind spärlich. Ludolf stammte aus Erfurt und war der Neffe des Äthiopisten Hiob Ludolf, der lange Jahre im Dienst der Herzöge von Sachsen-Gotha und Altenburg stand und als international angesehener Gelehrter seinem jungen Verwandten offenbar schon früh einige Kontakte in das Umfeld der Universität Oxford vermittelte. Es wird vermutet, dass Heinrich Wilhelm Ludolf bereits nach dem Ende seines Studiums an der Universität Jena ausgangs der siebziger Jahre des

---

7 Anders die ältere Forschung, die Francke gern und auch in internationaler Hinsicht als großen Lenker und Initiator darstellen wollte, z.B. Erich Beyreuther: August Hermann Francke und die Anfänge der ökumenischen Bewegung. Leipzig 1957.

8 Dipesh Chakrabarty: Europa als Provinz. Perspektiven postkolonialer Geschichtsschreibung. Frankfurt/Main, New York 2010 [2000].

9 Beispielsweise bei Renate Wilson: Heinrich Wilhelm Ludolf, August Hermann Francke und der Eingang nach Rußland. In: Halle und Osteuropa. Zur europäischen Ausstrahlung des hallischen Pietismus. Hg. v. Johannes Wallmann u. Udo Sträter. Tübingen 1998, 83–108, hier 83 u. 91.

17. Jahrhunderts einmal England besuchte. Anschließend hielt er sich wieder im Reich auf, wo er 1682 Philipp Jakob Spener (1635–1705) in Frankfurt am Main getroffen hat.[10] Mitte der achtziger Jahre ging er dann als Sekretär im Hofstaat Georgs von Dänemark nach London, des lutherischen Ehemanns von Anne Stuart, der zukünftigen britischen Königin (1702–1714). Seine Kontakte zu späteren Mitgliedern der Society for Promoting Christian Knowledge (SPCK), darunter dem Landeskundler John Chamberlayne (1669–1723),[11] dürften bereits aus dem sogenannten »Cockpit Circle« herrühren, einer Gruppe von Londoner Philanthropen und Lebemännern, mit der sich Prinz Georg umgab.[12]

Anfang der neunziger Jahre schied Ludolf, wenn man den verstreuten Informationen glauben darf, aus dem Dienst für Prinz Georg aus, aber er bezog weiterhin von ihm eine Pension. Dieses Ausscheiden wird mit gesundheitlichen Gründen bzw. mit Ludolfs Geisteszustand in Verbindung gebracht. Er selbst schreibt dazu in der Rückschau, er habe einfach frei sein wollen.[13] Ganz offensichtlich erhielt er aber weiterhin gleichsam halbdiplomatische Aufträge aus dem dänisch-britischen Umfeld, die ihn ab 1692 auf seine berühmte Russlandreise führten. Dass Ludolf nicht allein aus reiner Wanderlust auf Reisen ging, sondern sich in einer epochentypischen Grauzone zwischen inoffizieller Diplomatie und Spionage bewegte, ist sehr wahrscheinlich, aber nicht genauer nachweisbar, wenngleich seine Reisestationen darauf ebenso hindeuten wie seine jeweiligen Kontaktpersonen und manchmal auch der Inhalt seiner Berichte.[14] Der letzte bekannte Brief von dieser Reise stammt aus Narva, aber seine Kontakte und

---

10 Die Biographie nach Tetzner, Ludolf [s. Anm. 4], 13–16 mit weiterer Literatur. Ludolfs Kontakt zu Spener seit 1682 wird thematisiert in: AFSt/H C 144a : 23, Heinrich Wilhelm Ludolf an Georg Melchior Ludolf, Berlin, 28.09.1703.

11 Chamberlayne stand er freilich kritisch gegenüber: AFSt/H D 71 : 102v, Ludolf an Francke, London, 09.04.1702: »Wenn Herr Chamberlain recht gesezet were, könte er wegen seines guten naturel, und weitleuffiger Kundschafft gute dienste thun, aber der arme mensch fürchtet sich fur den Enthusiasmo gar zu sehr, und vergreifft sich ein wenig damit an der göttlichen Regierung unsers Verstandes.«

12 Zum bislang schlecht erforschten Umfeld Georgs von Dänemark zumindest ansatzweise: Charles Beem: »I Am Her Majesty's Subject«. Prince George of Denmark and the Transformation of the English Male Consort. In: Canadian Journal of History 34, 2004, 457–487; Reavley Gair: Chamberlayne, John (1668/9–1723). In: Oxford Dictionary of National Biography. Oxford 2004. URL: http://www.oxforddnb.com/view/article/5060 (letzter Zugriff: 03.06.2012).

13 AFSt/H C 144a : 40, Heinrich Wilhelm Ludolf an Georg Melchior Ludolf, Narva, 28.12.1692: »En effet, je commence à gouter tellement la douceur de la liberté, que je ne m'empresseray pas a rentrer sans necessité, dans un esclavage, qui m'engage à Oxon des complaisances, les quelles ne traversent pas moins mes inclinations que le salut de mon ame.«

14 Dies vermutet bereits Tetzner, Ludolf [s. Anm. 4], 23. Deutlich wird dies nicht zuletzt anhand des Kreises seiner Korrespondenten und Kontaktpersonen sowie an der Form seiner brieflichen Berichte und Beobachtungen über fremde Orte, die größtenteils im Archiv der Franckeschen Stiftungen verwahrt werden. Zur Grauzone zwischen ›offizieller‹ und ›inoffizieller‹ Diplomatie um 1700 vgl. z.B. Alexander Schunka: Wein und falsche Freunde. Abwege eines Hofpredigers in der internationalen Diplomatie des ungarischen Aufstands im frühen 18. Jahrhundert. In: Kriminelle – Freidenker – Alchemisten. Räume des Untergrunds in der Frühen Neuzeit. Hg. v. Martin Mulsow. Wien [u.a.] 2014, 179–201.

Informationen legen nahe, dass er zumindest den europäischen Teil des Zarenreiches bereist hat, wenngleich er wohl nicht nach Sibirien gekommen ist.[15] Ende 1695 war er zurück in London. Ergebnisse dieser Reise waren seine russische Grammatik und eine zunehmende Berühmtheit als Slawist, gerade unter Oxforder Professoren.

Die nächste große Fahrt führte ihn vom folgenden Jahr an über die Niederlande und Halle in den Orient. Er hielt sich bei den Diplomaten des Friedenskongresses von Rijswijk auf[16] und verbrachte um den Jahreswechsel 1697/98 einige Monate in Halle bei Francke, mit dem er zu diesem Zeitpunkt seit zwei Jahren brieflich in Kontakt stand.[17] Über Venedig und Livorno erreichte er Smyrna und lebte 1699 ein halbes Jahr lang in Konstantinopel. Anschließend ging es per Schiff nach Jaffa und über Land nach Jerusalem und Kairo. Im März 1700 erreichte er wieder Livorno, wo man ihn erst einmal in Quarantäne steckte. Nach Besuchen in Rom, Lyon und Paris gelangte Ludolf im Oktober 1700 zurück nach London. Es folgten kürzere Reisen in die Niederlande. 1703 besuchte er Berlin, dann Kopenhagen, Königsberg und Danzig, um im Oktober 1704 wieder in London zu sein. Seine letzte größere Reise führte ihn 1706/07 nach Hannover, Halle und in seine Geburtsstadt Erfurt.[18]

Ludolf war also etwa die Hälfte seiner Londoner Zeit nicht zu Hause, sondern unterwegs. Das konnte er sich nicht zuletzt deshalb erlauben, weil er nicht verheiratet war. Er besaß in der britischen Hauptstadt keine feste Wohnung, sondern wohnte zeitweise zur Untermiete bei einem befreundeten Kaufmann.[19]

---

15 Vgl. dazu auch die Anspielungen in seiner kleinen russischen Landeskunde, wo er sehr klar zwischen eigenen Beobachtungen und Informationen vom Hörensagen unterscheidet. Die distanzierten Formulierungen Ludolfs, etwa bei der Beschreibung sibirischer Flora und Fauna, legen nahe, dass er selbst nicht weit über Moskau hinausgekommen ist. Ludolf, Curious Observations [s. Anm. 4].

16 AFSt/H A 112a, Meditationes von Heinrich Wilhelm Ludolf, S. 340: »In the year 1691. when God by his wonderfull providence had taken me out of the Court by that distemper of body and mind, which puzled every one. I used to set down several thoughts that came into my head; amongst the rest I find I had set down I would take a voyage into the north, and after I was come from thence back I would take one into the East, but it might be I should first see the peace made. It fell out that the two Danish Embassadours being my friends, they invited me to stay with them during the Treaty, which I did and so saw the peace made in 1697.«

17 Wann und durch wen (Spener/Hiob Ludolf; vgl. etwa Tetzner, Ludolf [s. Anm. 4], 63) Ludolf erstmals von Francke erfahren hat, ist unklar. Der direkte Kontakt zwischen beiden setzt jedenfalls 1695 ein, ging von Ludolf aus, der sich auf seinen Onkel berief, und betraf die geistliche Versorgung der Protestanten im Zarenreich, siehe AFSt/H A 112, S. 1–4, Heinrich Wilhelm Ludolf an August Hermann Francke, London, 04.10.1695.

18 All dies erschließt sich weitgehend aus seiner Korrespondenz im Archiv der Franckeschen Stiftungen in Halle. Zur Typik protestantischer Orientreisen vgl. Alexander Schunka: Orientkontakte und protestantische Einheit in der Frühen Neuzeit. In: Şehrâyîn. Die Welt der Osmanen, die Osmanen in der Welt. Wahrnehmungen, Begegnungen und Abgrenzungen. Hg. v. Yavuz Köse. Wiesbaden 2012, 319–336; vgl. auch ders.: Die Konfessionalisierung der Osmanen. Protestantische Berichte über den Orient im ausgehenden 16. Jahrhundert. In: Zeitsprünge 16/1–2, 2012, 8–46.

19 AFSt/H D 71:fol. 62–63, Heinrich Wilhelm Ludolf an August Hermann Francke, London, 25.10.1700; AFSt/H A 112, S. 149–152, London, 27.10.1708, hier 149.

Um 1711 verschlechterte sich sein Gesundheitszustand, und er starb im Januar des Folgejahres, kurze Zeit nach einer Unterleibsoperation.[20] Ludolf hat zu Lebzeiten außer seiner Grammatik kaum etwas publiziert. Erst nach seinem Tod veröffentlichte sein Protegé Anton Wilhelm Böhme die *Reliquia Ludolfiana*, eine Sammlung erbaulicher Texte.[21]

III. Christliche Wandersleute und konfessionelle Kommunikation

Ludolf ist also zeitgenössisch nicht als Autor in Erscheinung getreten, sondern als Reisender. Was stand hinter dieser Reiselust? Es ist davon auszugehen, dass der Wahl-Engländer auch noch lange nach seinem offiziellen Ausscheiden aus dänischen Diensten als politischer Informant diente, was auch die Finanzierung seiner Reisetätigkeit erklären würde. Für Ludolf jedoch besaß das Reisen darüber hinaus eine bedeutsame metaphysische Dimension. Seine Reisen standen emblematisch für die mühevolle, lebenslange *Peregrinatio* eines wahren Christen.[22] Im Einklang damit hat ihn ein Zeitgenosse und bedeutender Englandkenner, der reformierte Berliner Hofprediger Daniel Ernst Jablonski (1660–1741), als »christlichen Wandersmann« bezeichnet.[23] Dabei muss man sich aber vergegenwärtigen, dass Ludolf in einer Tradition »christlicher Wandersleute« stand. Wenn man von mittelalterlichen Vorbildern religiös motivierter Wanderschaft absieht, so scheint es sich hier um ein Phänomen zu handeln, das weniger mit Lutheranern, sondern eng mit dem Reformiertentum oder mit heterodoxen Glaubensgruppen verbunden ist. Für Angehörige des reformierten Bekenntnisses bestand, anders als etwa für lutherische Protestanten, vom 16. Jahrhundert an ein besonderes Bedürfnis, sich international zu organisieren und zu vernetzen. Hier war man auf solche Wandersleute gleichsam angewiesen, die Kontakte herstellten und Ideen verbreiteten. In diesen Kontext gehört auch Heiko Obermans »Reformation of the Refugees«. Im Mittelpunkt der Reisen stand die Kontaktpflege unter Gleichgesinnten über größere Distanzen hinweg.[24] Eine derartige Mobilität findet sich im 16. und 17. Jahrhundert aber auch bei verschiedenen heterodoxen Gruppen:

---

20 AFSt/H A 112, S. 173–175, Heinrich Wilhelm Ludolf an August Hermann Francke, London, 06.02.1711, hier 173f.: »Meine schwere prüfung ao. 1682 fieng ich im Haupte an, meine andere ao. 1691. im Herzen, die iezige aber infra diaphragmae, wiewohl ich die gröste [Eingebung?] habe, wenn sothane im untern leibe anfangende bewegung das Herz und endlich das Haupt erreichet.« Zur Operation AFSt/H C 229:46, Heinrich Wilhelm Ludolf an August Hermann Francke, Fragment, [London 1711]. Zu Ludolfs Tod vgl. die Briefe Anton Wilhelm Böhmes an August Hermann Francke: AFSt/H C 229:34–37 (1712) und passim.

21 [Heinrich Wilhelm Ludolf:] Reliquiæ Ludolfianæ. The pious remains of Mr. Hen. Will. Ludolf [...]. Hg. v. Anton Wilhelm Böhme. London: Downing 1712.

22 Siehe z.B. den Notizbucheintrag vom März 1701 in AFSt/H A 112a, S. 36.

23 AFSt/H C 214:6, Daniel Ernst Jablonski an August Hermann Francke, Berlin, 30.10.1703.

24 Zusammenfassend mit weiterer Literatur: Alexander Schunka: Internationaler Calvinismus und protestantische Einheit. In: Brückenschläge [s. Anm. 6], 171–185.

den Täufern, den Quäkern oder den Sozinianern, teilweise verbunden mit Missionsgedanken.[25] Diese Form des theologisch-konfessionspolitischen Austauschs wird neben der – gleichermaßen bedeutsamen – Briefkommunikation von der Forschung gern übersehen: nicht zuletzt, weil die historische Überlieferung zu solchen Reisekarrieren sehr viel lückenhafter ist, sofern keine aussagekräftigen Reisetagebücher vorliegen. Wenn aber nach Meinung des Historikers Rudolf Schlögl die »Kommunikation und Vergesellschaftung unter Anwesenden«[26] ein Epochencharakteristikum der Frühen Neuzeit darstellt, dann waren Wandersleute wie Ludolf und andere, die möglicherweise heute völlig unbekannt sind, bedeutsame Medien, um Kontakte und Anwesenheit herzustellen und aufrecht zu erhalten. Sie taten dies auf eine sicherere und zugleich flexiblere Weise, als dies im Rahmen von Briefkommunikation möglich gewesen wäre.

›Christliche Wandersleute‹ sorgten freilich nicht nur für eine Netzwerkbildung der Frommen. Wie andere Reisende seines Schlages bemühte sich Ludolf, die Politik in seine Absichten und Ziele einzuspannen. Darauf deuten nicht nur seine Kontakte zu hochrangigen Diplomaten und Politikern hin, sondern auch sein Aufenthalt im Umkreis der Friedensverhandlungen von Rijswijk. Analog zu ihm versuchte einer seiner Bekannten, der Anglikaner Robert Hales (1673–1735), die Einheit der kontinentalen Protestanten unter anglikanischen Vorzeichen beim Frieden von Utrecht (1713) voranzutreiben.[27] Hales reiste mindestens ebenso viel wie Ludolf und war wie jener Mitglied der Londoner Society for Promoting Christian Knowledge, die sich aus zahlreichen philanthropischen Klerikern und Laien hochkirchlicher Prägung rekrutierte. Es gibt verstreute Hinweise auf einen Gedankenaustausch, ja sogar eine Kooperation zwischen beiden auf der Suche nach den wahren Frommen auf dem europäischen Kontinent, auch wenn der überkonfessionell orientierte Ludolf dem konfessionskirchlich beheimateten Anglikaner Hales zwar gute spirituelle Anlagen, aber mangelnde Reife im Glauben attestierte.[28]

---

25 Zu täuferischen bzw. heterodoxen Gruppen vgl. z.B.: Grenzen des Täufertums. Neue Forschungen. Hg. v. Anselm Schubert [u.a.]. Gütersloh 2009; Astrid von Schlachta: Gefahr oder Segen? Die Täufer in der politischen Kommunikation. Göttingen 2009; Sünne Juterczenka: Über Gott und die Welt. Endzeitvisionen, Reformdebatten und die europäische Quäkermission in der Frühen Neuzeit. Göttingen 2008; Socinianism And Arminianism. Antitrinitarians, Calvinists, And Cultural Exchange in Seventeenth-century Europe. Hg. v. Martin Mulsow u. Jan Rohls. Leiden 2005.

26 Rudolf Schlögl: Kommunikation und Vergesellschaftung unter Anwesenden. Formen des Sozialen und ihre Transformation in der Frühen Neuzeit. In: Geschichte und Gesellschaft 24, 2008, 155–224.

27 Zu ihm siehe vorläufig Alexander Schunka: Die Sorben und die Lausitzen im internationalen Protestantismus des frühen 18. Jahrhunderts. In: Lětopis 56, 2009, 31–44; William A. Bultmann: A Layman Proposes Protestant Union. Robert Hales and the Helvetic Churches, 1700–1705. In: Church History 27, 1958, 32–45. Ich verweise ferner auf meine in Vorbereitung befindliche Monographie zu den Englandinteressen deutscher Protestanten um 1700.

28 Auf regelmäßige, direkte Kontakte zwischen Ludolf und Hales deutet hin: AFSt/H D 23 : fol. 156v–158r: Heinrich Wilhelm Ludolf an Robert Hales, o.O., 22.02.1705. Siehe auch AFSt/H D 23 : fol. 28r–29v, Heinrich Wilhelm Ludolf an Frederick Slare, o.O., 15.01.1704.

Die bedeutendsten Quellen, die Ludolfs Leben und Reisen dokumentieren, sind seine Briefe. Mit Francke etwa korrespondierte er gewöhnlich auf Deutsch, zu Übungszwecken allerdings auch auf Englisch und Russisch, teilweise auch unter Verwendung von Vokabelhilfen.[29] Seine Sprachgewandtheit ähnelt der seines polyglotten Onkels Hiob: Heinrich Wilhelm Ludolf hat Schreiben und Notizen in mehr als zehn Sprachen hinterlassen, darunter Deutsch, Englisch, Niederländisch, Russisch, Italienisch, Französisch, Griechisch, Spanisch, Hebräisch und selbst Äthiopisch und Osmanisch.[30] Dabei war er offenbar – bei aller Lückenhaftigkeit der Überlieferung – ein relativ fleißiger Korrespondent: Laut eigener Angabe verfasste er in einem Jahr wie 1705 knapp 100 Briefe, wobei sich nicht überprüfen lässt, ob diese Aufstellung vollständig ist.[31] Eine solche Zahl mag im Vergleich zu vielschreibenden Zeitgenossen wie Gottfried Wilhelm Leibniz (1646–1716) eher gering erscheinen, aber es gilt zu bedenken, dass Ludolf im Unterschied zu seinem Bekannten Leibniz ein Gutteil seines Lebens eben nicht an seinem heimischen Schreibtisch saß, sondern auf Reisen war.[32]

So wichtig derartige ›christliche Wandersleute‹ für die grenzüberschreitende konfessionelle Kommunikation in der Frühen Neuzeit zweifellos waren – mit ihrer besonderen Mobilität hängt auch zusammen, dass die Informationslage zu Personen wie Ludolf und seine reisenden Zeitgenossen immer lückenhaft bleiben muss. Vieles an aufschlussreichem Material dürfte über die Jahrhunderte verloren gegangen sein, anderes schlummert möglicherweise noch in den Bibliotheken und Archiven Europas, und geschlossene Nachlässe solcher Reisender sind häufig nicht erhalten. So sind es oft nur die mitunter eher indirekten Verweise auf Personen wie Ludolf in der Überlieferung verschiedener Zeitgenossen, durch die man umrissartig die geographischen und inhaltlichen Dimensionen seines Wirkens erschließen kann. Erschwerend für die Spurensuche kommt freilich hinzu, dass Reisende wie Ludolf, Hales oder etwa der schottische Ireniker John Dury (1600–1680)[33] zwar ihr Leben lang Kontakte knüpften, Briefe schrieben und

---

29 Außerdem bemühte sich Ludolf darum, auf dem Briefpapier keinen Platz zu verschwenden, siehe AFSt/H D 71 : fol. 19^{v}, Heinrich Wilhelm Ludolf an August Hermann Francke, Konstantinopel, 19.05.1699; AFSt/H D 71 : fol. 1, ders. an dens., Halle, 17.03.1698; siehe auch AFSt/H D 68 : fol. 308f., 356f.

30 Unvollständig ist die Zusammenstellung bei Tetzner, Ludolf [s. Anm. 4], 15; siehe insbesondere AFSt/H A 112a, AFSt/H B 71b sowie AFSt/H D 23 (passim).

31 Zur Brieffrequenz siehe AFSt/H B 71b, Briefregister d. J. 1705 (am Ende).

32 Zum Verhältnis von Mobilität und Brieffrequenz sowie zum Umfang der Leibniz-Korrespondenz vgl. Nora Gädeke: Leibniz lässt sich informieren. Asymmetrien in seinen Korrespondenzbeziehungen. In: Kommunikation in der Frühen Neuzeit. Hg. v. Klaus-Dieter Herbst u. Stefan Kratochwil. Frankfurt/Main [u.a.] 2009, 25–46. Der Briefwechsel zwischen Leibniz und Ludolf reicht von 1697 bis 1703 und ist am dichtesten für die ersten Jahre. Zu Ludolf und Leibniz vgl. Tetzner, Ludolf [s. Anm. 4], 56–62.

33 Zu ihm jetzt: Pierre-Olivier Léchot: Un christianisme »sans partialité«. Irénisme et méthode chez John Dury (v. 1600–1680). Paris 2011.

empfingen, Schriften verteilten oder Übersetzungen anregten, aber selbst kaum als Autoren in Erscheinung getreten sind. Diese Reisenden sahen ihr Werk oft nicht als persönliche Mission an, sondern als Beitrag zu einem größeren Ganzen. Auch Ludolf verstand sich dementsprechend nur als ein Werkzeug Gottes.[34]

IV. Antikonfessionalismus und Apokalyptik

Mit dieser Selbstwahrnehmung als Instrument im Dienst eines größeren, göttlichen Werks hängt zusammen, dass Ludolf sich nur bedingt als Beispiel eines frühmodernen »Kosmopoliten« eignet.[35] Was also trieb Ludolf genau an? Betrachtet man den Wahl-Engländer im Horizont seiner Zeit, dann hat seine Reise- und Vermittlungstätigkeit mit Kosmopolitentum schon insofern nichts zu tun, als er ähnlich wie andere frühneuzeitliche Reisende nicht deshalb unterwegs war, weil er in allen Kulturen und Religionen eine neue Heimat fand, sondern weil er in der Fremde das Bekannte suchte.[36] Ludolf hielt nicht Ausschau nach exotischen Ideen, Objekten oder Menschen, um seinen Horizont zu erweitern; es ging ihm oft nicht darum, Brücken zu schlagen zwischen unterschiedlichen Glaubenssystemen und Kulturen, sondern er suchte vorrangig nach Gleichgesinnten. Sein Interesse galt primär anderen Christen, und zwar denjenigen, die, wie er selbst, einer konfessionskirchlichen Verfasstheit von Bekenntnisgruppen skeptisch gegenüberstanden und für seine Idee einer Universalkirche der wahren Gläubigen empfänglich waren. Insofern war Ludolf auch kein Ireniker, sondern – wie viele Pietisten seiner Zeit – ein Gegner konfessioneller Irenik, wie sie von John Dury, Robert Hales und anderen Anglikanern oder vom refor-

---

34 AFSt/H D 23: fol. 136v–137v, Heinrich Wilhelm Ludolf an Wood [vermutlich Peter Wood, Chaplain des Oxforder New College], London, 02.04.1703: »I am convinced that neither they [die römisch-katholische Kirche, d.Vf.] nor any other Sect will not be able to restrain the Power of the living word, and confine it within the bounds of the systeme of every particular Church. By that Correspondence, which I have amongst people of differing nations and persuasions, I am convinced, that God hath begun a work in the souls of men, which will hardly square with the rules of the old University Ideas.« AFSt/H A 112, S. 223–226, Heinrich Wilhelm Ludolf an Carl Hildebrand von Canstein, Amsterdam, 30.12.1704, hier 224: »[...] nous serons dans un pitoyable etat, si le supreme architecte ne prend pas l'affaire luy méme entre les mains pour dresser le nouveau batiment, en accomplissant sa promesse de renouveller tout, tant pour l'interieur que pour l'exterieur«.

35 Zum meiner Ansicht nach etwas problematischen Begriff eines ›protestantischen Kosmopolitismus‹ siehe Daniel Riches: Protestant Cosmopolitanism and Diplomatic Culture. Brandenburg-Swedish Relations in the Seventeenth Century. Leiden 2013, 8–11.

36 Es ist eine nicht mehr ganz neue Erkenntnis der Reiseberichtsforschung der letzten Jahrzehnte, dass im Fremden primär das Bekannte gesucht wird, vgl. stellvertretend Wolfgang Neuber: Fremde Welt im europäischen Horizont. Zur Topik der deutschen Amerika-Reiseberichte der Frühen Neuzeit. Berlin 1991; Michael Harbsmeier: Wilde Völkerkunde. Andere Welten in deutschen Reiseberichten der frühen Neuzeit. Frankfurt/Main, New York 1994.

mierten Berliner Hofprediger Daniel Ernst Jablonski propagiert wurde.[37] Ludolf ging es nicht um eine Friedensstiftung zwischen Bekenntnissen und um ihre Vereinigung unter einem gemeinsamen konfessionskirchlichen Dach, denn er lehnte die zeitgenössischen Unionspläne ebenso wie Konfessionskirchen und jegliche »äußerliche Religion« ab.[38] Er strebte vielmehr nach einer Vereinigung der *wahren* Gläubigen, und wer zu dieser Gruppe gehörte, das bestimmten ihm zufolge nicht Menschen, sondern Gott.

Konfessionelle Toleranz findet sich in Ludolfs Weltbild nur insofern, als er von den Bekenntniskirchen seiner Zeit durchgängig gleich wenig hielt. Dies galt für die *Church of England* genauso wie für die katholische Papstkirche, auch wenn er davon ausging, dass es prinzipiell unter Gläubigen aller Bekenntnisse jeweils auch einige erweckte Seelen geben konnte. Das Christentum im Orient war für ihn verrottet, was er bedauerte; Nichtchristen, insbesondere Muslime, belächelte er gelegentlich geradezu.[39] Gegenüber denjenigen, die er nicht zum

---

[37] John Dury setzte sich für die Vereinigung der protestantischen Bekenntnisse ein, Robert Hales für einen reformiert-arminianischen ›Universalismus‹ unter anglikanischen Vorzeichen. Zum größeren Kontext vgl. Howard Hotson: Irenicism in the Confessional Age. The Holy Roman Empire, 1563–1648. In: Conciliation and Confession. The Struggle for Unity in the Age of Reform, 1415–1648. Hg. v. Howard P. Louthan [u.a.]. Notre Dame 2004, 228–285; Alexander Schunka: Daniel Ernst Jablonski, Pietism, and Ecclesiastical Union. In: Pietism, Revivalism and Modernity 1650–1850. Hg. v. Fred van Lieburg u. Daniel Lindmark. Newcastle 2008, 23–41.

[38] AFSt/H B 71b, Ludolfs Notizbuch 1705, S. 73: »If one be lost for want of outward religion, for a greater number perish for laying all their stress upon outward religion. It is impossible that any soul should thrive unlesse she be fed by that bread of life, which is the fountain of all beings, and consequently must be likewise their constant support if they are not to return into nothing, as they were nothing before they received their being by name of that Power. But intellectual beings being become worse than nothing by their contrariety to the fountain of their being, the glory of this enlivening Power is still greater by destroying that what is wicked in the Creature, and restoring its primitive goodnesse by imparting himself a new.«

[39] Siehe Oxford, Bodleian Library: Ballard Mss. 26, Nr. 41: Heinrich Wilhelm Ludolf an Arthur Charlett, Konstantinopel, 10.07.1699: Ein Besuch in Konstantinopel lohne sich weder wegen der Sehenswürdigkeiten, »nor is there much to be learned amongst the natives here, whether Christians, Jews or Turks.«. Ballard Mss. 26, Nr. 42, ders. an dens., Paris, 14.08.1700 über die Unwissenheit der Orientalen; vgl. auch Ludolfs vernichtendes Urteil über die Stadt Alexandria, AFSt/H D 71 : fol. 33–36, »Relation der Rückreise von Cairo nach Livorno«; o.D., hier 34v. Aufschlussreich, aber durchaus zeittypisch für die Sicht europäischer Beobachter, ist auch seine Beschreibung einer Sufizeremonie in AFSt/H D 71: fol. 19r, Heinrich Wilhelm Ludolf an August Hermann Francke, Konstantinopel, 19.05.1699: »Ich habe inmittelst einer sehr wunderlichen devotion der Dervische oder Mahometanischen mönche beygewohnet. Nachdem der Scheich oder Superior auf einem Chatedr von etlichen stuffen hoch einige örter vom Alcoran auf türkisch ausgeleget, gieng es im gemach nebst 9 dervischen in einem circul, ein ieder sich beügend wenn er dem cathedr vorbey gieng, darauf fingen die Dervische an als unsinnige leüte mit ausgestreckten armen sich auf einer stelle rings umb zu drehen, nachdem solches fast eine halbe stunde gedauret, küste ein ieder dem scheich die hand, und beschloßen also diese lächerliche devotion. Etliche von dem [!] mönchen stunden auf einen erhabenen orte gegen dem cathedr über, und machten mit 2 paar kleinen Keßelpauken, und 5 fleuten eine eben so seltzame Musik Zum tanze.«

kleinen Grüppchen wahrer Gläubigen zählte, zeigte sich Ludolf also nicht besonders aufgeschlossen oder gar ›tolerant‹.[40] Dies stand wiederum durchaus im Einklang mit Überzeugungen vieler seiner Zeitgenossen um 1700, die an eindeutigen konfessionellen Wahrheiten festhielten und jeglichen Formen von Konfessionsvermischung und ›Synkretismus‹ abhold waren.[41] Eine gewisse interkulturelle und interreligiöse Kompetenz kann man ihm jedoch nicht völlig absprechen, gerade wenn es um das Verfolgen eigener spiritueller Ziele ging.

Ludolfs Weltbild war endzeitlich geprägt. Er teilte die Menschheit auf in diejenigen, die das göttliche Licht erkannt hatten, und die anderen, die in der Dunkelheit standen. Die gegenwärtige Entwicklung zeige deutlich, dass der Tag der Entscheidung zwischen den Kräften des Lichts und der Finsternis unmittelbar bevorstehe. Anzeichen fanden sich dafür seiner Meinung nach in vielen Bereichen: dem Wetter, dem Tod Wilhelms von Oranien,[42] den kirchlichen Unruhen in England und Europa, dem Erscheinen der französisch-camisardischen »New Prophets« in London, der Sacheverell-Krise oder auch der Immigration der Pfälzer 1709.[43] Das hinter allem stehende Hauptübel sei allerdings das Vordringen von Atheismus und Profanierung auf der einen Seite und von Schwärmertum auf der anderen.[44] »Die Schlaueren,« so Ludolf, »sind in die Falle des Deismus und Sozinianismus gegangen, die zahlreichen Dümmeren aber werden vom Enthusiasmus betrogen.«[45] Niemand könne jedenfalls mehr sagen, Gott habe ihn nicht gewarnt:

---

40 AFSt/H B 71b, S. 89, Eintrag vom Mai [1706?]: »All opinions are to be valued so far as they conduce towards the great scope of our being, which is to glorify God by his manifesting himself and his Divine attributes in us.«

41 Selbst orthodoxe Lutheraner um 1700 konnten die Meinung vertreten, dass nur sie selbst zur kleinen Gruppe der wahren Auserwählten gehörten und sich gegen eine Masse Falsch- oder Ungläubiger zu verteidigen hatten, siehe in Kürze Alexander Schunka: Fighting or Fostering Confessional Plurality? Ernst Salomon Cyprian as a Historian of Lutheranism in the Early Eighteenth Century. In: Forgetting Plurality? Lutheran Histories since the Reformation. Hg. v. Jesse Spohnholz u. Carina Johnson. New York 2015 (i.V.).

42 AFSt/H D 23: fol. 105–106, Heinrich Wilhelm Ludolf an [...] Berndes, o.O. [London?], o.D., zum Tod Wilhelms von Oranien; AFSt/H D 23: fol. 28–29, ders. an Frederick Slare, 15.01.1704, zum Wetter (»sign that great judgements are at the door«).

43 AFSt/H C 144a:2, Heinrich Wilhelm Ludolf an Georg Melchior Ludolf, London, 12.06.1710, zu den Sacheverell-Unruhen und dem Auftauchen der »New Prophets« als Zeichen der Entscheidung zwischen Gut und Böse; AFSt/H C 144a:5, ders. an dens., London, 09.08.1709, zum Auftauchen der Pfälzer Emigranten in London als »signe du grand mouvement dans les esprits, qui annonce une grande crise«. Zu Ludolf und den Pfälzern ausführlich: Renate Wilson: Continental Protestant Refugees and their Protectors in Germany and London. Commercial and Charitable Networks. In: Pietismus und Neuzeit 20, 1994, 107–124.

44 AFSt/H D 23, S. 107f., Heinrich Wilhelm Ludolf an seinen Verwandten Johann Heinrich Brockhausen, o.O., o.D.

45 »[...] dum sagaciores Deismo et Socinianismo irretiti, simpliciores vero multi Enthusiasmo decepti«: AFSt/H D 23: fol. 116–117, Heinrich Wilhelm Ludolf an Anhard Adelung und Christoph Salchow, o.O., 06.10.1702.

> It is a riddle to me, how the generality of the Clergy and Laity take so little notice of that great commotion, which at the present we find not onely in nature and its four elements, but allso in the very souls of men both about Church and State affairs; a due consideration of this subject might easily convince them, we are about the fulfilling time of those prophecys, which speak of God's being to shake powerfully heaven and earth.[46]

Jeder müsse sich daher auf den bevorstehenden, schrecklichen Moment vorbereiten, wenn das Feuer Gottes seine Freunde erheben und seine Feinde verschlingen werde. Ludolf selbst hatte nach eigener Ansicht wenig zu befürchten: Er stand auf der Seite der Guten.[47] Das Häuflein wahrer, aufrechter Christen sollte sich sammeln, um den Mächten der Finsternis gegenüberzutreten.[48]

Die Kirchen oder irgendwelche starren Bekenntnissysteme seien dafür allerdings ebenso wenig eine Hilfe wie die Gelehrsamkeit von Theologen: Der »lebendige Gott« müsse »selbst Zeügen seiner Wahrheit erwecken, abrichten und mit einer himmlischen Krafft ausrüsten [...], wenn der allenthalben überhand genommenen Herrschafft der Finsterniß soll der Kopff gebothen werden, und das Reich Gottes einstens auf Erden die Oberhand behalten.«[49] Als einen solchen »Wahrheitszeugen« sah sich Ludolf selbst.[50]

V. Anglikaner und Ostkirchen

Wenn Ludolf jegliche äußeren Bekenntnisse ablehnte, dann bezog sich diese Aversion auch auf die anglikanische Bischofskirche und die Theologie an den englischen Universitäten Oxford und Cambridge, die er für verknöchert und für Orte der Finsternis hielt. Seine Strategie war es gleichwohl, sich diese Einrichtungen zunutze zu machen. Mit Hilfe aus der universitären Gelehrsamkeit ebenso wie aus der High Church und unter Einbezug kirchlicher Infrastruktur sollte sein Ziel einer universalen Kirche der wahren Gläubigen umgesetzt werden. Dazu war Ludolf durchaus bereit, als Mitglied der Society for Promoting Christian Knowledge die Unternehmungen Halles und seine eigenen Interessen mit einer

---

46 AFSt/H D 23: fol. 28r–29v, hier 28r, Heinrich Wilhelm Ludolf an Frederick Slare, o.O., 15.01.1704.

47 AFSt/H D 23: fol. 28r–29v, hier 28r, Heinrich Wilhelm Ludolf an Frederick Slare, o.O., 15.01.1704.

48 AFSt/H D 23: fol. 107f., Heinrich Wilhelm Ludolf an Johann Heinrich Brockhausen, o.D.

49 AFSt/H D 23: fol. 128–130, Heinrich Wilhelm Ludolf an Hiob Ludolf, London, 09.03.1702/3, hier fol. 128v.

50 Der Begriff »Wahrheitszeuge« stellte eigentlich nur eine Übersetzung des ursprünglich griechischen Terminus »Märtyrer« dar; er erhielt in den Reformationskirchen seit Matthias Flacius (Illyricus) und insbesondere bei Ludolfs heterodoxem Zeitgenossen Friedrich Breckling eine besondere Bedeutung. Siehe die Beiträge in: Friedrich Breckling. Prediger, »Wahrheitszeuge« und Vermittler des Pietismus im niederländischen Exil. Hg. v. Brigitte Klosterberg u. Guido Naschert. Halle/Saale 2011.

gewissen ›anglikanischen‹ Rhetorik eines »Protestant Interest« zu versehen.[51] Konkret galt sein Augenmerk dabei zunächst den christlichen Ostkirchen, und dieses Interesse teilte er mit anglikanischen Theologen.

Kontakte zu den Ostkirchen waren ein Anliegen von Protestanten seit dem ausgehenden 16. Jahrhundert.[52] Es ging darum, sich über gemeinsame Grundlagen zu verständigen, an frühchristliche Traditionen anzuknüpfen und die eigene Unterstützerbasis zu vergrößern, um dann mit möglichst geballter Macht den Feinden einer solchen universalen und ursprünglichen, am Urchristentum orientierten (Reformations-)Kirche gegenübertreten zu können. Die Gegner waren dabei eher im tridentinischen Katholizismus und bei den katholischen Mächten zu suchen als etwa bei den muslimischen Osmanen, die inzwischen über die verbliebenen orientalischen Christen herrschten und auch die europäische Christenheit zu bedrohen schienen. Selbst die Äthiopienpläne des Gothaer Herzogs Ernst I. (des Frommen), die auf Ludolfs Onkel Hiob zurückgingen, besaßen insofern eine ganz ähnliche konfessionspolitische Stoßrichtung, als sie die Christen Äthiopiens für die protestantische Sache zu instrumentalisieren versuchten. Heinrich Wilhelm Ludolf selbst beabsichtigte, mit anglikanischer Unterstützung im Jahr 1697 nach Äthiopien zu reisen, was sich allerdings zerschlug.[53]

---

51 In einem Schreiben der SPCK an Francke, das Ludolf konzipiert hatte, hieß es daher unter anderem, zu viele Menschen »do not devote their Talents to Gods Glory, nor use them in a right Christian way to true Gospel Purposes. Which by sad experience in Church & State every where hath hitherto produced great Prejudices to the Universal Church, and weakened very much the Protestant Interest, affording sad speculations to a Christian Observer in this dismal Juncture of Time.« Cambridge University Library, SPCK Mss. E 1/1, Nr. 95 (undat.) Ludolfs Formulierungen gegenüber der SPCK sind oft von einer gewissen Mehrdeutigkeit geprägt, siehe AFSt/H D 23: fol. 4ʳ–5ᵛ, »Memorial presented to the Society for propagation of Christian Knowledge, circa finem anni 1700«: »Whosoever hath a hearty concern for the interest of Christs Church, whereof it is his happiness to be a living member, cannot chuse but thank God for intervening [?] with Christian Zeal those pious souls, which have joined into a Society for promoting of Christian Knowledge. It will render the Church of England the more glorious if they not onely promote real Christianity amongst themselves, but influence even other Churches by example and by a helping hand towards answering the glorious ends of the Gospel.
Those correspondencys, which are establishing with good people amongst the rest of protestants, will make them partakers of what favours God shews to his Church here, and encourage their endeavours to bring their church likewise to a little more spirituall lustre.« Zum konfessionspolitischen Begriff des »Protestant Interest«, der durchaus im Widerspruch zu Ludolfs andernorts geäußerten Ansichten stand, vgl. Andrew Thompson: Britain, Hanover and the Protestant Interest. 1688–1756. Woodbridge 2006; Schunka, Calvinismus [s. Anm. 24].

52 Für das deutsche Luthertum grundlegend und mit Verweisen auf die ältere Literatur: Asaph Ben-Tov: Lutheran humanists and Greek antiquity. Melanchthonian scholarship between universal history and pedagogy. Leiden 2009. Vgl. auch Schunka, Orientkontakte [s. Anm. 18].

53 AFSt/H A 134e : 23d, Frederick Slare an Heinrich Wilhelm Ludolf, London, 23.04.[1697]. Zu den zeittypischen Interessen europäischer Protestanten an Äthiopien vgl. knapp Schunka, Orientkontakte [s. Anm. 18].

Anglikaner und insbesondere Oxforder Patristiker trieben um 1700 die Kontakte zu den Ostkirchen nicht zuletzt aus dem Bedürfnis voran, sich über die theologischen Grundlagen der eigenen Bischofskirche zu vergewissern, sie über England hinaus zu verbreiten und daraus die eigene Legitimationsgrundlage gegenüber den heimischen Nonkonformisten zu verbessern.[54] In diesem Zusammenhang stehen auch verschiedene konkrete Versuche der Society for Promoting Christian Knowledge unter Mitwirkung Ludolfs ebenso wie des deutsch-englischen Hofpredigers Friedrich Michael Ziegenhagen (1694–1776) einige Jahrzehnte später, die zentralen Glaubensdokumente der Protestanten bzw. der Anglikaner in die Welt zu exportieren – nicht nur zu den Christen des Ostens.[55] Bedeutsam waren dafür vorrangig die britischen Kaufmannsstützpunkte in der Levante, aber auch das Netz von anglikanischen Botschaftskaplanen in Europa: von den Niederlanden über Hamburg und Berlin bis Konstantinopel. Auch die von der Society for Promoting Christian Knowledge angeregten Reisen des Robert Hales sind mit derartigen Anglikanisierungsversuchen verbunden, ebenso die vielfältigen anglikanischen Missionsanstrengungen, etwa in der Schweiz, in Gibraltar, auf Menorca oder den Kanarischen Inseln. Hier mischten sich Wirtschaftsinteressen, imperiale Politik und anglikanische Frömmigkeit auf besondere Weise.[56]

Heinrich Wilhelm Ludolf wollte nicht die Christen des Orients zur anglikanischen Kirche bekehren, ja nicht einmal zum Luthertum, in dem er aufgewachsen war. Sein Ziel war die Sammlung der wahren Gläubigen in allen möglichen Weltgegenden, jenseits konfessioneller Zugehörigkeiten. Auch wenn er daher eigentlich ganz andere Absichten verfolgte als anglikanische Missionare, so

---

[54] Immer noch: George Every: The High Church Party, 1688–1718. London 1956; zu einem der wichtigsten Exponenten anglikanischer Patristik um 1700 vgl. Nicholas Keene: John Ernest Grabe: Biblical Learning and Religious Controversy in Early Eighteenth-Century England. In: Journal of Ecclesiastical History 58, 2007, 656–674; zur Bischofsfrage in den konfessionspolitisch-orientalistischen Debatten vgl. Jan Loop: Die Bedeutung arabischer Manuskripte in den konfessionellen Auseinandersetzungen des 17. Jahrhunderts. John Selden, Johann Heinrich Hottinger und Abraham Ecchellensis. In: Zeitsprünge 16/1–2, 2012, 75–91.

[55] So etwa in Form einer in Oxford produzierten arabischen Übersetzung des *Book of Common Prayer*, vgl. William O.B. Allen u. Edmund McClure: Two Hundred Years. The History of the Society for Promoting Christian Knowledge, 1698–1898. London 1898, 201f. In den 1720er Jahren wurde ein arabischer Psalter unter Einfluss von Friedrich Michael Ziegenhagen und William Wake durch die SPCK gedruckt und vertrieben.

[56] Für das 17. Jahrhundert vgl. Alison Games: The Web of Empire. English Cosmopolitans in an Age of Expansion, 1560–1660. Oxford [u.a.] 2008. Zu Graubünden, Gibraltar und Menorca im Kontext anglikanischer Missionsinteressen der SPCK im frühen 18. Jahrhundert vgl. z.B. das Material im Nachlass des Erzbischofs von Canterbury, William Wake: Oxford, Christ Church Library: Arch.W. Epist.: Bd. 15, 18, 24 (passim). Zu den Problemen um die Ausweisung anglikanischer Kaufleute von den Kanarischen Inseln vgl. etwa die *Newcastle Papers*: London, British Library: Add. Mss. 32761, besonders S. 283–289. Vgl. ansonsten Bultmann, Layman [s. Anm. 27]. Zu den Botschaftskaplanen verweise ich ansonsten auf mein in Vorbereitung befindliches Buchmanuskript zu den protestantischen Englandbeziehungen.

war er doch an den Christen des Orients interessiert.[57] Der Weg zu ihnen führte allerdings über die britische Insel:

> England kann am meisten [...] beytragen, in dem sie stetig bey ihren Factoreyen Zu Smirna, Aleppo, Cairo und Constantinopel, Prediger fur die Englischen Kaufleute halten. Durch deren mittel mann die correspondenz nach Orient führen, leute von Orient heraus, oder von occident hienein bekommen könte. Wird also sehr nothig seyn eine correspondenz mit wohl intentionirten leuten von der Englischen Kirche zu suchen, und darauf bedacht zu seyn, daß mann auf solche weise auch anlaß gebe, wie die jungen leute zu praeparirn, so als Englische Chapplains oder Prediger nach Orient gehen sollen.[58]

Ludolfs Ideen zielten auf die Ausbildung von Kontaktpersonen im Orient: zum Beispiel Kaufleuten, die sich die Infrastruktur der anglikanischen Kirche zunutze machen, vorher aber Kenntnisse der wahren Frömmigkeit und auch der orientalischen Sprachen erhalten haben sollten, zu deren wichtigsten das Italienische, Neugriechische, Osmanische und Arabische gehörten. Aber Sprachen waren dennoch nur Mittel zum Zweck: »If a man learned all the languages of the world, they would signify nothing to him, unless he learns Gods language, and learns to converse with him.«[59]

Ludolf zufolge sollte sich die anglikanische Society for Promoting Christian Knowledge in London um die Ausbildung anglikanischer Kaplane für die Levante kümmern, die dann bei den Gesandtschaften, Konsulaten oder Faktoreien eingesetzt würden. Und in diesem Kontext kamen für ihn nun die Glauchaschen Anstalten August Hermann Franckes ins Spiel: In Halle nämlich sollten angehende britische Orientkaufleute das wahre Christentum und die orientalischen Sprachen lernen. Auf dieser Überlegung beruhte zunächst auch die Verschickung englischer Schüler in die Saalestadt, die seit dem frühen 18. Jahrhundert von Ludolf zusammen mit gleichgesinnten Unterstützern aus dem Londoner Wirtschaftsbürgertum vorangetrieben wurde. Umgekehrt sollten aber auch Menschen aus der Levante nach Europa geholt und in den evangelischen Wahrheiten ausgebildet werden, um später selbst in ihrer Heimat als Multiplikatoren zu dienen. Ludolfs Interesse galt in dieser Hinsicht vornehmlich der griechischen, aber auch der armenischen Kirche.[60]

Aus diesen konkreten Überlegungen heraus plante Ludolf zusammen mit Francke ein *Seminarium orientale* in Halle, das Anfang des 18. Jahrhunderts

---

57 Siehe z.B. AFSt/H D 23: fol. 109v–110v: Heinrich Wilhelm Ludolf an General Weyden, o.O., 11.08.1702.

58 AFSt/H B 71a: H. W. Ludolfs mancherley Nachrichten u. Vorschläge, S. 38, o.D.

59 AFSt/H A 112a: H. W. Ludolfs meditationes, S. 23 [März 1701].

60 Renate Wilson: Early modern diasporas and their encounters in the Ottoman Empire. Greeks, German Pietists, and the Society for Promoting Christian Knowledge. In: Alexander Helladius the Larissaean. Hg. v. Vasilios Makrides. Larissa 1999, 181–194; zur Schülerverschickung nach Halle vgl. Alexander Schunka: England als Erfahrungsraum im Halleschen Pietismus. In: Erfahrung – Glauben, Erkennen und Handeln im Pietismus. Hg. v. Udo Sträter. Halle/Saale 2012, Bd. 2, 845–858, hier 848.

tatsächlich eingerichtet wurde.[61] Doch damit nicht genug: Im Jahr 1710 versuchte er noch, in Jerusalem ein »Seminarium oder Collegium« zu errichten, um auch vor Ort im Orient das wahre Christentum zu verbreiten und der katholischen Kirche offensiv entgegenzutreten, die ja in Gestalt von Ordensniederlassungen im Heiligen Land – im Unterschied zu den Protestanten – bereits enorm präsent war.[62] Diese Idee scheiterte allerdings genauso wie Ludolfs Vorhaben, deutsche Studenten aus dem hallischen *Seminarium orientale* nach Oxford oder Cambridge zu schicken, damit diese in der verknöcherten Universitätslandschaft Englands das göttliche Licht des wahren Glaubens verbreiteten. Jahrzehnte vor dem Auftreten des Methodismus plädierte Ludolf in diesem Zusammenhang bereits dafür, Konventikel bzw. sogenannte »Collegia Biblica« an englischen Universitäten einzurichten.[63]

In Ludolfs Plänen einer Vereinigung der wahren Gläubigen in Ost und West spielte also die Kooperation zwischen Halle und England eine zentrale Rolle, gerade mit Blick auf den Orient. Wo immer er in England für eine Unterstützung von Franckes Anstalten warb, unterließ er daher auch den Hinweis nicht, dass ihr Leiter ja eigentlich Professor für orientalische Sprachen war.[64]

Interessenkonflikte zwischen Ludolf und seinen anglikanischen Partnern konnten freilich innerhalb dieser Gemengelage unterschiedlicher Absichten und Ziele kaum ausbleiben, wie sich verschiedentlich im Zusammenhang mit der Society for Promoting Christian Knowledge herausstellte. Die anglikanische Gesellschaft in London sollte sich nach Ludolfs Auffassung zwar für die Verbreitung erbaulicher Druckwerke im Orient einsetzen – allerdings besser nicht für eine Verteilung von Common Prayer Books und anderer Bekenntnisschriften.[65] Derartige Meinungsunterschiede verdeutlichen den Zwiespalt Ludolfs beim Rückgriff auf Unterstützer, die seine Gesinnung nicht völlig teilten. Auch wenn Ludolf seit 1700 selbst Mitglied der Society for Promoting Christian Knowledge

---

[61] Wilson, Diasporas [s. Anm. 60]; Ulrich Moennig: Die griechischen Studenten am Hallenser Collegium orientale theologicum. In: Halle und Osteuropa [s. Anm. 9], 299–329; Winter, Russlandkunde [s. Anm. 4], 32–36.

[62] AFSt/H C 229 : 58, Anton Wilhelm Böhme an Carl Hildebrand von Canstein, London, 29.08.1710: »Herr Ludolff hält das bequemste Mittel zu seyn, so man zu Jerusalem ein Collegium von etlichen geschickten Leuten aufrichten, und damit denen Papisten, die sich von vielen Jahren her daselbst fest gesetzet haben, nacheiffern könte. Die Türckische Protection würde durch Vorspruch des Engel- oder Holländischen Ambassadeurs leicht zu erhalten seyn. Doch müsten sich diejenigen die sich dazu widmen wollen, auf die vulgar-Griechische, Arabische und Türckische Sprache bey Zeiten legen, auf daß sie durch Hülffe derselben desto eher etwas rechtes vernehmen könten.« Siehe auch AFSt/H C 229 : 59, Anton Wilhelm Böhme an August Hermann Francke, London, 18.07.1710.

[63] AFSt/H D 68, S. 71–73, »Gedancken über den project einige Studiosos ex Coll. Orient. nach England Zu schicken«, o.D. [1706].

[64] Z.B. Oxford, Bodleian Library: Ballard Mss. 26: Nr. 40, Heinrich Wilhelm Ludolf an Arthur Charlett, Halle 17.02.1697 [?].

[65] AFSt/H D 23: »Memorial presented to the Society for Propagation of Christian Knowledge, circa finem anni 1700«, fol. 4–5.

war (übrigens ebenso wie der Society for the Propagation of the Gospel [SPG], bei der er sich u.a. für die Publikation eines Neuen Testaments auf Neugriechisch einsetzte[66]), hielt er genau genommen nicht viel vom anglikanischen Zuschnitt der Gesellschaft: »Ich komme selten in die Versamlung der Societät, weil ich nicht so lange sizen kan, und die meiste Zeit mit sachen Zugebracht wird, daran mir wenig gelegen, davon eben auch die parthey praedominiret, so das Reich Gottes an das model[l] der Englischen Kirche binden wollen.«[67]

Auf dem Weg zum Reich Gottes, in dem sich das kleine Häuflein der Gläubigen jenseits konfessioneller Zuordnungen dereinst versammeln würde, musste man nach Ludolfs Meinung freilich Kompromisse eingehen. Dies konnte bis zur Verstellung reichen. Wer in England reüssieren wollte, der sollte darauf achten, »daß er bey den membris unius sectae seinen ümbgang mit den membris alterius sectae so viel als müglich verborgen hielte, damit er unter allen secten das Vertrauen guter Leüte erlangen möge.«[68] Mit der Society for Promoting Christian Knowledge müsse man dementsprechend »sehr behutsam umbgehen, wann mann nicht dem werke, so der Herr vorzuhaben scheinet, unnöthige verhinderniße erwecken will.«[69] Aus der Tatsache, dass in England noch viele Menschen einem rein äußerlichen Christentum anhingen, resultierte demnach:

> Mann hat fueglich Gottliche Regierung unsers Verstandes vonnöthen, wenn mann unnöthigen anstoß vermeiden und die uns aufgeschloßene Warheit einem iedem nach dem maaß seines Begrieffs vortragen will. [...] Man kombt weiter mit dieser nation, und fast mit den meisten menschen, wenn mann sich nicht merken laßet, daß mann sie suchet, sondern auf solche Mittel bedacht ist, daß mann ihnen anlaß giebet, daß sie einen suchen mögen.[70]

Auch Francke konnte in dieser Hinsicht noch einiges von Ludolf lernen.

---

66 Oxford, Bodleian Library: Rawlinson Mss. C 933: fol. 14v, Protokolle der Society for the Propagation of the Gospel [SPG], 1702.

67 AFSt/H D 71: fol. 105r, Heinrich Wilhelm Ludolf an August Hermann Francke, London, 12.05.1702: Die SPCK habe, so Ludolf weiter, »das werck auf den Fuß angefangen, daß sie viele votirende membra zu aufbringung der ausgaben admittiren, kan es wohl nicht anders seyn, als daß die majoritas aus denen am eußerlichen hangenden bestehen, und also von denselbigen die conclusa gemacht werden müßen«.

68 AFSt/H B 71a, S. 33, o.D.

69 AFSt/H D 71: fol. 71–72, Heinrich Wilhelm Ludolf an August Hermann Francke, London, 24.02.1701, hier 72r.

70 AFSt/H D 71: fol. 75–76, Heinrich Wilhelm Ludolf an August Hermann Francke, London, 06.04.1701, hier 76r.
AFSt/H D 71: fol. 78r, ders. an dens., London, 07.05.1701: »Und weil es dieser Nation an umbgange mit ausländern mangelt, entstehet daraus ein und ander inconvenienz, so denen beschwerlich falt [!], so viel mit Engeländern zu thun haben.«, Ludolf scheute sich nicht, Francke über kulturelle Missverständnisse aufzuklären und ihn zu bescheidenerem Auftreten zu ermahnen, ebd.: »halte auch, daß in des Bruders schreiben an die Societät alhier übelgedeutet worden [und zwar als Arroganz und Kritik an der anglikanischen Kirche, d.Vf.], daß Er beym Gleichniß des Baums im winter angeführet, nach dem der geistliche winter der Prüfungen uberstanden könne er nun den safft des lebens in die nähe und ferne schießen lassen.« Man müsse sich, heißt es in einem anderen Schreiben, dem »hiesigen humeur« anpassen können, doch »Ohne lange erfahrung kan sich denselben niemand recht einbilden« (AFSt/H D 71: fol. 89v, ders. an dens., London, 05.11.1701).

VI. Der Vermittler Halles auf die britische Insel

Ludolf scheute sich nicht, die anglikanische Kirche, seine gelehrten Bekannten an der Universität Oxford, die Society for Promoting Christian Knowledge oder auch reformierte Ireniker wie Jablonski[71] für sein Werk einzuspannen, auch wenn er deren Ziele eigentlich nicht teilte oder gar zutiefst ablehnte. Von Franckes Arbeit und den Glauchaschen Anstalten aber scheint er überzeugt gewesen zu sein, weil sie mit seinem eigenen Streben nach einer Universalkirche übereinzustimmen schienen. Was Francke und seinen englisch-deutschen Korrespondenzpartner allerdings unterschied, war Ludolfs apokalyptischer Zug, ebenso wie die Tatsache, dass der hallische Pietist im Zweifel lutherischer Theologe war und Ludolf nicht. In mindestens zwei Fällen stieß Ludolfs konfessionelle Indifferenz bei Francke auf scharfe Kritik: Einmal ging es um die Ordination Anton Wilhelm Böhmes, bei der es nach Ludolfs Meinung gleichgültig war, ob sie anglikanisch oder lutherisch erfolgte; in einem anderen Fall um die Frage einer Abendmahlsteilnahme des britischen Prinzgemahls Georg von Dänemark nach anglikanischem oder lutherischem Ritus. Beide Male war Francke nicht kompromissbereit und hielt an den dogmatischen und ekklesiologischen Propria seiner lutherischen Konfession fest.[72]

Rückblickend war Ludolf gleichwohl ein bedeutender Motor für die Ausbreitung Halles in die Welt. Dies trifft für die Ausrichtung der Anstalten nach Russland und in den Orient zu, aber es gilt vor allem für das britische Empire, wo London gleichsam das Sprungbrett für die Expansion des Pietismus nach Indien und Nordamerika wurde. Ludolf stellte die Verbindungen Halles nach England her, indem er Francke den Kontakt mit dem Kaplan Theophilus Dorrington (1654–1715) vermittelte, der als Türöffner zur anglikanischen Geistlichkeit fungieren sollte.[73] Er half den beiden Pietisten Jakob Bruno Wigers und Johann Christoph Mehder beim Aufbau ihrer Schule in London. Ferner machte er Francke in der Society for Promoting Christian Knowledge bekannt und trat als Mittelsmann auf, wenn der Professor aus Halle mit deren Mitgliedern zu selten korrespondierte oder wenn dessen Briefe gar etwas enthielten, was die Mitglieder verstimmte und dadurch die Unterstützung des Waisenhauses in Gefahr war.[74] Er brachte den Arzt Frederick Slare mit Francke in Kontakt,[75] stellte die Verbindung zwischen dem Bankier Henry Hoare und Halle her,[76] und die ersten englischen Schüler,

---

71 AFSt/H D 71: fol. 73–74, Heinrich Wilhelm Ludolf an August Hermann Francke, London, 10.03.1701, hier 73^{v}, zur Indienstnahme des Berliner reformierten Hofpredigers Jablonski.

72 Vgl. Schunka, Kontingenz [s. Anm. 2], 103, 107f. mit den entsprechenden Quellenbelegen.

73 AFSt/H A 134e: 22a, Theophilus Dorrington an Heinrich Wilhelm Ludolf, Den Haag, 25.01.1697/8; vgl. Schunka, Kontingenz [s. Anm. 2], 91.

74 S.o. Anm. 70 sowie Schunka, Kontingenz [s. Anm. 2].

75 Berlin, Staatsbibliothek preußischer Kulturbesitz [SBPK], Handschriften: Nachlass August Hermann Francke, 30/47/7, Korrespondenz Frederick Slare, o.D.

76 SBPK, Handschriften: Nachlass August Hermann Francke, 30/22/3: Henry Hoare an August Hermann Francke, London, 13.07.1708.

die an die Saale kamen, stammten aus Ludolfs Bekanntenkreis.[77] Insbesondere die Kaufmannsfamilie Turner war hier von Bedeutung, die – was angesichts von Ludolfs zuvor beschriebenem Aktionsradius und Interessenhorizont kaum noch überraschen kann – im Levantehandel engagiert war.[78] Ludolf dirigierte Georg Heinrich Neubauer 1697/98 auf dessen Informations- und Spendenreise durch die Niederlande;[79] er brachte Anton Wilhelm Böhme nach England, den er allerdings über Jahre hinweg als Person für völlig unbrauchbar hielt und am liebsten zurückgeschickt hätte.[80] Durch sein Verhandlungsgeschick rettete er im Jahr 1706 den Fortbestand des pietistischen Einflusses auf die lutherische Hofkapelle Georgs von Dänemark in London, drängte den Pietistengegner Wilhelm Mecke aus dessen Amt als Hofprediger und installierte dort den nicht ordinierten Böhme, der für die folgenden fünfzehn Jahre zur Schaltstelle zwischen den Missionsgebieten, England und Halle werden sollte.[81] Inwieweit Ludolfs langjährige Kontakte zu hohen Diplomaten des dänischen Hofes und zur dänischen Königsfamilie möglicherweise auf die Institutionalisierung der dänisch-halleschen Tranquebarmission in Kopenhagen eingewirkt haben, lässt sich bislang nicht sicher bestimmen.

Ludolfs Personalpolitik im Hintergrund der pietistischen Londoner Hofgemeinde war aber auch ausschlaggebend dafür, dass sich in ihrem Umkreis Menschen mit indifferentistischen, wenn nicht noch radikaleren Ansichten bewegten.[82]

---

77 SBPK, Handschriften: Nachlass August Hermann Francke, 30/47/9: Frederick Slare an August Hermann Francke, o.D.; vgl. Schunka, England als Erfahrungsraum [s. Anm. 60].

78 SBPK, Handschriften: Nachlass August Hermann Francke, 30/54 (1–8), alle um 1700.

79 AFSt/H D 88: fol. 133–152, diverse relevante Schreiben von Heinrich Wilhelm Ludolf an Georg Heinrich Neubauer, 1697–1698. Zu dieser Reise siehe Georg Heinrich Neubauer: Was bey Erbauung unsres Waysen-Hauses zu wissen nöthig sey. Der Fragenkatalog Georg Heinrich Neubauers für die Hollandreise 1697. Hg. v. Jürgen Gröschl. Halle/Saale 2003.

80 AFSt/H D 71: fol. 89–90, Heinrich Wilhelm Ludolf an August Hermann Francke, London, 05.11.1701; AFSt/H D 71: fol. 93–94, ders. an dens., London, 27.12.1701, hier 93[v]: Böhme werde »wohl schwerlich hier in England […] Zugebrauchen seyn«; AFSt/H D 71: fol. 101–103, ders. an dens., London, 09.04.1702, hier 102[v]: »Der liebe Herr Böhme aber scheinet mir der mysticorum lehre, vor passiv verhalten, ein gegentheil auch zu mißbrauchen; sagte mir er habe sich passive verhalten im Herreißen, und wolte sich auch passive verhalten, wenn er wieder weg müße. Es ist iammer schade umb den menschen, daß er sich in keine conversation schicket. Wann er in unserm convent cum duobus graecis auf lateinisch proponiret, redet er auf einem tieffen sinne, gut lateinisch, mangelt ihm aber an dem secret, den discurs nach der Zuhörer beschaffenheit, einzurichten. Mit seiner teutschen schuhle gehet es mehr hinter als vor sich, daß ich also zu der selben erhaltung schlechte apparenz sehe.«; siehe auch AFSt/H D 71: fol. 104–105, ders. an dens., London, 12.05.1702.

81 Zu den Umständen siehe AFSt/H A 112, S. 43–44 u. 351–354, Heinrich Wilhelm Ludolf an August Hermann Francke, London, 29.05.1705; AFSt/H A 112, S. 49f., ders. an dens., London, 09.09.1705. Vgl. auch Schunka, Kontingenz [s. Anm. 2]. Ludolf war über längere Zeit der Personalpolitiker im Hintergrund der Londoner deutschen Gemeinde, wie sich etwa auch an der Berufung Johann Tribbechows ersehen lässt, vgl. die Korrespondenz in AFSt/H A 112, S. 111–124 (mehrere Schreiben, 1707).

82 Hier wäre etwa auf die Kontakte Ludolfs zum Umfeld von Antoinette Bourignon und Pierre Poiret, zur philadelphischen Bewegung und zu den camisardischen »French Prophets« zu verweisen, die genauer untersucht werden müssten, auf die allerdings im Rahmen des vorliegenden Beitrags nicht mehr eingegangen werden kann. Ich verweise auf die im Publikationsprozess befindlichen Untersuchungen von Hans Schneider (Marburg) und Lionel Laborie (East Anglia).

In diesem Zusammenhang ist auffällig, dass mehrere bedeutende Protagonisten des Londoner Pietismus, darunter Ludolf selbst sowie Anton Wilhelm Böhme und Johann Tribbechow, offenbar bewusst dem Ideal einer pietistischen Ehelosigkeit folgten, dem später auch der langjährige Hofprediger Friedrich Michael Ziegenhagen anhängen sollte. Dies deutet auf Einflüsse Jakob Böhmes bzw. radikalpietistisch-separatistischer Strömungen hin, wo zeitweilig zölibatäre Lebensformen eine wichtige Rolle spielten. Unter Ludolfs Ägide scheint sich die Vorstellung von Ehelosigkeit der wahren Frommen in den pietistischen Kreisen Londons um 1700 verbreitet zu haben.[83]

Nicht zu vergessen ist aber auch, dass Ludolfs Freundes- und Bekanntenkreis für erkleckliche Spendeneingänge aus England in Halle sorgte.[84] Sie machten zeitweise den größten Spendenposten in Halle aus, und schon dafür lohnte es sich, die Kontakte auf die Insel zu pflegen. Die »correspondenz mit der Englischen Kirche« schien Ludolf zufolge »einen guten nuzen zu promittiren«[85], und gerade dieser Nutzen, der von Ludolf entscheidend befördert wurde, machte die Bedeutung Englands für Halle aus.

Der Einsatz Ludolfs für das Waisenhaus beschränkte sich nicht nur auf kurzfristige Kontaktvermittlung, sondern war auf längere Dauer angelegt. Ludolf vermittelte Francke Informationen über die anglikanische Kirche, er führte eine Liste mit den Namen und Adressen von Kontaktpersonen in England und Kontinentaleuropa, an die sich pietistische Englandreisende unter Berufung auf Ludolf wenden konnten, und er verfasste einen eigenen Reiseleitfaden für Englandfahrer. Dieser enthielt Angaben zu Preisen, Entfernungen, Fahrzeiten, Transportwegen, Ausrüstung, Tipps im Umgang mit Behörden, Wechselkursen, Informanten vor Ort, Abfahrtsorten der Kutschen, Unterkünften, Restaurants, Wäschereien und

83 Die Hintergründe dieses recht auffälligen Befundes müssten freilich noch genauer untersucht werden. Im Fall Tribbechows führte die Ehelosigkeit zu einer schweren Anfechtung bzw. Krankheit und wohl in den Tod. Zu Tribbechow (teils überholt): A. Schumann: Art. »Tribbechow, Johannes«. In: Allgemeine Deutsche Biographie 38, 1894, 598–601; vgl. auch: Andreas Mielke u. Sandra Yelton: Art. »Tribbechow, Johannes«. In: Biographisch-bibliographisches Kirchenlexikon 30, 2009, 1499–1505. Die Überlieferung zum ›Fall‹ Tribbechow u.a. in der Korrespondenz Anton Wilhelm Böhmes mit Francke: AFSt/H C 229 (v.a. die Jahre 1708–1712). Eberhard Fritz sieht beim Hofprediger Ziegenhagen eine sexualasketische Haltung in der Tradition Jacob Böhmes, die aus London in den württembergischen Pietismus bzw. Separatismus geführt habe: Eberhard Fritz: Kommunikative Netzwerke im radikalen Pietismus. In: Kommunikation [s. Anm. 32], 105–118, hier 115. Zum pietistischen Eheverständnis vgl. Ulrike Gleixner: Zwischen göttlicher und weltlicher Ordnung. Die Ehe im lutherischen Pietismus. In: Pietismus und Neuzeit 28, 2002, 147–184; Wolfgang Breul: Ehe und Sexualität im radikalen Pietismus. In: Der radikale Pietismus. Zwischenbilanz und Perspektiven der Forschung. Hg. v. W. Breul [u.a.]. Göttingen 2010, 403–418; »Der Herr wird seine Herrlichkeit an uns offenbaren«. Liebe, Ehe und Sexualität im Pietismus. Hg. v. Wolfgang Breul u. Christian Soboth. Halle/Saale 2011.

84 Dies wird schon allein anhand der Spendernamen überdeutlich: AFSt/W I/X/150: Varia Donationes, 1707ff.

85 AFSt/H B 71a, S. 92, o.D.

weiteren alltagsrelevanten Dingen.[86] Den Reisenden empfahl er, sich unterwegs Zeit zu lassen und gleichsam einzutauchen in die Dinge, die sie sahen und erlebten. Sie sollten aktiv Kontakt zu den Menschen suchen, um sie näher kennenzulernen.[87] Jeder Reisende war zudem angehalten, ein tagebuchartiges Journal zu führen, daneben aber auch ein sogenanntes Memorial, in das Absichten, Pläne und Ideen aufgezeichnet würden, zu denen man unterwegs inspiriert wurde.[88] Ludolf selbst hielt sich an diese Aufteilung, wie man aus der fragmentarischen Überlieferung im Archiv der Franckeschen Stiftungen ersehen kann.

Sein Reiseverhalten sah Ludolf als vorbildhaft für viele andere hallische Reisende an. Und tatsächlich wurden Ludolfs Reiseanleitungen später immer weiter verfeinert und überarbeitet. Sie dienten jahrzehntelang den zukünftigen Missionaren zur Fahrt von Halle nach London und ins britische Empire.[89]

VII. Nachwirkungen

Der Nachwelt wollte Ludolf gerne etwas geheimnisvoll in Erinnerung bleiben. Wer immer nach ihm frage, dem solle man folgendes mitteilen:

> ich hette von Jugend auf Zu sprechen und reisen lust gehabt [...] Wenn man nach meiner religion gefraget, habe ich gesaget: Christianus, [...] Und wenn mann wißen wollen wo ich her sey oder zu hauß gehöre, habe ich ihnen gesagt, wie ich in ein buch, so ich den Patribus Terrae Sanctae Zu Cairo verehret geschrieben: Natus Erfordi in Germania, mira providentia transplantatus in Angliam et variis casibus eruditus, viro bono ubique quidem esse Patriam, sed viro regenito extra hunc mundum quaerendam esse Patriam.[90]

Dass sich der »christliche Wandersmann« mit einer gewissen Eleganz zwischen vielen Welten bewegte, ist ihm jedenfalls nicht abzusprechen.

Auf Heinrich Wilhelm Ludolfs Einfluss geht zu einem Gutteil die internationale Ausrichtung der Glauchaschen Anstalten seit dem frühen 18. Jahrhundert zurück. Dies betrifft die Kontakte Halles nach Russland ebenso wie in die Levante, vor allem aber – was im Mittelpunkt dieser Ausführungen stand – nach Großbritannien, das zu einer entscheidenden Basis für das Ausgreifen der Anstalten nach Südindien und Nordamerika werden sollte. Ludolfs Bedeutung für die Franckeschen Anstalten lag freilich nicht allein in der Vermittlung von

86 AFSt/H B 71a, S. 44–49, »Einige Anleitung zur Englischen Reise«, o.D. Die Namensliste AFSt/H B 71a, S. 2–9, »Nomina nonullorum amicorum meorum à quibus meo nomine salutaris officia Christiana expectari possunt«, o.D.

87 AFSt/H B 71a, S. 84–87, »Peregrinatio«, o. D.

88 AFSt/H B 71a, S. 41.

89 Die Reisehinweise und -anleitungen für angehende Missionare in AFSt/M 2 A 1 gehen in Aufbau und Inhalt ganz offensichtlich auf Ludolfs Reisetipps zurück. Vgl. zu diesem Material Thomas Müller-Bahlke: The Mission in India and the Worldwide Communication Network of the Halle Orphan-House. In: Halle and the Beginning of Protestant Christianity in India. Bd. 1. Hg. v. Andreas Gross [u.a.]. Halle/Saale 2006, 57–79, hier 74–77.

90 AFSt/H D 71: fol. 57v, undatiertes Promemoria Heinrich Wilhelm Ludolfs.

Kontakten, in der Akquise von Spenden oder in seiner Funktion als Rat- und Ideengeber. Vielmehr stellte er Francke und seinen Mitstreitern gleichsam die Strategie bereit, mit der die weltweite Ausbreitung der Glauchaschen Anstalten vorangetrieben werden konnte. Auf den Punkt gebracht ging es dabei um eine weitestgehende Nutzung vorhandener (personeller, kirchlicher oder politischer) Infrastruktur, ohne sich mit anderen Menschen über die Maßen gemein zu machen und dabei das eigentliche Ziel aus den Augen zu verlieren – die Ausbreitung des Reiches Gottes und die universale Vereinigung der wahren Gläubigen. Darauf basierten die hallischen Englandkontakte, die bald nach außen den Charakter des Providentiellen erhalten sollten.

Michael Schaich

Kontaktzonen. Die religiöse Topographie Londons als Handlungsraum hallischer Pietisten

Das Ausgreifen des hallischen Pietismus nach England im frühen 18. Jahrhundert ist seit den Arbeiten von Martin Schmidt und Erich Bayreuther im Blick der Forschung.[1] Zahlreiche Studien haben den Briefverkehr der Hallenser mit britischen Theologen und Geistlichen, die Zusammenarbeit mit der Society for Promoting Christian Knowledge (SPCK) und deren Vorfeldorganisationen oder die gegenseitige Übersetzung erbaulicher Schriften in ihrer Bedeutung für die Entwicklung des Franckeschen Imperiums gewürdigt. Vielfach ging der Blick auch gleich weiter in die amerikanischen Kolonien oder nach Indien, wo die Mühen und Erfolge pietistischer Missionare und Siedler faszinierten. Über der Fokussierung auf die Geschichte einer Expansion aus der Perspektive der Schulstadt in Glaucha geriet der Kontext der hallisch-englischen Austauschprozesse jedoch leicht in Vergessenheit. Eine Einbettung der pietistischen Kontakte in den größeren Rahmen der deutsch-englischen Beziehungen während des frühen 18. Jahrhunderts, als mit dem Welfenhaus immerhin eine Dynastie aus dem Reich auf den britischen Thron gelangte, steht etwa noch aus.[2] Recht wenig wissen wir zudem über das Londoner Umfeld jenseits der SPCK, in dem sich die ersten Pietisten bewegten. In welchen Teilen der Hauptstadt ließen sie sich nieder, an welchen Orten sozialer Kommunikation verkehrten sie? Wichtiger noch: Wie interagierten sie mit anderen Migrantengruppen oder translokalen Eliten, die es in der englischen Metropole in dieser Zeit schon in großer Zahl gab? Lassen sich Besonderheiten und Gemeinsamkeiten, Transferprozesse und Abschottungstendenzen beobachten? Welche Selbst- und Fremdbeschreibungen begegnen in den Quellen? Allzu oft sind die hallisch-englischen Beziehungen in der Vergangenheit auf die Kontakte mit Vertretern eines bestimmten Flügels der anglikanischen Kirche reduziert und gleichsam im luftleeren Raum unter Ausblendung anderer religiöser, politischer und urbaner Bezüge erörtert worden.

---

1 Vgl. Martin Schmidt: Das hallische Waisenhaus und England im 18. Jahrhundert. Ein Beitrag zu dem Thema Pietismus und Oikumene. In: Theologische Zeitschrift 7, 1951, 38–55; ders.: England und der deutsche Pietismus. In: Evangelische Theologie 13, 1953, 205–224; Erich Bayreuther: August Hermann Francke und die ökumenische Bewegung. Leipzig 1957.

2 Vgl. den Beitrag von Andreas Gestrich in diesem Band. Abhilfe ist auch von der Habilitationsschrift von Alexander Schunka zu den preußisch-englischen Theologenkontakten um 1700 zu erwarten. Vgl. vorerst Alexander Schunka: Zwischen Kontingenz und Providenz. Frühe Englandkontakte der Halleschen Pietisten und protestantische Irenik um 1700. In: Pietismus und Neuzeit 34, 2008, 82–114. Vgl. außerdem Andrew Thompson: Britain, Hanover and the Protestant Interest, 1688–1756. Woodbridge 2006.

Die folgenden Ausführungen versuchen einen ersten Beitrag zur Weitung der Perspektive zu leisten, ohne freilich alle angesprochenen Aspekte beleuchten zu können. Sie haben sich ein bescheideneres Ziel gesetzt: Sie möchten die Abgesandten Halles in der religiösen Landschaft Londons im frühen 18. Jahrhundert verorten und so in erster Linie den Handlungsraum ausloten, in dem Franckes Gefolgsleute agierten. Wie im weiteren Verlauf zu zeigen sein wird, mussten sich die Hallenser Pietisten in einem hochgradig gemischtkonfessionellen Umfeld behaupten. Sie lebten auf engstem Raum mit einer Reihe anderer protestantischer Gemeinschaften zusammen, mit denen sie wechselweise kooperierten oder konkurrierten, um ihre Mission zu erfüllen.

Ein solcher multiperspektivischer Zugang, der die bilaterale Ebene verlässt und das spannungsreiche Verhältnis zu weiteren Akteursgruppen einbezieht, vermag der Geschichte der hallischen Expansion vielleicht eine Erklärungsfacette hinzuzufügen, die in der bisherigen Forschung zu wenig Berücksichtigung gefunden hat. In jedem Fall trägt er dem wachsenden Interesse der deutschen Frühneuzeitforschung an der Rolle translokaler (Diaspora-)Gemeinschaften Rechnung und fügt sich in Tendenzen der englischen Forschung ein, die sich in den letzten Jahren verstärkt den religiösen Kontakten der britischen Inseln zum Kontinent und deren Rückwirkungen auf Großbritannien und Irland während des langen 18. Jahrhunderts zugewandt hat.[3]

Methodisch wird sich der Beitrag seinem Ziel über eine Erkundung der städtischen Räume annähern, in welchen die Hallenser tätig waren. Nach einer kurzen Hinführung zu jenen Orten, an denen sich pietistische Präsenz in London im frühen 18. Jahrhundert verdichtete, soll vor allem die religiöse Topographie der englischen Hauptstadt im Mittelpunkt stehen. Im abschließenden Teil wird sich das Augenmerk noch kurz auf die Ebene persönlicher Kontakte verlagern, um einige Konsequenzen des engen Nebeneinanders unterschiedlicher Religionsgemeinschaften anzudeuten.

I. Orte des Pietismus in London

Folgt man den Spuren der Schüler Franckes in London, so führen sie vornehmlich an zwei Orte, die unterschiedlicher nicht hätten sein können. Der eine, der Palast von St James's, das Stadtschloss der britischen Könige, das in seiner äußeren Erscheinung von Zeitgenossen als unansehnlich geschildert wurde, im Inneren aber durch prachtvolles Mobiliar, berühmte Gemälde und einen zahlreichen

---

3 Vgl. z.B. Tony Claydon: Europe and the Making of England, 1660–1760. Cambridge 2007; Stephen Conway: Christians, Catholics, Protestants. The Religious Links of Britain, and Ireland with Continental Europe, c. 1689–1800. In: English Historical Review 124, 2009, 833–862; ders.: Britain, Ireland, and Continental Europe in the Eighteenth Century. Similiarities, Connections, Identities. Oxford 2011.

Hofstaat beeindruckte, lag in der Mitte Westminsters, des politischen und gesellschaftlichen Zentrums der Stadt. Der andere, die Kirche St. Marien, befand sich im übel beleumundeten Savoydistrikt am nördlichen Ufer der Themse. Eingeklemmt zwischen der alten City of London und der City of Westminster, bestand der Bezirk nur aus einigen wenigen Straßenzügen, die sich um einen verfallenden Palast aus dem Spätmittelalter gruppierten. Aufgrund historischer Besonderheiten bildete er einen eigenen Rechtsraum, der erst zu Beginn des 18. Jahrhunderts sukzessive seine Autonomie verlor und unter die Aufsicht der Krone sowie – in kirchlichen Belangen – des Bischofs von London geriet.

Auf der Karte sind der St James's Palace (A) sowie der Savoy District (B) markiert. Neuester Grundris der Städte London und West-Münster, sammt der Vorstadt Southwark [...], kolorierter Kupferstich der Homännischen Erben, [1740] (Detail). Halle, Bibliothek der Franckeschen Stiftungen: BFSt: S/Kt 0357

Die Abgesandten Halles hatten an beiden Orten, die gleichsam als institutionelle Verdichtungsräume einer weiter verstreuten pietistischen Präsenz in der englischen Hauptstadt anzusprechen sind, fast zur selben Zeit Fuß gefasst.[4] Am königlichen Hof war 1705 mit Anton Wilhelm Böhme einer der später angesehensten Londoner Pietisten zum Hofkaplan Georgs von Dänemark, des Prinzgemahls Königin Annas, ernannt worden. Der Prinz war bei seiner Heirat mit der Tochter des späteren Jakob II. im Jahr 1683 der Religion seiner Heimat treu

[4] Böhmes Vorgänger J.W. Mecken hatte eine sehr ambivalente Beziehung zu pietistischen Ideen, vgl. Daniel L. Brunner: Halle Pietists in England. Anthony William Boehm and the Society for Promoting Christian Knowledge. Göttingen 1993, 51. Inwieweit Irenäus Crusius, der erste Pfarrer der Kirche im Savoy und kurzzeitig auch zweite Geistliche neben Böhme in der lutherischen Hofkapelle, der neuen Lehre zuneigte, muss offen bleiben.

geblieben. Er hatte für sich und seine unmittelbare Entourage einen lutherischen Geistlichen beschäftigt, dem im Jahr 1700 der Titel eines Hofkaplans verliehen worden war.[5] Böhme, der sich seit seiner Ankunft in London mehr schlecht als recht mit kleineren Beschäftigungen durchgeschlagen hatte, verdankte seine Ernennung der Empfehlung Heinrich Wilhelm Ludolfs, eines engen Vertrauten des Prinzen, und seiner Flexibilität in pastoralen Fragen. Im Unterschied zu seinem Vorgänger Wilhelm Mecken nahm er keinen Anstoß an der Tatsache, dass der Prinz das Abendmahl nicht nur in der lutherischen Hofkapelle, sondern – wie für alle Mitglieder der königlichen Familie seit dem Act of Settlement von 1701 vorgeschrieben – auch ein- oder zweimal im Jahr nach anglikanischem Ritus einnahm.[6] In anderer Beziehung erwies sich Böhme ebenfalls als Realist. Da die Hofkapelle der Aufsicht des Bischofs von London unterstand, musste er Teile der anglikanischen Liturgie in Übersetzung in das Gebetbuch aufnehmen.[7] Pietistischer Einfluss verriet sich deshalb in erster Linie in seinen Predigten sowie im hallischen Hymnenbuch, das in den Gottesdiensten Verwendung fand.

Trotz dieser Kompromisse entwickelte sich die Hofkapelle dank einer geschickten Personalpolitik und günstiger historischer Bedingungen zum Hauptquartier der London Pietisten, wie Daniel L. Brunner zu Recht festgestellt hat.[8] Die zweite Predigerstelle wurde 1707 in der Person Johann Tribbechows ebenfalls mit einem Anhänger Halles besetzt und nach dem Tod Böhmes 1721 war es dann Friedrich Michael Ziegenhagen, der über mehr als ein halbes Jahrhundert den pietistischen Einfluss sicherte. Der Wechsel der regierenden Dynastie von den Stuarts zu den Welfen im Jahr 1714 erschloss den Hallensern zudem ein ungeahntes Wirkungsfeld. Die »Lutheran Chapel«[9] wurde zum geistlichen Sammelpunkt der Deutschen bei Hofe. Die Zahl der Gemeindemitglieder nahm deutlich zu, Überfüllung wurde zu einem häufigen Problem. Gleichzeitig eröffnete sich den Pietisten der Zugang zu einflussreichen Persönlichkeiten und Netzwerken. Böhme gewann etwa gegen Ende seines Lebens Kontakt zur Duchess of Kendall, der

---

5 Prinz Georg unterhielt bis zu seinem Tod 1708 eine kleine Gruppe so genannter »Danish Servants«, die nicht zu seinem offiziellen englischen Hofstaat zählten, vgl. London, British Library, Eg. Ms. 3809, f. 165ʳ–166ᵛ: List of Danish Servants, [c. 1708/9]. Auf dieser Liste finden sich etwa die Namen Heinrich Wilhelm Ludolfs, des 1707 aus Halle gekommenen Johann Tribbechow und von Johann Christian Jacobi, der später als Küster der deutschen Hofkapelle begegnet.

6 Vgl. zu den Einzelheiten der Ernennung Böhmes Brunner, Halle Pietists [s. Anm. 4], 51f.

7 David N. Griffiths: The Bibliography of the Book of Common Prayer, 1549–1999. London 2002, 500 kennt nur eine Übersetzung des Gebetsbuchs für den Gebrauch in der Hofkapelle aus dem Jahr 1757.

8 Brunner, Halle Pietists [s. Anm. 4], 49.

9 Daneben finden sich auch die Bezeichnungen »His Majesty's German Protestant Chapel« oder »His Majesty's German Lutheran Chapel« (vgl. The Cheque Books of the Chapel Royal with Additional Material from the Manuscripts of Willian Lovegrove and Marmaduke Alford. 2 Bde. Hg. v. Andrew Ashbee u. John Harley. Aldershot 2000, 276–279) oder einfach »the German Chappel at St James's Palace« (London, British Library, Add Ms 61616, f. 91ʳ–91ᵛ: The Petition of His Majesty's Servants belonging to the German Chappel at St James's Palace, [ca. 1717/18]).

Mätresse Georgs I., die seine Predigten in besonderem Masse schätzte.[10] Ziegenhagen wiederum verfügte über so gute Beziehungen, dass er Konkurrenten im transatlantischen Missionsgeschäft, wie den Herrnhutern, den Zugang zum Hof und zum Königspaar erschweren bzw. ganz verbauen konnte.[11]

Gänzlich ungetrübt waren die Beziehungen zwischen den Pietisten und ihrem höfischen Umfeld freilich nicht. Beim Dynastiewechsel des Jahres 1714 hatte es zunächst Befürchtungen gegeben, die Hofkapelle könnte in ihrer herkömmlichen Form aufgelöst werden. Offensichtlich erwartete man sich von der lutherischen Orthodoxie im Kurfürstentum Hannover wenig Gutes. Erst ein Dekret Georgs I. schuf Klarheit. Es ordnete die Fortführung des bisherigen gottesdienstlichen Arrangements unter Beibehaltung des pietistischen Hymnenbuches an.[12] Im Laufe der Zeit scheint der hannoversche Einfluss jedoch spürbarer geworden zu sein. Offiziell ernannte zwar die anglikanische Hierarchie das Personal der Hofkapelle, sie stimmte sich aber mit der Deutschen Kanzlei, der Vertretung des Kurfürstentums Hannover in London, ab.[13] Geistliche aus dem Kurfürstentum besetzten im späteren 18. Jahrhundert Predigerstellen, die theologische Fakultät der 1734 gegründeten Universität Göttingen erhielt Aufsichtsrechte und das hallische Hymnenbuch wurde durch eines aus Lüneburg bzw. später dann Hannover ersetzt. Es war wohl in erster Linie Ziegenhagens Langlebigkeit zu danken, dass der pietistische Einfluss nicht früher erodierte. In den hier interessierenden ersten Jahrzehnten des 18. Jahrhunderts waren diese Entwicklungen freilich noch nicht absehbar, bildete die lutherische Hofkapelle einen der Stützpunkte der Hallenser in London.

In ihrem Windschatten etablierte sich auch der zweite pietistische Stützpunkt, die Marienkirche im Savoy, die 1694 aus einer Abspaltung von der im alten Stadtbereich Londons gelegenen Hamburger Kirche der deutschen Kaufleute hervorgegangen war und 1706 nach dem Abgang ihres ersten Pastors von Georg Andreas Ruperti übernommen wurde. Ruperti, der in Jena studiert hatte, stand

---

10 Vgl. J. Rieger: The British Crown and the German Churches in England. In: ›And other pastors of thy flock‹. A German Tribute to the Bishop of Chichester. Hg. v. Franz Hildebrandt. Cambridge 1942, 101–123, hier 110.

11 Vgl. Rieger, The British Crown and the German Churches [s. Anm. 10], 113f.

12 Vgl. zum Dekret Georgs I. Rieger, The British Crown and the German Churches [s. Anm. 10], 108. Bereits wenige Jahre nach der hannoverschen Erbfolge befanden sich die Gehaltszahlungen für die deutsche Hofkapelle jedoch 12 bis 18 Monate im Rückstand, was die Geistlichen und ihr Hilfspersonal wegen der schon damals sehr hohen Lebenshaltungskosten in der englischen Hauptstadt nach eigenen Angaben vor große Probleme stellte, vgl. London, British Library, Add Ms 61616, f. 91^r–91^v: The Petition of His Majesty's Servants belonging to the German Chappel at St James's Palace, [ca. 1717/18]. Im Jahr 1724 gewährte Georg I. dem Personal der Kapelle allerdings beträchtliche Zulagen zu dem gewöhnlichen Gehalt, die noch zu Beginn des 19. Jahrhunderts getreulich bezahlt wurden, vgl. London, British Library, Add Ms 38364, f. 186^r–191^v.

13 Vgl. Rieger, The British Crown and the German Churches [s. Anm. 10], 115 sowie Cheque Books of the Chapel Royal [s. Anm. 9], 276–279 für Ernennungsdekrete aus der Hand des Bischofs von London, der gleichzeitig Dekan der Chapel Royal war.

im Bann der pietistischen Bewegung und unterhielt Kontakte zu Francke, dem jungen Samuel Urlsperger, der ihm von 1711 bis 1713 in der Marienkirche assistierte, und Ziegenhagen.[14] Die engste Bindung bestand jedoch zu Böhme, dessen Testamentsvollstrecker er wurde und mit dem er seit 1712 als zweiter Prediger an der Hofkapelle zusammenarbeitete. Da Ruperti seine Stelle an der Marienkirche beibehielt, bildete er für die nächsten zwanzig Jahre, bis zu seinem Tod im Jahr 1731, das Bindeglied zwischen beiden Einrichtungen.

Die engen Kontakte zum Hof sollten für die weitere Entwicklung der Kirche im Savoy von großer Bedeutung sein.[15] Im Jahr 1712 noch kurzzeitig aus ihren Räumlichkeiten vertrieben, erhielt sie 1721 von Georg I. die Zusage, am bisherigen Standort bleiben zu dürfen. In den Folgejahren beteiligte sich die königliche Familie mit Spenden an der Errichtung eines Grabgewölbes und dem Erwerb einer neuen Orgel. Zudem bezahlte die Gemahlin des Prinzen von Wales, die spätere Königin Karoline, 1726 den Bau eines Wohnhauses für den Lehrer der seit 1707 bestehenden Schule für arme Kinder. Georg II. ließ es nach seinem Regierungsantritt ebenfalls nicht an Gunsterweisungen fehlen. Er bestätigte 1728 die Marienkirche in ihren Rechten und gewährte 1740 sogar jährlich £40 als Beitrag zum Unterhalt des Geistlichen. Noch Ende der 1760er Jahre unterstützte die königliche Familie gemeinschaftlich eine Spendenaktion zugunsten der Schule. Mindestens ebenso wichtig wie die persönliche Verbundenheit des Königshauses dürfte indes der wachsende Zustrom von Besuchern im Gefolge des Dynastiewechsels von 1714 gewesen sein. Bald reichten die bestehenden Räumlichkeiten nicht mehr aus, um des Andrangs Herr zu werden. Doch es dauerte noch bis 1768, ehe die Gemeinde das von William Chambers, einem Stararchitekten seiner Zeit, neu errichtete Kirchengebäude beziehen konnte, das annähernd 1.000 Personen Platz bot.

Viele der geschilderten Entwicklungen lagen freilich sowohl an der Marienkirche als auch an der deutschen Hofkapelle in den Jahrzehnten um 1700 noch in weiter Ferne. Der knappe Abriss der Geschichte zweier Institutionen, an denen Vertreter des hallischen Pietismus Fuß fassten, soll deshalb an dieser Stelle abgebrochen und der Blick auf das städtische und religiöse Umfeld gelenkt werden, befanden sich beide Kirchen doch in einem konfessionellen Mikrokosmos, wie er differenzierter kaum hätte sein können.

---

[14] Vgl. Andreas Mielke u. Sandra Yelton: Art. »Ruperti, Georg Andreas«. In: BBKL 30, 2009, 1193–1198.

[15] Zur Marienkirche vgl. Rieger, The British Crown and the German Churches [s. Anm. 10], 109–112, 116, 118 und vor allem Susanne Steinmetz: 300 Jahre Deutsche Evangelisch-Lutherische St.-Marien-Kirche in London: 1694–1994. In: Deutsche Evangelisch-Lutherische St.-Marien-Kirche London 1694–1994. London 1994, 13–97, hier 15–40. Zum weiteren Kontext der deutschen Gemeinden in London siehe auch dies.: The German Churches in London, 1669–1914. In: Germans in Britain since 1500. Hg. v. Panikos Panayi. London 1996, 49–71.

II. Multikonfessionelle Räume

London war um 1700 einer jener Orte religiöser Pluralität, die Historiker seit einigen Jahren im frühneuzeitlichen Europa in wachsender Zahl zu entdecken beginnen.[16] Auf den ersten Blick dominierten zwar die zahllosen Sakralräume der englischen Staatskirche das Erscheinungsbild der Stadt. Bereits in den späten 1680er Jahren sind rund 130 anglikanische Kirchen bezeugt, eine Zahl, die in den nächsten Jahrzehnten noch steigen sollte.[17] Zwischen Prachtbauten wie der Abteikirche von Westminster, Christopher Wrens kuppelbewehrter St. Pauls Kathedrale oder den ebenfalls von Wren nach dem Großbrand von 1666 im alten Stadtgebiet errichteten »city churches« schmiegten sich jedoch um 1700 zahlreiche weitere Gotteshäuser, Gebetssäle oder Versammlungsräume anderer Glaubensgemeinschaften in das Weichbild der Stadt. In einer ganzen Reihe von Fällen reichte ihre Geschichte in die Zeit vor der Glorreichen Revolution, bisweilen sogar bis ins 16. Jahrhundert zurück. Die Toleranzakte von 1689, die protestantischen Gemeinschaften freie Religionsausübung gestattete, hatte der Entwicklung einen weiteren Schub verliehen.[18]

Am häufigsten anzutreffen waren die Kapellen und »meeting houses« nonkonformistischer Gruppierungen wie der Presbyterianer, Quäker oder Baptisten. Noch Mitte des 18. Jahrhunderts führte ein einschlägiges Adressverzeichnis 104 Standorte auf, zu Beginn des Jahrhunderts dürfte die Zahl sogar noch größer gewesen sein.[19] Denselben Rechtsstatus genossen seit 1689 die Kirchen protestantischer Glaubensflüchtlinge und Migranten vom Kontinent, die sich seit dem Reformationszeitalter sukzessive in der englischen Kapitale angesiedelt hatten. Die stärkste und zweifellos prominenteste Gruppe stellten die Hugenotten, die sich in den Jahren um 1700 auf 23 kirchliche Standorte verteilten.[20] Daneben gab es drei deutsche lutherische und reformierte Gemeinden sowie eine Reihe weiterer

---

[16] Vgl. als vorzügliche Beispiele dieser Forschungsrichtung die beiden folgenden Sammelbände: Interkonfessionalität – Transkonfessionalität – binnenkonfessionelle Pluralität. Neue Forschungen zur Konfessionalisierungsthese. Hg. v. Kaspar von Greyerz [u.a.]. Gütersloh 2003 (insbesondere die theoretische Grundlegung in der Einleitung von Thomas Kaufmann, 9–15) sowie Living with Religious Diversity in Early-Modern Europe. Hg. v. C. Scott Dixon [u.a.]. Farnham 2009.

[17] Vgl. Heinrich Ludolf Benthem: Engelländischer Kirch- und Schulen-Staat. Lüneburg: Johann Georg Lipper 1694, 39, 106, 541.

[18] Auf die Vielschichtigkeit des Prozesses kann an dieser Stelle nicht eingegangen werden, vgl. From Persecution to Toleration. The Glorious Revolution and Religion in England. Hg. v. Ole Peter Grell [u.a.]. Oxford 1991.

[19] Vgl. Jerry White: London in the Eighteenth Century: A Great and Monstrous Thing. London 2012, 490, 602.

[20] Vgl. George B. Beeman: Notes on the Sites and History of the French Churches in London. In: Proceedings of the Huguenot Society of London 8, 1905–1908, 13–59, hier 16 sowie Robin D. Gwynn: The Distribution of Huguenot Refugees in England. II: London and Its Environ. In: Proceedings of the Huguenot Society of London 22, 1976, 509–568, der Zahlen für einen größeren, die Umgebung der Hauptstadt mit einbeziehenden Raum nennt.

protestantischer »Fremdenkirchen«, deren Wurzeln u.a. in den Niederlanden, Dänemark, Norwegen oder Italien lagen.[21]

Das Spektrum religiöser Gruppierungen reichte freilich weit über den Protestantismus hinaus. Zu Beginn des 18. Jahrhunderts lebten etwa mehrere Tausend Katholiken in London, obwohl ihnen die Ausübung ihres Glaubens offiziell verboten war. Sie nahmen an geheimen Messen teil, wie jene annähernd einhundert, ärmlich gekleideten Iren, die im Jahr 1735 von den Behörden im Speicher eines Wirtshauses entdeckt wurden, oder frequentierten die Gesandtschaftskapellen katholischer Mächte.[22] Eine ganze Reihe diplomatischer Vertretungen, unter ihnen jene Portugals, Venedigs, Sardiniens und des Kaisers, ließ englische Katholiken zum Gottesdienst zu oder nahm Taufen und Hochzeiten vor, was sie während der im 17. und 18. Jahrhundert regelmäßig stattfindenden anti-katholischen Ausschreitungen wiederholt zur Zielscheibe des Mobs machte.[23] Recht ungestört konnten dagegen um 1700 die rund einhundert jüdischen Familien, denen seit den Zeiten Cromwells die Ansiedlung in England wieder gestattet war, ihrem Ritus nachgehen. Im Jahr 1707 existierten immerhin drei Synagogen, wovon eine von sephardischen, die anderen beiden von aschkenasischen Juden besucht wurden.[24]

Anton Wilhelm Böhme und seine Mitstreiter fanden sich bei ihrer Ankunft in London also in einem konfessionell überaus fragmentierten Terrain wieder. Wie eng sie mit ihrer gemischtkonfessionellen Umgebung in Berührung kamen, wird freilich erst deutlich, wenn man die deutsche Hofkapelle und die Marienkirche genauer in der religiösen Landschaft verortet. Beide Einrichtungen bildeten Knotenpunkte im pietistischen Netzwerk, das sich von Halle nach London und darüber hinaus erstreckte, waren aber zugleich in ihrer unmittelbaren Umgebung Teil eines bunten religiösen Flickenteppichs.

Dies gilt selbst für die lutherische Hofkapelle, so sehr dies im ersten Moment auch erstaunen mag. Der Londoner Hof war seit dem 17. Jahrhundert weit davon entfernt, ein konfessionell geschlossener Raum zu sein, in welchem der Herrscher seinen Untertanen die rechte und einzig zulässige Glaubensform vorlebte. Mochten Hardliner auch immer wieder konfessionelle Uniformität einfordern, die englischen Könige hatten seit Karl I. dieses Verlangen für ihre engste Umgebung konsequent negiert. Sie hatten entweder katholische Prinzessinnen geehelicht, denen in den Heiratsverträgen die ungestörte Ausübung ihrer Religion gestattet worden war, oder waren in Person Jakobs II. sogar selbst zum Katholizismus übergetreten. Die königlichen Paläste hatten aus diesem Grund seit 1625, dem Zeitpunkt der Heirat Karls I. mit der französischen Königstochter Henrietta Maria,

---

[21] Mitte des 18. Jahrhunderts gab es neben den hugenottischen noch acht weitere Fremdengemeinden, vgl. White, London in the Eighteenth Century [s. Anm. 19], 490, J.S. Burn: The History of the French, Walloon, Dutch and Other Protestant Refugees in England. London 1846, 34.

[22] Vgl. White, London in the Eighteenth Century [s. Anm. 19],158, 506.

[23] Vgl. John Stevenson: Popular Disturbances in England 1700–1832. Harlow ^{2}1992, 23, 32, 94–110.

[24] Vgl. White, London in the Eighteenth Century [s. Anm. 19], 145.

neben der anglikanischen Chapel Royal fast durchgängig eine katholische Hofkapelle beherbergt. Die Tradition eines gemischtkonfessionellen Hofs überlebte auch die Glorreiche Revolution, wenngleich unter veränderten Bedingungen.

Nach 1689 traten protestantische Hofkapellen an die Stelle ihrer katholischen Vorläufer.[25] Kaum waren die katholischen Priester, die sich am Hof getummelt hatten, mit ihrem Herrn aus England nach Frankreich geflohen, errichtete Wilhelm III. 1689 für seine kalvinistischen Landsleute und für die Hugenotten in seinem Gefolge eigene Hofkapellen.[26] Beide Gemeinden, die als holländische bzw. französische Hofkapelle firmierten, teilten sich in die Nutzung desselben Kirchenraumes, der so genannten »Queen's Chapel« im Palast von St James's, in der vor 1688 pikanterweise die katholischen Gemahlinnen der Stuarts die Messe gefeiert hatten, ein. Insofern durften sich die Geistlichen der dritten protestantischen Hofkapelle, der 1700 geschaffenen »Lutheran Chapel«, glücklich schätzen, dass ihnen ein separater Raum in der königlichen Stadtresidenz zugewiesen wurde. Allerdings war die »Queen's Chapel« weit prachtvoller und größer als der Versammlungsort der Lutheraner.[27] Entworfen von Inigo Jones (1573–1652), verfügte sie über einen großen Altar, halbhoch mit Holz verkleidete Wände, eine reich geschmückte Decke und hohe Fenster, die ihr eine lichte Erscheinung verliehen. Außerdem wies sie im Stile abendländischer Hofkirchen eine Königsempore am westlichen Ende auf, während die lutherische Kapelle lediglich als »a small wooden church« beschrieben wird.[28] Von Anfang an war die französische Kapelle auch personell am besten ausgestattet. Drei Pastoren und einem »Lecteur« standen an den holländischen und deutschen Kapellen jeweils nur zwei Geistliche und ein »Reader« gegenüber.[29]

---

25 Formal bestand eine katholische Hofkapelle, nämlich jene der Witwe Karls II., Katharina von Braganza, in Somerset House sogar noch bis 1708 fort. Sie hatte ihre Aktivitäten jedoch wohl um 1700 weitgehend eingestellt bzw. auf die portugiesische Gesandtschaftskapelle an der Südseite von Lincoln's Inn Fields übertragen, so dass sie an dieser Stelle keiner eigenen Behandlung bedarf (vgl. Registers of the Catholic Chapels Royal and of the Portuguese Embassy Chapel 1662–1829. Bd. 1: Marriages. Hg. v. J. Cyril M. Weale. London 1941; Peter Leech: Catholic Musicians in Restoration London. The Register of the Catholic Chapels Royal 1662–1711. In: Genealogists' Magazine 27, 2003, 391–397). Dass die Abhaltung katholischer Messen in einem Palast der Monarchie nach 1700 undenkbar geworden war, zeigt sich auch an einem Vorfall aus dem Jahr 1713. Als das Haus des französischen Botschafters niederbrannte, wies ihm die englische Regierung übergangsweise Unterkünfte in Somerset House zu. Die Errichtung einer katholischen Gesandtschaftskapelle war jedoch ausdrücklich untersagt, vgl. The National Archivs, Kew, LC 5/2, f. 17ᵛ–18ʳ.

26 Für die holländische Kapelle vgl. F.G.L.O. van Kretschmar: De registers van de »Dutch Chapel Royal«, St James's Palace, Westminster. In: Jaarboek van het Centraal Bureau voor Genealogie 18, 1964, 223–253; für die französische Beeman, Notes on the Sites [s. Anm. 20], 46f.; Burn, The History of the French [s. Anm. 21], 46f.

27 Vgl. Donald Burrows: Handel and the English Chapel Royal. Oxford 2008, 515–517.

28 David Baldwin: The Chapel Royal Ancient & Modern. London 1990, 403.

29 Vgl. für das Personal der französischen und holländischen Hofkapellen Cheque Books of the Chapel Royal [s. Anm. 9], 265–270 und 271–275. Dass auch die lutherische Hofkapelle zumindest zeitweise einen »Reader« beschäftigte, ergibt sich aus Brunner, Halle Pietists [s. Anm. 4], 50 und London, British Library, Add Ms 61616, f. 91ʳ–91ᵛ: The Petition of His Majesty's Servants belonging to the German Chappel at St James's Palace, [ca. 1717/18].

Von allen drei Hofkapellen spielten auf längere Sicht freilich nur die französische und deutsche eine größere Rolle. Die »Dutch Chapel« hatte zwar in den 1690er Jahren dank des starken niederländischen Kontingents eine gewisse Prominenz bei Hofe erlangt und auch andere Kalvinisten sowie mit Holländerinnen verheiratete englische Adlige angezogen. So findet sich im Taufregister etwa ein Eintrag für den Sohn des brandenburgischen Gesandten Thomas Ernst von Dankelmann aus dem Jahr 1691. Selbst während dieser Blütezeit war die alt eingesessene holländische Gemeinde in London freilich der Kirche Austin Friars in der City treu geblieben, so dass die Bedeutung der Hofkapelle nach dem Tod Wilhelms III. (1702) rasch abnahm. Der abrupte Rückgang der Einträge in den Tauf- und Heiratsregistern spricht in dieser Hinsicht Bände. In der zweiten Jahrhunderthälfte wurden die Pastorenstellen sogar mit dem einen oder anderen Geistlichen von außen besetzt, etwa mit einem Mitglied der deutschen Hofkapelle oder einem anglikanischen Kleriker, der sein Salär durch ein weiteres Benefizium aufbessern wollte.[30] Gleichwohl blieb die holländische Hofkapelle zumindest offiziell das ganze 18. Jahrhundert hindurch bestehen.

Dagegen hatte die französische Kapelle eine dauerhaftere und von Anfang an besonders starke Präsenz im Hofleben. Unter Wilhelm III. soll sie als einzige der drei nicht-anglikanischen Hofkapellen auch außerhalb des Palastes von St James's im Kensington Palace, dem bevorzugten Aufenthaltsort des Königs, Gottesdienste abgehalten haben.[31] Am starken Einfluss der Hugenotten sollte sich auch in den ersten Jahrzehnten nach der hannoverschen Thronfolge nichts ändern. Sowohl Georg I. als auch Georg II. und seine Gemahlin Karoline unterhielten enge Beziehungen zu hugenottischen Flüchtlingen und Gelehrten, wie etwa dem Geistlichen John Theophilius Desagulier, einem berühmten Gefolgsmann Newtons und einflussreichen Freimaurer, der panegyrische Gedichte auf das Herrscherhaus verfasste und der königlichen Familie regelmäßig naturwissenschaftliche Experimente vorführte.[32] Die Kapläne der französischen Hofkapelle genossen ebenfalls großes Ansehen. Wie wir noch sehen werden, setzten sie ihre vielfältigen Kontakte bei Hofe gezielt ein, um Hilfsprojekte für exilierte oder in Not geratene Glaubensbrüder aufzulegen.

Solche Beobachtungen sollten als Warnung dienen, den Einfluss der deutschen Hofkapelle vor allem für die Zeit nach 1714 nicht zu überschätzen. Als sich im späteren 18. Jahrhundert die Gruppenidentität und der Selbstbehauptungswille der hugenottischen Gemeinden aufzulösen begannen, scheint die deutsche Kapelle dank der Nähe zur Dynastie ihr französisches Gegenstück dann aber tatsächlich überflügelt zu haben. Im Jahr 1781 überließen die beiden reformierten Gemeinden wegen geringen Zuspruchs ihre Kirche den Lutheranern und zogen statt dessen in

---

30 Vgl. Cheque Books of the Chapel Royal [s. Anm. 9], 271–275.

31 Vgl. Beeman, Notes on the Sites [s. Anm. 20], 56.

32 Den hugenottischen Einfluss unter Georg II. erwähnt John Hervey: Some Materials towards Memoirs of the Reign of King George II. 3 Tle. Hg. v. Romney Sedgwick. London 1931, 252f., 261. Zu Desaguliers siehe Patricia Fara: Art. »Desaguliers, John Theophilus (1683–1744)«. In: Oxford Dictionary of National Biography 15, 2004, 890–893.

deren alte Räumlichkeiten. Anfang 1809 stellten die Pastoren der beiden Kapellen nach einem Feuer in ihrem neuen Domizil die Gottesdienste sogar ganz ein, was einige Jahre später zur Abschaffung der zu reinen Sinekuren herabgesunkenen Kaplansstellen führte. Für die ersten Jahrzehnte des 18. Jahrhunderts kann indes nicht von einem Vorrang der Hofkapelle Böhmes und Ziegenhagens vor der hugenottischen gesprochen werden. Beide Einrichtungen waren Teil der vielfältigen Kirchenstruktur des Londoner Hofes, ohne sich in Aktionsradius und Bedeutung grundsätzlich von einander zu unterscheiden.

Beide Hofkapellen hatten ihren Platz zudem – ungeachtet aller Aktivitäten, die sie entfalteten – am Rande des Londoner Hofes, dessen spirituelles Zentrum weiterhin und unangefochten die anglikanische Hofkirche, die Chapel Royal, bildete.[33] In ihr nahm der Monarch jeden Sonntag allein oder in Begleitung seiner Familienangehörigen unter großem zeremoniellem Aufwand am Gottesdienst teil; sie war der Ort, an dem er zweimal im Jahr das Abendmahl empfing; und in der Chapel Royal fanden schließlich auch jene feierlichen religiösen Anlässe, wie königliche Hochzeiten oder Dankgottesdienste für Siege der britischen Waffen statt, die nicht in einer der Kathedralen Londons begangen wurden. Dabei war die Kapelle eher spärlich dekoriert.[34] Lediglich die von Holbein gemalte Decke und eine Reihe von Wandbehängen verliehen ihr Glanz. Auch erwies sie sich oftmals als zu klein, um alle Besucher aufnehmen zu können. Klagen über Enge und Überfüllung ziehen sich durch das ganze Jahrhundert. Gleichwohl stand ihr Rang außer Frage. Zeitgenössische Reisebeschreibungen widmen dem Gottesdienstbesuch des Herrschers in der Hofkapelle eigene Abschnitte, während die deutsche Hofkapelle keine Erwähnung findet.[35] Selbst der geistliche Reiseführer des Generalsuperintendenten von Harburg, Heinrich Ludolf Benthem, ging in seiner Auflage von 1734 zwar auf die französische und holländische Kapelle ein, weil sie in einem ehemals katholischen Kirchenraum untergebracht waren, strafte Ziegenhagens Reich aber mit Missachtung.[36]

Mag in dieser Auslassung auch anti-pietistisches Ressentiment mitschwingen, so war Benthems Haltung doch bezeichnend. Die deutsche Hofkapelle galt aus Sicht der meisten Besucher Londons und auch der Krone nur als Nebenschauplatz.[37] Keiner der englischen Monarchen um 1700 besuchte sie und daran sollte

---

33 Vgl. Baldwin, The Chapel Royal [s. Anm. 28].

34 Vgl. Burrows, Handel and the Chapel Royal [s. Anm. 27], 502–506.

35 Vgl. z.B. César de Saussure: Letters from London 1725–1730. Translated into English from the Original French by Paul Scott. [Newnham] 2006, 29f.

36 Vgl. Heinrich Ludolf Benthem: Neu-eröffneter Engelländischer Kirch- und Schulen-Staat. Lüneburg: Philipp Gottfried Saurmann Erben, 1732, 61. Zur Erstauflage dieses Werks vgl. Stefan Ehrenpreis: Ein Niedersachse erklärt den Deutschen England. Der Engländische Kirch- und Schulen-Staat des Heinrich Ludolf Benthem von 1694. In: Schleifspuren. Lesarten des 18. Jahrhunderts. Festschrift für Eckhart Hellmuth. Hg. v. Anke Fischer-Kattner [u.a.]. München 2011, 121–137.

37 Auch César de Saussure erwähnte in seinem Reisebericht neben der Chapel Royal die ehemalige Queen's Chapel, nicht aber die lutherische Hofkirche, vgl. Saussure, Letters from London [s. Anm. 35], 31.

sich auch nach dem Dynastiewechsel des Jahres 1714 nichts ändern. Anders als man es vielleicht vermuten könnte, nahm kein Mitglied der aus dem Reich stammenden Herrscherfamilie am Gottesdienst in der deutschen Kapelle teil.[38] Der Act of Settlement von 1701 ließ einen solchen Schritt gar nicht zu. Er forderte vom Monarchen und seiner Familie das rückhaltlose Bekenntnis zur anglikanischen Kirche. Als Prinzessin Augusta von Sachsen-Gotha, die Gemahlin des Kronprinzen Friedrich Ludwig, nach der Hochzeit im Jahr 1736 ihrem Gewissen folgend ein paar Mal die deutsche Hofkapelle aufsuchte, brachte sie der Hof mit handfesten Drohungen rasch zur Raison. Die königliche Familie war sich nur zu sehr bewusst, »how ill it [d.h. der Besuch des lutherischen Gottesdienstes] would be received, not only by the bishops and clergy, but by the people of England in general«, wenn sich einer der ihren in der falschen Umgebung sehen ließ.[39] Selbst die beiden einzigen Hochzeiten in der königlichen Familie, für die man während des 18. Jahrhunderts die Chapel Royal verließ, fanden nicht in der lutherischen Hofkapelle, sondern in der ehemaligen Queen's Chapel statt.[40] Die deutsche Hofkapelle, deren sonntäglicher Gottesdienst im Übrigen zeitgleich mit jenem in der Chapel Royal um 11 Uhr begann,[41] blieb auch nach 1714, was sie seit jeher gewesen war: eine Kapelle für den Hofstaat, d.h. für die deutschen Minister, Adligen und Bediensteten, die sich in London aufhielten, und zugleich eine von mehreren Kapellen, die am Londoner Hof im Schatten der Chapel Royal Gastrecht genossen.

In dieser Hinsicht unterschied sich die deutsche Hofkapelle nicht von ihrem Gegenstück im Savoy. Die Marienkirche war ebenfalls nur eine von einer ganzen Handvoll von Kirchen unterschiedlicher protestantischer Ausrichtung, die sich in den engen Raum des Savoybezirks einteilten.[42] Genauer gesagt drängten sich die meisten der noch vorzustellenden Glaubensgemeinschaften in einen einzigen Gebäudekomplex, den an der Themse gelegenen Savoypalast, eine spätmittelalterliche Hospitalsstiftung für Arme, die im 17. Jahrhundert ihre ursprüngliche Funktion weitgehend verloren und nur noch als juristische Fiktion überlebt hatte.[43] Im Jahr 1702 wurde sie aufgelöst und dem Kronbesitz zugeschlagen.

---

[38] Die spätere Königin Karoline hörte während der ersten Wochen nach ihrer Ankunft in London im Herbst 1714 den anglikanischen Gottesdienst in deutscher Übersetzung in der lutherischen Hofkapelle. Sie nahm aber nicht am Gottesdienst Böhmes teil, sondern machte sich offensichtlich nur mit der anglikanischen Liturgie in ihrer Muttersprache vertraut; vgl. Brunner, Halle Pietists [s. Anm. 4], 56.

[39] Vgl. Hervey, Some Materials [s. Anm. 32], 560. Dort auch das Zitat.

[40] Es handelte sich um die Eheschließung der Prinzessin Anna, der Tochter Georgs II., mit dem Prinzen von Oranien (1734) sowie die Hochzeit zwischen Georg III. und Charlotte von Mecklenburg-Strelitz (1761). Die Angaben bei Baldwin, Chapel Royal [s. Anm. 28], 238 und 241, die beiden Hochzeiten hätten in der »Lutheran Chapel« stattgefunden, sind falsch, der richtige Ort findet sich zumindest für die Hochzeit des Jahres 1734 auf Seite 240.

[41] Vgl. Cheque Books of the Chapel Royal [s. Anm. 9], 312.

[42] Eine Studie zu den religiösen Gemeinschaften im Savoy ist vom Verfasser in Vorbereitung.

[43] Vgl. zur Geschichte des Palastes und der Stiftung Robert Somerville: The Savoy. Manor, Hospital, Chapel. London 1960.

Teile des Geländes waren seit 1679 als Kaserne für die Garderegimenter der englischen Monarchie genutzt worden. Ihr angeschlossen war ein Militärgefängnis für fahnenflüchtige Rekruten, das in der Bevölkerung als »Epitome of Hell« galt, »more dreadful to the newly enlisted Soldier than all the Dangers and Hardships of War«.[44] Die Anwesenheit von zahlungsunwilligen Schuldnern, die bis 1697 eine Lücke im Londoner Rechtssystem nutzten, um sich dem Zugriff des Gesetzes zu entziehen, brachte die Gegend ebenfalls in Verruf.[45] Lediglich die königlichen Drucker, die sich um den verfallenden Palast herum angesiedelt hatten,[46] und eine anglikanische Kirchengemeinde verliehen der Gegend einen etwas respektableren Anstrich.

Dabei hatte es die Gemeinde St. Mary-le-Strand eher durch Zufall in den Savoydistrikt verschlagen.[47] Durch den Abriss ihrer Pfarrkirche 1548 heimatlos geworden, war sie übergangsweise vom Strand in die nahe gelegene Kapelle des Hospitals ausgewichen, »a strong and ancient Building of Stone, cover'd with Lead, but somewhat dark and low«.[48] Da der geplante Neubau auf sich warten ließ, wurde aus dem Provisorium rasch ein längerfristiger Aufenthalt. Mit der Zeit ging die Pfarrkirche sogar ganz in ihrer neuen Umgebung auf und übernahm die Identitätsprägung des Ortes. Die alte, Johannes dem Täufer gewidmete Hospitalskapelle bestand zwar offiziell weiter, im öffentlichen Bewusstsein war jedoch bald nur mehr die Pfarrkirche präsent. Wer den Sakralraum in der Mitte der alten Stiftung meinte, sprach in einer verballhornten Form nur noch von »St-Mary-le-Savoy«. Unter diesem Namen machte die Kirche dann immer wieder von sich reden

Während des 17. Jahrhunderts wirkten an ihr einige der bekanntesten und wortmächtigsten Londoner Geistlichen, allen voran Thomas Fuller, ein vielseitiger historischer Schriftsteller und treuer Anhänger Karls I. während des Bürgerkriegs,[49] und der ursprünglich aus der Pfalz stammende Anton Horneck (1641–1697). Horneck hatte nach einem Theologiestudium in Oxford eine Karriere in der anglikanischen Kirche begonnen und zählte rasch zu den belieb-

---

44 Vgl. Somerville, The Savoy [s. Anm. 43], 74; R.E. Scouller: The Armies of Queen Anne. Oxford 1966, 47, 64, 104f., 124, 246; John Childs: The British Army of William III, 1689–1702. Manchester 1987, 94. Das Zitat aus Hutchesons »Recruiting Essay« nach Scouller, Armies of Queen Anne, 105

45 Vgl. Somerville, The Savoy [s. Anm. 43], 64–67.

46 Im Jahr 1720 beschrieb ein Londonführer das Savoy Hospital als ein »very great and at this present very ruinous building«, vgl. John Stow: A Survey of the Cities of London and Westminster: Containing the Original, Antiquity, Increase, Modern Estate and Government of Those Cities. 2 Bde. London 1720, Bd. 2, 107.

47 Vgl. Somerville, The Savoy [s. Anm. 43], 49–63.

48 Vgl. James A.M. Patterson: Pietas Londinensis: or, the Present Ecclesiastical State of London; Containing an Account of all the Churches, and Chapels of Ease, in and about the Cities of London and Westminster. London: Joseph Downing, 1714, 179.

49 Vgl. W.B. Patterson: Art. »Fuller, Thomas«. In: Oxford Dictionary of National Biography 21, 2004, 158–163.

testen Predigern Londons.[50] Wenn er oder Fuller die Kanzel bestiegen, mussten Stühle vor den Fenstern der Kirche aufgestellt werden, damit diejenigen, die im Inneren keinen Platz gefunden hatten, ihren Ausführungen wenigstens aus der Ferne folgen konnten. Im Jahr 1693 ernannte Wilhelm III. Horneck sogar zum Hofkaplan, wohl gemerkt an der Chapel Royal und nicht an der deutschen Hofkapelle. Als einzigem deutschem Geistlichen wurde ihm nach seinem Tod auch die Ehre eines Begräbnisses in der Westminster Abbey zuteil. Unter Horneck, der auch mit am Anfang der anglikanischen Sozietätsbewegung stand,[51] erreichte St. Mary-le-Savoy sicherlich den Höhepunkt ihrer Geschichte, die allerdings am 1. Januar 1724 nach knapp zwei Jahrhunderten zu Ende ging. Mit der Eröffnung eines von James Gibbs entworfenen und aus dem Kirchenbauprogramm Königin Annas finanzierten eleganten Neubaus am Strand verließ die Gemeinde ihr provisorisches Domizil, nahm den alten Namen wieder an und kehrte an ihre ursprüngliche Wirkungsstätte zurück.

Im Schatten von St. Mary-le-Savoy hatte sich im Laufe der Zeit jedoch ein ungewöhnliches Experiment entwickelt, ein religiöses Biotop ganz eigener Prägung, »woselbst Kirchen unterschiedlicher Glaubens-Genossen anzutreffen« waren.[52] Wohl weil der Savoybezirk in mancherlei Hinsicht eine rechtliche Grauzone bildete,[53] gleichzeitig aber in unmittelbarer Nähe einer der Hauptdurchgangsstraßen Londons, des Strand, lag und so mit den beiden Zentren der Stadt, der City als wirtschaftlichem und Whitehall als politischem Mittelpunkt, gleich gut verbunden war, zog es eine ganze Reihe religiöser Minderheiten in die Gegend. Bereits Mitte des 16. Jahrhunderts hatten Spanier, die mit dem Prinzen Philipp, dem Gemahl Marias der Katholischen und späteren spanischen König, nach London gekommen waren, die Kapelle des Hospitals für ihre Gottesdienste genutzt und damit gleichzeitig die Tradition der »stranger churches« an diesem Ort begründet. Ihr Aufenthalt war jedoch nur von kurzer Dauer und erst ein Jahrhundert später sollte die Geschichte des Savoybezirks als Sammelpunkt verschiedener Konfessionsgemeinschaften so richtig beginnen.

Greifbar wird der besondere genius loci bereits unter dem Protektorat Cromwells, als ein für die Kontakte mit ausländischen Kirchen zuständiges Sekretariat in den Palast einzog. Nach der Restauration der Monarchie bildete der Gebäudekomplex zudem den Rahmen für die Savoy Conference (1661), ein Religionsgespräch zwischen anglikanischen und presbyterianischen Geistlichen

---

50 Vgl. Scott Thomas Kisker: Foundation for Revival. Anthony Horneck, the Religious Societies and the Construction of an Anglican Pietism. Lanham, MD 2008.

51 Vgl. John Spurr: The Church, the Societies and the Moral Revolution of 1688. In: The Church of England c. 1689–1830. Hg. v. John Walsh [u.a.]. Cambridge 1993, 127–142.

52 Benthem, Neu-eröffneter Engelländischer Kirch- und Schulen-Staat [s. Anm. 36], 58.

53 Die juristischen Schlupflöcher wurden bereits genannt. Außerdem fiel der Bezirk trotz der Anwesenheit von St. Mary-le-Savoy aus der regulären Londoner Pfarreinteilung heraus und unterstand direkt dem Londoner Bischof, vgl. Somerville, The Savoy [s. Anm. 43], v, 49f., 55.

über die künftige Gestalt der englischen Kirche.[54] Vor diesem Hintergrund verwundert es nicht, dass sich 1661 ein Konventikel der Quäker im Savoydistrikt ansiedelte.[55] Es befand sich zwar nicht auf dem Gelände der Hospitalsstiftung, sondern in einem der Häuser in Richtung Strand. Es verdankte seine Anwesenheit aber zweifelsohne der besonderen Situation des Savoybezirks und sollte bis zu seiner Verlegung in einen anderen Teil der Stadt im Jahr 1781 zu einem der bedeutendsten Versammlungsorte der Quäker in London werden.

Die erste Fremdenkirche ließ nach der Restauration der Stuarts ebenfalls nicht lange auf sich warten. In den Jahren 1661/62 wies Karl II. (1660–1685) einer Gruppe hugenottischer Flüchtlinge, die sich seit 1643 in der Gegend von Charing Cross aufgehalten hatte, eine Nebenkapelle des Savoy Hospitals als neue spirituelle Heimat zu.[56] Vom königlichen Schatzamt erhielt die Gemeinde zudem eine jährliche Gabe von £ 60, die vom Dekan der Westminster Abbey ausgezahlt wurde. Die Patronage der Krone hatte freilich ihren Preis. Zwar durften die Gemeindemitglieder ihre Pastoren selbst auswählen. Jeder Kandidat musste aber die Bestätigung des Monarchen einholen und sich vom anglikanischen Bischof von London weihen lassen.

Als äußeres Zeichen der Unterstellung unter die Church of England kam im Gottesdienst eine französische Übersetzung des englischen *Book of Common Prayer* zum Einsatz, die einer der ersten hugenottischen Geistlichen im Savoy, Jean Durel, in den 1660er Jahren unter Zuhilfenahme von früheren Übersetzungen anfertigte.[57] Der Text sollte binnen kurzem zur Standardausgabe der anglikanischen Liturgie in den so genannten konformistischen Hugenottengemeinden werden und der Kirche im Savoy von Anbeginn an eine gewisse Führungsrolle innerhalb der französischen Exilgruppierungen eintragen. Über welche finanziellen Ressourcen und welches Ansehen die Gemeinde nur wenige Jahrzehnte nach ihrer Gründung verfügte, zeigte sich 1685, als man ein neues Gebäude beziehen konnte, das von keinem geringeren als Sir Christopher Wren entworfen worden

[54] Vgl. Robert Bosher: The Making of the Restoration Settlement. The Influence of the Laudians, 1649–1662. Westminster 1951, 226–231, 274–276; John Spurr: The Restoration Church of England, 1646–1689. New Haven, London 1991, 38–40; Colin O. Buchanan: The Savoy Conference Revisited. The Proceedings Taken from the Grand Debate of 1661 and the Works of Richard Baxter. Cambridge 2002.

[55] Vgl. Somerville, The Savoy [s. Anm. 43], 83f.

[56] Vgl. zur Hugenottengemeinde im Savoy Burn, The History of the French [s. Anm. 21], 19f.; Beeman, Notes on the Sites [s. Anm. 20], 19f.; Somerville, The Savoy [s. Anm. 43], 76–78 sowie die Hinweise bei Robin D. Gwynn: Disorder and Innovation. The Reshaping of the French Churches of London after the Glorious Revolution. In: From Persecution to Toleration [s. Anm. 18]. Oxford 1991, 251–273.

[57] Vgl. D.N. Griffiths: Translations of the English Prayer Book. In: Proceedings of the Huguenot Society 22, 1970–1976, 90–114. Zu Durel siehe John McDonnell Hintermaier: Rewriting the Church of England: Jean Durel, Foreign Protestants and the Polemics of Restoration Conformity. In: From Strangers to Citizens. The Integration of Immigrant Communities in Britain, Ireland and Colonial America, 1550–1750. Hg. v. Randolph Vigne u. Charles Littleton. Brighton 2001, 353–358.

war. Außerdem verfügte die Gemeinde um 1700 über nicht weniger als drei Geistliche und unterhielt enge Beziehungen zum königlichen Hof. Maria II., die Gemahlin Wilhelms von Oranien, soll nach 1689 stolze £425 im Jahr gespendet haben.[58] Darüber hinaus etablierten sich zwischen der Kirche im Savoy und der französischen Hofkapelle enge Kontakte, die 1728 in den Wechsel Israel Antoine Aufrères vom Savoy an den Hof mündeten.[59]

Während der Regierungszeit des Katholiken Jakob II. erwuchs den verschiedenen protestantischen Gemeinden freilich ungewohnte Konkurrenz. Im Frühjahr 1687 zog ein Jesuitenkolleg in den Gebäudekomplex ein.[60] Mitglieder der Societas Jesu kauften Anfang 1687 einen Teil des Geländes zwischen der Hauptkapelle und dem Fluss und errichteten dort ein Kolleg mit einer Druckerei sowie einer eigenen Schule, die am 2. Juni 1687 eröffnet wurde und katholischen wie protestantischen Schülern kostenlosen Unterricht bot. Wie fast überall, wo sich der Orden seit dem späten 16. Jahrhundert niedergelassen hatte, erwies sich die Kombination aus freiem Unterricht und jesuitischer Pädagogik als überaus attraktiv. Bereits am ersten Tag meldeten sich 250 Schüler und innerhalb weniger Monate war ihre Zahl auf 400 angewachsen. Die anglikanische Geistlichkeit Londons, die das Treiben der Jesuiten argwöhnisch beobachtete, sah sich gezwungen, eigene freie Schulen zu gründen. Der Wettbewerb zwischen den beiden Konfessionen mündete sogar in mehrere religiöse Streitgespräche. So trafen etwa der Jesuit Andrew Poulton und Thomas Tenison, der spätere Erzbischof von Canterbury, in einer Disputation aufeinander, die in einer Vielzahl von Pamphleten ihre Fortsetzung fand. Allerdings währte die Präsenz der Jesuiten nicht lange. Im Herbst 1688, als die Regierung Jakobs II. unter dem gemeinsamen Druck Wilhelms III. und der anglikanischen Bischöfe kollabierte, schloss erst die Schule und am 9. November auch die Kirche des Kollegs. Kurze Zeit später waren die Jesuiten geflohen.

Ihren Platz nahm 1694 ausgerechnet die deutsche Mariengemeinde ein, an der nach 1705 der Pietist Ruperti wirken sollte. Am 14. Oktober weihten die Lutheraner die ehemalige Jesuitenkapelle mit einem feierlichen Gottesdienst unter der Leitung ihres ersten Geistlichen, Irenäus Crusius, ein.[61] Nur drei Jahre später ließ sich in unmittelbarer Nachbarschaft eine weitere deutsche Kirchen-

---

[58] William A. Shaw: The English Government and the Relief of Protestant Refugees. In: Proceedings of the Huguenot Society of London 5, 1894–1896, 343–423, hier 350.

[59] Vgl. Beeman, Notes on the Sites [s. Anm. 20], 20.

[60] Vgl. T.G. Holt: A School in the Savoy 1687–1688. In: Transactions of the London and Middlesex Archaeological Society 41, 1990/91, 21–27. Bereits in den späten 1670er Jahren sollen Benediktiner im Savoy gewirkt haben. Ihr Konvent wurde Anfang 1679 im Zuge der Exclusion Crisis von einem eifrigen Friedensrichter nach einer Denunziation ausgehoben und die liturgischen Gegenstände, Paramente und Gebetbücher öffentlich verbrannt, vgl. London, British Library, Add Ms 61903, f. 8^v, 9^v, 36^v–38^v.

[61] Vgl. für die ersten zehn Jahre der Gemeindegeschichte Steinmetz, St.-Marien-Kirche London [s. Anm. 15], 20–22.

gemeinde nieder, die diesmal dem reformierten Bekenntnis anhing.[62] In beengten Verhältnissen untergebracht – sie nutzte ein Geschoss in einem dreistöckigen Gebäude unmittelbar am Fluss für ihre Gottesdienste – fristete sie ein eher bescheidenes Dasein, als sich 1701 die Aussicht auf Unterstützung durch die preußische Krone bot. Friedrich I., der sich gerade erst in Königsberg zum König in Preußen gekrönt hatte und nun alles daran setzte, für seinen neuen Rang die Anerkennung der großen europäischen Mächte zu gewinnen, verlieh der Kapelle den Titel »Royal Prussian Church« und ernannte auf seine Kosten einen Pastor. Auch bemühte sich der preußische Gesandte in London, Ezechiel von Spanheim, beim Londoner Hof um ein neues Grundstück für die Kapelle. An den bescheidenen Verhältnissen, unter denen die Gemeindemitglieder zusammenkamen, änderte dies freilich wenig: Spanheims Vorstöße führten nicht zum Erfolg und ein Gesuch Caesars in Berlin um finanzielle Unterstützung durch die preußische Krone wurde ebenfalls abgelehnt. Mit dem Regierungswechsel von Friedrich I. zu seinem für symbolische Repräsentation wenig empfänglichen Sohn Friedrich Wilhelm I. im Jahr 1713 erstarb dann das königliche Interesse an der Auslandsgemeinde endgültig, obwohl diese sich noch mehrere Jahre als »Royal Chapel of the Prussians at London« bezeichnete. Die Kirche musste sich in den folgenden Jahrzehnten aus eigener Kraft durchschlagen und soll 1715 nur mehr 20 zahlende und 60 nichtzahlende Mitglieder umfasst haben. Interessanterweise profitierte sie im Gegensatz zu ihrer lutherischen Nachbargemeinde nicht von den deutschen Monarchen auf dem britischen Thron. Weder Georg I. noch Georg II. traten als Gönner der Reformierten in Erscheinung. Erst Georg III. ließ sich 1772 zusammen mit dem Erzbischof von Canterbury und einer Reihe anderer hochrangiger anglikanischer Würdenträger dazu herab, einen auf dem Gelände der ehemaligen hugenottischen Gemeinde geplanten Neubau mit einer Spende zu unterstützen.[63]

Sieht man einmal von einer 1735 kurzfristig von einem persischen Geistlichen ins Leben gerufenen Moschee ab,[64] war die reformierte deutsche Gemeinde die letzte Fremdenkirche, die sich im Savoybezirk inmitten des breiten Spektrums protestantischer Gruppierungen ansiedelte. Wie außergewöhnlich diese Zusammenballung von Anglikanern, Nonkonformisten, Lutheranern und Kalvinisten französischer wie deutscher Prägung auf engstem Raum war, lässt sich freilich erst ermessen, wenn man die Geistlichen, die dort um 1700 wirkten, und ihre

[62] Zur Geschichte der Gemeinde vgl. den Abriss bei Susanne Steinmetz: Deutsche Evangelische Gemeinden in Großbritannien und Irland. Geschichte und Archivbestände. Hannover 1998, 16f., 57–62 und Rudolf Muhs: A History of St Paul's. In: St Paul's German Evangelical Reformed Church London, 1697–1887. London 1998. Die Angaben in Andreas Mielke u. Sandra Yelton: Art. »Johann Jacob Caesar«. In: BBKL, 30, 2009, Sp. 179–184, sind teilweise unzuverlässig. Eine Studie zu Caesar, dem ersten Pastor der Gemeinde, ist aus der Feder von Rudolf Muhs (London) zu erwarten.

[63] Vgl. Rieger, The British Crown and the German Churches [s. Anm. 10], 119.

[64] Vgl. Somerville, The Savoy [s. Anm. 43], 83.

verzweigten Netzwerke kurz in Augenschein nimmt. Hornecks herausragende Bedeutung für die Wiederbelebung anglikanischer Frömmigkeit und die Entstehung einer einflussreichen Laienbewegung ist wiederholt gewürdigt worden.[65] Der französischen Kirche wiederum standen mit Claude Groteste de la Mothe (1647–1713), einem geistlichen Schriftsteller von europäischem Rang,[66] und Jean Dubourdieu (ca. 1643–1720)[67] zwei der führenden Geister des hugenottischen Exils vor. An sie reichten Johann Jakob Caesar, der Pastor der deutschen reformierten Gemeinde, und der Pietist Ruperti zwar nicht heran, aber selbst diese beiden, eher mediokren deutschen Geistlichen verfügten über weit gespannte Kontakte, die ihnen die Rolle von wichtigen Schaltstellen innerhalb der protestantischen Internationale zuwiesen.[68]

Wie weit das Beziehungsgeflecht des Savoys reichte, ist beim derzeitigen Forschungsstand nur schwer zu sagen. Die vielfältigen Verbindungslinien zur Welt der Höfe vermögen aber einen ersten Eindruck von den Dimensionen vermitteln, mit denen wir es hier zu tun haben. Im Mittelpunkt stand naturgemäß der Londoner Hof. Horneck war, wie wir bereits gesehen haben, Hofkaplan Wilhelms III., sein Nachfolger Samuel Pratt hatte die gleiche Position unter Königin Anna inne und war auch Lehrer des Herzogs von Gloucester,[69] während Ruperti seit 1712 bekanntlich als einer der beiden Geistlichen in der lutherischen Hofkapelle amtierte. Dubourdieu und la Mothe wiederum unterhielten als Hausgeistliche der Herzöge von Schomberg, die zu den Vertrauten Wilhelms III. gehörten, ebenfalls gute Beziehungen ins Zentrum der Macht, während ihr Nachfolger Aufrère 1728 von der Kirche im Savoy an die französische Hofkapelle wechselte. Von den engen Kontakten nach Whitehall und – seit 1698 – St James's zeugen auch die zahlreichen Gunsterweise, in deren Genuss die Gemeinden kamen. Die Auszeichnung der Marienkirche durch die ersten Hannoveraner war mithin nur Symptom eines umfassenderen Systems, von dem zumindest St. Mary-le-Savoy

[65] Vgl. zuletzt die nicht in allen Punkten überzeugende Arbeit von Kisker, Foundation for Revival [s. Anm. 50].

[66] Vgl. P. Bultmann u. W. A. Bultmann: Claude Groteste de la Mothe and the Church of England, 1685–1713. In: Proceedings of the Huguenot Society 20, 1958–1964, 89–101 und Eamon Duffy: Correspondence fraternelle. The SPCK, the SPG and the Churches of Switzerland in the War of the Spanish Succession. In: Reform and Reformation. England and the Continent, c. 1500–c. 1750. Hg. v. Derek Baker. Oxford 1979, 251–280.

[67] Vgl. Vivienne Larminie: Art. »Dubourdieu, Jean«. In: Dictionary of National Biography 17, 2004, 18–20.

[68] Der Begriff hat in Verbindung mit den hugenottischen Flüchtlingen eine lange Genealogie in der Forschung; vgl. J.F. Bosher: Huguenot Merchants and the Protestant International in the Seventeenth Century. In: William and Mary Quarterly, 3. Reihe, 52, 1995, 77–102, hier 77 Anm. 2. An neueren Darstellungen siehe Robin D. Gwynn: The Huguenots in Britain, the »Protestant International« and the Defeat of Louis XIV. In: From Strangers to Citizens [s. Anm. 57], 412–424 und David E. Lambert: The Protestant International and the Huguenot Migration to Virginia. New York 2010.

[69] Vgl. Hugh de Quehen: Art. »Pratt, Samuel«. In: Dictionary of National Biography 45, 2004, 227f.

und die hugenottische Gemeinde in hohem Maße profitierten. Zudem reichte die Verflechtung des Savoys mit Monarchen und Fürsten weit über London und England hinaus. Johann Jakob Caesar konnte sich einige Jahre als preußischer Hofprediger bezeichnen, während La Mothe mit einflussreichen Persönlichkeiten in Frankreich, den Niederlanden und Deutschland im Briefwechsel stand und über seinen Neffen John Robethon, die *eminence grise* der europäischen Staatenwelt um 1700,[70] Zugang zu fast allen protestantischen Höfen Europas herstellen konnte.

Dieser bedeutende religiöse Mikrokosmos begann sich ab dem dritten Jahrzehnt des 18. Jahrhunderts allmählich aufzulösen. Erst verließen die Anglikaner, 1731 dann die Hugenotten ihre Kirchen im Savoy und zogen in andere Teile Londons um. Doch in den Jahrzehnten zuvor hatte sich im Schatten des bröckelnden Palastes und in einer der schlechteren Nachbarschaften der Stadt ein Knotenpunkt des europäischen Protestantismus formiert, in welchem der hallische Pietismus nur einen von mehreren Strängen bildete. Während dieser Phase verkörperte der Savoydistrikt, wie im Übrigen auch der Londoner Hof, im Kleinen, wofür London nach 1689 im Großen stand: Multikonfessionalität, wenn auch unter stark protestantischen Vorzeichen.

III. Kontaktzonen

Wie veränderte sich aber nun der Handlungsspielraum der Abgesandten Halles unter den Bedingungen konfessioneller Koexistenz? Eröffnete die religiöse Gemengelage, in der sie sich wiederfanden, neue Möglichkeiten des Agierens und Interagierens, oder erschwerte die gegenseitige Rivalität eigene Pläne und Projekte? Lebten die verschiedenen Gruppen gar aneinander vorbei, schotteten sich gegenseitig ab? Jeder Versuch einer Antwort auf diese Fragen muss angesichts fehlender Vorarbeiten notgedrungen provisorisch bleiben. Einige punktuelle Annäherungen seien am Schluss dieser Ausführungen dennoch unternommen.

Dabei gilt es zunächst einmal von der Feststellung auszugehen, dass in den verschiedenen konfessionellen Migrantengruppen selbst nach der Toleranzakte von 1689 ein Gefühl der Unsicherheit und latenten Gefährdung unter der Oberfläche stets virulent blieb. Die Reaktion der heimischen Bevölkerung auf die Flüchtlinge und Migranten, die in den Jahrzehnten um 1700 ins Land kamen, konnte je nach politischer Lage oder parteipolitischer Neigung zwischen herzlicher Aufnahme verfolgter Glaubensbrüder, Misstrauen gegenüber abweichenden

---

[70] Zu dem zu Unrecht in Vergessenheit geratenen, zu Lebzeiten vielfach angefeindeten Robethon vgl. Brendan Simms: Three Victories and a Defeat. The Rise and Fall of the First British Empire. London 2007, 84, 122. Bei seinem Tod hinterließ Robethon den Armen der französischen Kirche im Savoy bezeichnenderweise ein Legat, vgl. Matthew Kilburn: Art. »Robethon, John«. In: Dictionary of National Biography, 47, 2004, 288–290.

religiösen Überzeugungen und offener Ablehnung unvermittelt wechseln.[71] Johann Jakob Caesar und Jean Dubourdieu buhlten deshalb während des Spanischen Erbfolgekrieges wiederholt um die Gunst des englischen Publikums. Pflichteifrig hielten sie nach jedem Sieg Marlboroughs einen Dankgottesdienst ab und suchten sich und ihre Gemeinden als treue und verlässliche Untertanen der englischen Krone darzustellen. Sie seien, wie Caesar es griffig formulierte, »though not Natives, yet faithful Subjects«.[72]

In einer ganzen Reihe von Fällen begünstigte diese defensive Grundhaltung Formen der Zusammenarbeit, die von kleinen Gesten bis hin zu gemeinsamer Lobbyarbeit und politischer Projektemacherei reichen konnten. Landsmannschaftliche Verbundenheit mag beispielsweise Anton Horneck veranlasst haben, der Marienkirche ein Legat zur Bezahlung eines jährlichen Gastpredigers zu vermachen.[73] Die Furcht vor dem scheinbar übermächtigen Katholizismus stand dagegen hinter gemeinsamen Hilfsaktionen für verfolgte Protestanten auf dem Kontinent. La Mothe schaltete bekanntlich Anton Wilhelm Böhme ein, um in Frankreich zu Galeerenstrafen verurteilte Glaubensbrüder zu befreien. Dank der Vermittlung des Pietisten gelang es ihm, Königin Anna von der Notwendigkeit einer Intervention bei Ludwig XIV. zu überzeugen.[74] Horneck setzte sich in Predigten und mit Sammelaktionen ebenfalls vehement für hugenottische Flüchtlinge ein.[75] Umgekehrt verteidigte La Mothe im Vorfeld der Hannoverschen Thronfolge das lutherische Bekenntnis gegen den Verdacht der Kollaboration mit den Katholiken, als Berichte über die Konversion eines Mitglieds der Welfenfamilie

---

[71] Vgl. Renate Wilson: Continental Protestant Refugees and their Protectors in Germany and London: Commercial and Charitable Networks. In: Pietismus und Neuzeit 20, 1994, 107–124, hier 108 und William O'Reilly: The Naturalization Act of 1709 and the Settlement of Germans in Britain, Ireland and the Colonies. In: From Strangers to Citizens [s. Anm. 57], 492–502. Die wechselvolle Aufnahme einer deutschen Flüchtlingsgruppe beschreibt. H.T. Dickinson: The Poor Palatines and the Parties. In: The English Historical Review 82, 1967, 464–485.

[72] Vgl. z.B. Jean Dubourdieu: A Sermon Preached on the 7th Day of September, Being the Day of Thanksgiving for the Glorious Victory Obtained by the Forces of Her Majesty and Her Allies, Under the Conduct of His Grace the Duke of Marlborough. London: Printed for the Author, 1704; ders.: The Triumphs of Providence in the Downfal [!] of Pharaoh, Renew'd in the Late Battle of Ramellies. Being a Sermon on Exodus ix. Ver. 16. Preach'd at the Savoy Church. London: Bernard Lintott, 1707 und Johann Jakob Caesar: The Victorious Deborah. A Thanksgiving-sermon, for the Most Glorious Success of the Arms of Her Majesty of Great Britain, &c. and her Allies, Both by Sea and Land. Preached the 12th of November, 1702 to the Prussian Congregation in the Savoy. London: Thomas Bennet, 1702 (dort in der unpaginierten Widmung auch das Zitat) und ders.: God's Inevitable Judgments on Perjured Princes: A Sermon Preached to the Prussian Congregation in the Savoy, the 7th Day of September, 1704. London: John Churchil [!], 1704.

[73] Rieger, The British Crown and the German Churches [s. Anm. 10], 103.

[74] Vgl. Brunner, Halle Pietists [s. Anm. 4], 55. Zu den von Geistlichen verschiedener protestantischer Denominationen, unter ihnen der Erzbischof von Canterbury, unternommenen Rettungsversuchen siehe auch Berlin, Geheimes Staatsarchiv Preußischer Kulturbesitz, 1. HA Rep. 11 Nr. 72–75: England Konv. 28A, f. 355r–361r, hier 361r: Bericht F. Bonet, London 24.10./04.11.1704.

[75] Vgl. Somerville, The Savoy [s. Anm. 43], 61.

in der englischen Öffentlichkeit für Aufregung sorgten.[76] Die verschiedenen deutschen Kirchen wiederum gingen während der schweren Flüchtlingskrise der Jahre 1709/10, als eine große Zahl von »Poor Palatines« in London eintraf und einen humanitären Notstand hervorrief, eine enge Kooperation ein. Böhmes zweiter Mann an der lutherischen Hofkapelle, Johann Tribbechow, publizierte auf Anweisung Königin Annas eine deutschsprachige Übersetzung des anglikanischen Gebetbuchs für die »Pfälzer« und sorgte zusammen mit Ruperti – und Heinrich Wilhelm Ludolf – für die Auszahlung der Hilfsgelder der englischen Regierung, während Caesar sich im Auftrag der Society for the Propagation of the Gospel um Hilfe für die Notleidenden bemühte.[77]

Weitere Beispiele dieser Art ließen sich unschwer beibringen. Die Außenseiterposition der Gemeinden schürte aber offensichtlich auch den Wunsch nach Abgrenzung und eigener Profilierung. In den seltensten Fällen nahmen die Spannungen dabei die Dimensionen der späten 1680er Jahre an, als die Jesuiten die Schließung der hugenottischen Kirche betrieben haben sollen und Jean Dubourdieu im Dezember 1687 glaubte, er und seine Glaubensbrüder wären nunmehr »plus malhereux que nous n'etions en France«.[78] Eine untergründige Rivalität ist jedoch immer wieder zu verspüren. So konkurrierten die beiden deutschen Pastoren im Savoy im Sommer und Herbst 1714 sichtlich um das Wohlwollen des neuen Herrschers, Georg I. Sie übertrafen sich in ihren Predigten auf die Hannoversche Sukzession geradezu mit Lob auf den Welfen, wobei Ruperti – mit seiner deutschen Ansprache – wohl das bessere Ende für sich hatte, wie die Fülle an Gunsterweisen für seine Gemeinde in den ersten Jahren der Personalunion zeigt.[79]

Einen Wettkampf ganz eigener Art lieferten sich dagegen Böhme und La Mothe, die prägenden Gestalten ihrer jeweiligen Glaubensgemeinschaften in London. Ihre Karrieren und Aktivitäten gleichen sich auf verblüffende Weise, wobei La Mothe als der Ältere und länger in England Beheimatete über einen gewissen Startvorteil verfügte. So wurde er bereits im April 1706 – drei Jahre

---

[76] Vgl. Vivienne Lamarine: Art. »La Mothe, Claude Goteste de«. In: Oxford Dictionary of National Biography 32, 2004, 435f.

[77] Vgl. Rieger, The British Crown and the German Churches [s. Anm. 10], 106; Mielke u. Yelton, Johann Jacob Caesar [s. Anm. 62], 179f. und dies.: Art. »Ruperti, Georg Andreas«. In: BBKL 30, 2009, 1193–1198. Zu den »Poor Palatines« vgl. Dickinson, The Poor Palatines [s. Anm. 71], Panikos Panayi: Germans in Eighteenth-Century Britain. In: Germans in Britain since 1500. Hg. v. P. Panayi. London 1996, 29–48, hier 29–31 (mit weiterer Literatur) und William O'Reilly, The Naturalization Act [s. Anm. 71], 492–502.

[78] Zit. nach Larminie, Dubourdieu [s. Anm. 67], 19.

[79] Vgl. Georg Andreas Ruperti: Die Bitte Salomonis um Befoderung des Reichs Messiä, Als Der [...] Herr, Georgius, König von Groß-Britannien [...] Seinen solennen Einzug in London hielte, Am XVIII Sontag nach Trinitatis 1714. London: Downing, 1714 und Johann Jacob Caesar: A Thanksgiving-Sermon, Preach'd the First Sunday after the Happy Landing of His Majesty, Our Most Gracious Sovereign King George, in The Prussian Church at London. London: John Churchill, 1714.

vor Böhme – in die SPCK aufgenommen und im Dezember 1707 sogar in die SPG.[80] Beide erkannten früh die Bedeutung der amerikanischen Kolonien und engagierten sich in der Versendung von deutsch- bzw. französischsprachiger Erbauungsliteratur nach Übersee. Beide spielten auch eine führende Rolle in der anglikanischen Missionsbewegung, Böhme vielleicht noch mehr als La Mothe. Und beide erwiesen sich schließlich als umtriebige Mittler zwischen den religiösen Kulturen. Während Böhme für englische Ausgaben pietistischer Werke sorgte, allen voran Franckes *Pietas Hallensis* (1705),[81] machte La Mothe mit seiner französischen Übertragung einer Schrift White Kennetts die Aktivitäten und Ziele der Missionsgesellschaft SPG im französischsprachigen Europa bekannt.[82] Er folgte damit gewissermaßen in den Fußstapfen des Berliner Hofpredigers Daniel Ernst Jablonski, der wenige Jahre zuvor mit seiner Übersetzung von Josiah Woodwards Bericht über die Anfangsphase der »religious societies« die SPCK in deutschen Territorien popularisiert hatte.

Offen zu Tage trat die Rivalität unter den Emigranten freilich immer dann, wenn es um begrenzte Ressourcen wie Geld ging. Nirgendwo wird dies deutlicher, als bei den Sammelaktionen für vertriebene und verfolgte Protestanten auf dem Kontinent, die es in England seit dem späten 16. Jahrhundert gab, die aber um 1700 einen Höhepunkt erreichten.[83] Prosperierend und von einem tief verankerten Antikatholizismus geprägt, stellte das Königreich für die Spendeneintreiber der verschiedensten protestantischen Gruppierungen ein fruchtbares Betätigungsfeld dar. In keinem anderen Land Europas ließen sich so hohe Summen einwerben. Entsprechend groß war freilich auch die Konkurrenz, zumal die Großzügigkeit der englischen Bevölkerung im beginnenden 18. Jahrhundert allmählich nachließ und die Regierung bei der Vergabe von Spendenlizenzen immer restriktiver agierte. Gute Kontakte zu einflussreichen Personen oder Organisationen und öffentlichkeitswirksame Aktionen waren vor diesem Hintergrund unerlässlich.

Alle im Savoy oder bei Hofe angesiedelten Kirchen waren denn auch in das Spendengeschäft verwickelt. Keiner Erwähnung bedarf an dieser Stelle die Bedeutung der englischen Kollekten für die Einnahmen des Waisenhauses in Halle, stand eine Spendenreise doch bekanntermaßen am Beginn der englisch-hallischen Kontakte.[84] La Mothe wiederum hatte großen Anteil an einer der erfolgreichsten Kampagnen der Regierungszeit Königin Annas, die Hilfsaktion für die aus der

---

80 Zur Rolle de la Mothes in den anglikanischen Vereinigungen siehe Duffy, Correspondence fraternelle [s. Anm. 66].

81 Vgl. Brunner, Halle Pietists [s. Anm. 4], 82–87.

82 Vgl. Claude Groteste de la Mothe: Relation de la société établie pour la propagation de l'évangile dans les pays étrangers, Rotterdam: Acher, 1708.

83 Vgl. Sugiko Nishikawa: Die Fronten im Blick. Daniel Ernst Jablonsik und die englische Unterstützung kontinentaler Protestanten. In: Daniel Ernst Jablonski. Religion, Wissenschaft und Politik um 1700. Hg. v. Joachim Bahlke u. Werner Korthasse. Wiesbaden 2008, 151–168.

84 Vgl. Schunka, Zwischen Kontingenz und Providenz [s. Anm. 2], 94–96, 101, 104, 112f.

Grafschaft Orange in die Schweiz geflohenen Reformierten.[85] Er publizierte eine kontrovers diskutierte Schrift zur Unterstützung der vertriebenen Gemeinden und lud 1703 ihren Vertreter in London, Jean Convenent, zu einer Aufsehen erregenden Predigt in die französische Kirche im Savoy ein. Seine Nachfolger unter den hugenottischen Geistlichen standen ihm in ihrer Umtriebigkeit in nichts nach. Noch in den 1740er Jahren, als die Spendenwelle eigentlich schon längst verebbt war, gelang es dem 1738 zum Pastor der französischen Hofkapelle ernannten Jacques Serces dank seiner guten Kontakte, einen neuen Unterstützungsfonds mit englischen Geldern für hugenottische Flüchtlinge auflegen zu lassen – ein Erfolg, der sich auch neben Friedrich Michael Ziegenhagens Einsatz für die Salzburger Emigranten ohne weiteres sehen lassen kann.[86] Vereinzelt lässt sich die Rivalität der Spendenjäger sogar im Detail beobachten. Im Jahr 1715 erschienen etwa zwei Delegationen vom Kontinent zur gleichen Zeit in London.[87] Die eine kam aus dem polnischen Lissa, die andere aus Siebenbürgen. Letztlich erhielten beide Gruppierungen die Erlaubnis, Kollekten durchzuführen. Im Vorfeld der Entscheidung hatten die Unterstützer der beiden Gesandtschaften jedoch alle Hebel in Bewegung gesetzt, um ihrer Seite einen Vorteil zu verschaffen. Eine der Spuren dieser geheimen Machenschaften führt auch ins Savoy. So nutzte der bereits erwähnte Jablonski die guten Kontakte zur preußischen Hofkapelle, um Johann Jakob Caesar für die von ihm favorisierten polnischen Emissäre zu gewinnen. Als Sekretär der für die Erteilung der Lizenz zuständigen Kommission schrieb man Caesar besonderes Gewicht in der Entscheidungsfindung zu. Ob der Pastor der deutschen Reformierten dem Ansuchen nachkam und seinen Einfluss spielen ließ, ist nicht bezeugt. Geschadet hat die Intervention Jablonskis jedenfalls nicht. Die Lissaer Delegation kehrte mit stolzen £ 15.000 in ihre Heimat zurück.

Bei genauerer Beschäftigung dürften die Quellen noch eine ganze Reihe weiterer Fälle von Kooperation oder Konkurrenz zwischen den verschiedenen Fremdenkirchen im Savoy und am Hof preisgeben. Die wenigen Beispiele, die an dieser Stelle angeführt werden konnten, mögen aber genügen, um die Bandbreite der Interaktion in den multikonfessionellen Räumen der englischen Hauptstadt um 1700 anzudeuten. Sie sind ein weiterer Beleg für die »pragmatics of diversity«, das Nebeneinander von Anziehung und Abstoßung, von Zusammenarbeit bei gleichzeitiger Wahrung konfessioneller Identitäten und Grenzen, die

---

85 Vgl. Françoise Moreil: »Le théâtre des révolutions« de Jean Convenent, pasteur d'Orange, à Londres en 1704. In: Les huguenots dans les îles britanniques de la Renaissance aux Lumières. Écrits religieux et representations. Hg. v. Anne Dunan-Page u. Marie-Christine Munoz-Teulié. Paris 2008, 195–223.

86 Vgl. Pauline Duley-Haour: Le comité londonien de soutien aux »Églises sous la Croix« (1743–1762). In: Les huguenots dans les îles britanniques [s. Anm. 85], 245–258.

87 Vgl. Sugiko Nishikawa: The SPCK in Defence of Protestant Minorities in Early Eighteenth-Century Europe. In: Journal of Ecclesiastical History 56, 2005, 730–748, hier 743f. und dies.: Die Fronten im Blick [s. Anm. 83], 163–167.

ein bestimmendes Merkmal religiöser Pluralität während der Frühen Neuzeit gewesen zu sein scheinen.[88]

Gleichzeitig erlauben sie es uns, das Wirken der Abgesandten Halles in London in einen weiteren Kontext zu stellen. Böhme, Ruperti und später Ziegenhagen standen in der englischen Metropole nicht allein, sondern arbeiteten in einem Umfeld, in dem sich zahlreiche Vertreter anderer Glaubensgemeinschaften mit ähnlichen Zielsetzungen und Projekten bewegten. Deren Wirken wird leicht übersehen, da die Forschung lange Zeit nationalen bzw. konfessionellen Kategorien verhaftet war und Historiker sich nur mit dem Schicksal der »eigenen« Gruppe beschäftigten. Wenn man die Aktivitäten all der Geistlichen, die uns im Umfeld des englischen Hofes und des Savoybezirks begegnen, in der Zusammenschau behandelt, wird aber rasch deutlich, dass die pietistischen Abgesandten sich als translokale Akteursgruppe in einem dicht bevölkerten religiösen Terrain wiederfanden. Bei allem Erfolg blieben sie stets eine von vielen religiösen Gemeinschaften, die in der Metropole London um 1700 auf sich aufmerksam zu machen versuchten. Das nimmt den englisch-hallischen Beziehungen etwas von ihrer scheinbaren Exzeptionalität, erklärt aber vielleicht auch zu einem Teil die besondere Dynamik hinter der Ausbreitung des Franckeschen Pietismus.

88 Vgl. C. Scott Dixon: Introduction: Living with Diversity in Early-Modern Europe. In: Living with Religious Diversity [s. Anm. 16], 1–20, hier 19.

Kelly J. Whitmer

Extending an experimental community: Halle and the British Royal Society c. 1700

Over the course of the last several decades, social and cultural historians of science have considered how and why natural philosophy was rearticulated as experimental philosophy beginning in the seventeenth century. They have drawn attention to what was in fact a sustained collaborative effort to link together contemplative and practical knowledge in the interest of creating an experimental form of life anchored in techniques of virtual witnessing, the replication of experiments requiring new and expensive instruments, the performance of public demonstrations and emphasis on consensus building. The early history of the British Royal Society (f. 1660) is inextricably linked to these efforts; it was an organization that contributed to the emergence of a public culture of science that ultimately helped reconfigure existing socio-political relationships.[1] While its members »shared a commitment to the program of scientific activity and the production of new knowledge« advocated by Sir Francis Bacon (1561–1626) with the members of the Paris Academy and the Accademia del Cimento in particular, they did not receive a great deal of state support. In other words, the early Royal Society relied on the payment of dues and the good will, of their members to remain afloat.[2]

In recent years, historians of early modern science have considerably expanded our understanding of these developments by drawing attention to an »entire mixed expert tradition of innovative making and knowing« or alternative experimental tradition, that was being integrated into academic institutions and

1 Peter Dear: What is the History of Science the History Of? Early Modern Roots of the Ideology of Modern Science. In: Isis 96, 2005, 390–406, here 390. Foundational contributions to these discussions include Steven Shapin and Simon Schaffer: Leviathan and the Air-Pump: Hobbes, Boyle and the Experimental Life. Princeton 1985; Michael Hunter: Science and Society in Restoration England. Cambridge 1981; Michael Hunter: The Royal Society and its Fellows, 1600–1700: the Morphology of an Early Scientific Institution. Chalfont St. Giles, Bucks 1982; Steven Shapin: A Social History of Truth: Civility and Science in Seventeenth-Century England. Chicago 1994; Steven Shapin: The House of Experiment in Seventeenth-Century England. In: Isis 79, 1988, 373–403; Larry Stewart: The Rise of Public Science: Rhetoric, Technology and Natural Philosophy in Britain. Cambridge 1992.

2 James E. McClellan III: Science Reorganized: Scientific Societies in the Eighteenth Century. New York 1985, here 49–50.

scientific societies at precisely this moment.[3] Although there has been some effort to link early eighteenth-century Halle to an emerging culture of empiricism, we still have much to learn about how this alternative experimental tradition became integrated into what was widely proclaimed to be a reformed educational environment comprised of professors and young, student teachers.[4] Those involved in building a new »experimental community« in Halle by 1700 continued to take seriously (and to profit from) an older and often secretive experimental tradition of the alchemical laboratory. At the same time, I will argue that the British Royal Society very directly served as a kind of model for ongoing efforts to create a public culture of science in the city wherein lines between scholarly and artisanal forms of experimentation would be necessarily blurred.

Promoting a Public Culture of Science

The earliest members of the Royal Society seized every opportunity they had to advertise their experimental program. As they worked to promote their organization at home and abroad, Steven Shapin explains, »experimentation with the air pump was repeatedly pointed to as a paradigm of experimental philosophy.«[5] Of course, the air pump had been around many years before Robert Boyle (1627–1691) began using it to better understand the properties of the vacuum in the late seventeenth century. In fact it was the mayor of Magdeburg, Otto von Guericke (1602–1686), who first began to use it as a demonstration device at court in order to disprove the cosmology of René Descartes (1596–1650) – including »his related ideas on space and matter.«[6] However, as long as the purpose of the air pump was linked to an older debate surrounding whether or not it was possible for a vacuum to exist at all, an attitude of general indifference toward the instrument proliferated. Once Boyle and other members of the Royal Society made it clear that they were using the pump to better understand the qualities of the air through systematic observation and experimentation, it soon became

---

3 For more on this »mixed expert tradition of innovative making and knowing« see Ursula Klein: The Laboratory Challenge: Some Revisions of the Standard View of Early Modern Experimentation. In: Isis 99, 2008, 769–782, here 782; Ursula Klein: Artisanal-scientific Experts in Eighteenth Century France and Germany. In: Annals of Science 69, 2012, 303–306; Between Market and Laboratory: Materials and Expertise in Early Modern Europe. Ed. Ursula Klein and Emma Spary. Chicago 2010 and all of the essays in: The Mindful Hand: Inquiry and Invention from the Late Renaissance to Early Industrialisation. Ed. Lissa Roberts et al. Amsterdam 2007.

4 ›Allerhand nützliche Versuche‹: Empirische Wissenskultur in Halle and Göttingen (1720–1750). Ed. Tanja van Hoorn and Yvonne Wübben. Hannover 2009.

5 Steven Shapin: The Scientific Revolution. Chicago 1998, here 96.

6 Anna van Helden: The Age of the Air-Pump. In: Tractrix. Yearbook for the history of science, medicine, technology and mathematics 3, 1991, 149–172, here 152.

a symbol of their collaborative enterprise and the key to the emerging science of pneumatics.[7]

Because of the size and expense of such an instrument, those who made a point of acquiring one by the turn of the eighteenth century generally did so only if they were interested in participating – often simply through replication – in new conversations about how to more systematically test and understand the qualities of the air. As I have discussed elsewhere, Halle's Orphanage possessed an air pump, in addition to a variety of other mechanical and mathematical instruments.[8] During their periods of recreation, young men attending school in the *Pädagogium* used the air pump to replicate experiments with animals that showed »how the air compresses all things«; their teachers provided them with mice, frogs, fish and other animals to put inside the pump and the young people kept track of the physical reactions or responses of these animals once the air had been extracted and put back in.[9] Possession of an air pump was a source of pride for Orphanage administrators because it was a sign that their organization had both the means and the know-how to be able to enter into ongoing conversations championed by experimental philosophers in the first place. When King Friedrich Wilhelm I (1688–1740) visited the Orphanage in 1720, student teachers and their pupils made a point of showing him an experiment on the air pump and afterward administrators widely publicized the event in their own community and beyond.[10]

Despite the paradigmatic status of the air pump as a symbol of a new culture of public science, it was not always easy to convince those who aspired to better understand the properties of the air and natural things to divulge all of their expertise. In fact, some of the Royal Society's earliest members struggled to convince those who collaborated with them that it was important to dispense with secrecy and to put all their cards on the table. Consider the case of early efforts to investigate the seemingly inexplicable or even magical phenomenon of phosphorescence, wherein »light is observed without the usual signs of burning«, for example.[11] As the Royal Society's Curator of Experiments, Robert Boyle's assistant Frederick Slare (1648–1727) became the first member to systematically investigate the phenomenon of phosphorescence with the help of spectacular

7 Van Helden, The Age of the Air-Pump [q.v. note 6], 152.

8 Kelly Whitmer: Eclecticism and the Technologies of Discernment in Pietist Pedagogy. In: Journal of the History of Ideas 70, 2009, 545–567, here 560–561

9 Whitmer, Eclecticism and the Technologies [q. v note 8], 560.

10 Gustav Kramer: August Hermann Francke: Ein Lebensbild. Part II [First edition, 1880]. Hildesheim 2004, 329.

11 Jan Golinski: A Noble Spectacle: Phosphorus and the Public Cultures of Science in the Early Royal Society. In: Isis 80, 1989, 11–39, here 11.

displays throughout much of the 1680s.[12] Slare attempted to apply his efforts to understand the properties of phosphorus to medical theory, including »a series of analyses of the fluids of the body, as advocated by Boyle«.[13]

For decades the phenomenon preoccupied much of the membership and came to involve actively reaching out to German chemists – especially Georg Caspar Kirchmeyer (1635–1700) from Wittenberg and Johann Daniel Krafft (1624–1697) – who seemed to know more about it than most.[14] In 1677, after acquiring a »Bononian stone« that glowed in the dark after having been exposed to light, Royal Society fellows encountered Kirchmeyer's description of a »constant phosphorous – in other words, one that shone without prior illumination.«[15] Kirchmeyer, however, refused to send a sample of the stone to England. He had already been inducted (under the name »phosphor«) into the Academia Naturae Curiosorum, i.e. the Leopoldina, and may not have wanted to divulge all of his secrets to the Royal Society membership.[16] He seems to have had a different understanding of what it meant to participate in the life of the Royal Society, which was not the same kind of scientific organization as the Leopoldina. As James McClellan explains: »It [the Leopoldina] remained a peculiar organization [...] in not being spatially located in one place, its headquarters varying with each president. It did not hold meetings as such or operate in any way like a standard, eighteenth-century learned society and it was known almost exclusively through the publication of its *Miscellanea* (published from 1670 on) which largely contained inaugural dissertations of its medical members.«[17]

That same year, 1677, Krafft arrived on the scene in London with some constant phosphorus that fit Kirchmeyer's description.[18] Krafft performed a series of demonstrations for all members; however, he, too, refused to be entirely open with Royal Society fellows about how exactly he had prepared it. »When he used his phosphorus to ignite gunpowder«, notes Jan Golinski, »Krafft refused to reveal the recipe for the preparation of the substance. It was later reported that he had

---

12 Marie Boas Hall: Frederick Slare, F.R.S (1648–1727). In: Notes and Records of the Royal Society of London 46, 1992, 23–41, here 29. »In fact his experiments were both ingenious and entertaining to the highest degree, superior on the whole to any similar ones seen previously at Royal Society meetings, although the Fellows had long been captivated by demonstrations of phosphorescent substances.«

13 Hall, Frederick Slare [q.v. note 11], 30.

14 G.C. Kirchmaier (Kirchmeyer) and his brother Sebastian corresponded with Philipp Jakob Spener; a few of their letters are housed in the Francke Foundations archive. See, for example, AFSt/H A 51 : 16. See also E. Newton Harvey: A History of Luminescence: From the Earliest Times until 1900. Philadelphia 1957, 425–426.

15 Golinski, A Noble Spectacle [q.v. note 10], 18. See Georg Caspar Kirchmaier: Noctiluca constans [...]. Wittenberg: Henckelius, 1676 and idem: De phosphoris et natura lucis [...]. Wittenberg: Ellinger, 1680.

16 William Hess: »Kirchmayer, Georg Kaspar«. In: Allgemeine Deutsche Biographie. Vol. 16. Leipzig: Duncker & Humbblot, 1882, 16.

17 McClellan, Science Reorganized [q.v. note 2], 55. See also R.J.W. Evans: Learned Societies in Germany in the Seventeenth Century. In: European Studies Review 7, 1977, 129–151, here 135.

18 Golinski, A Noble Spectacle [q.v. note 10], 19.

tried to sell it.«[19] Krafft, in other words, did not feel obligated to share all of his secrets; in fact, his behavior suggests he saw himself as a »counselor of the laboratory«, whose role was to serve as an intermediary or broker between nobleman (and other elites) and »holders of productive knowledge«. [20] This meant using possession of highly coveted forms of knowledge to one's strategic advantage, including profit, which in this case Krafft seems to have sought in London.

Boyle and Slare responded by intensifying their own efforts to understand phosphorus through the systematic implementation of experimental and observational procedures. Furthermore, they carefully documented and published the results of their experiments: that is, they made the techniques through which they had prepared the substance – techniques Krafft refused to divulge – public knowledge.[21]

Extending an experimental community

An alternative, »mixed expert« experimental tradition lingered in Halle, as it did in many German cities, thanks largely to the continued importance of trade secrets, literally information that is withheld from the public by an individual or organization seeking to benefit from it in some way, and princely ambition, which involved efforts to expand and consolidate territorial holdings. We can see this in efforts to preserve the secrets of the Halle Orphanage's chemical laboratory, and to use them to enhance the organization's wealth. The marketing and sale of the *essentia dulcis*, a tincture of gold offered as a health-inducing tonic by the Orphanage, in conjunction with a variety of other chemiatric remedies, were keys to the organization's success – apparent in the distribution of these medicines in England and throughout the Atlantic world.[22] The counselors of the Orphanage's laboratory, namely the medical student-brothers Christian Friedrich Richter (1676–1711) and Christian Sigismund Richter (1672–1739), combined recipes they received from wealthy benefactors with hands-on manipulation and experimentation with materials. [23] They strategically described experiments they performed with select patrons – for example Carl Hildebrand von Canstein (1667–1719) – and published detailed reports describing the health benefits of

19 Golinski, A Noble Spectacle [q.v. note 10], 19.

20 Pamela Smith: The Business of Alchemy: Science and Culture in the Holy Roman Empire. Princeton 1997, 239.

21 Frederick Slare, An account concerning a further prosecution of experiments with the Phosphorus. In: Philosophical collections 4, 84–86, 10 January 1681/2; Robert Boyle: The Aerial Noctiluca […]. London: Ranew, 1680 and idem: The Icy Noctiluca. London: Tooke, 1681.

22 See Renate Wilson: Pious Traders in Medicine: a German Pharmaceutical Network in Eighteenth-Century North America. University Park, PA 2000.

23 The Richter brothers came to Halle in the 1690s from at town in western Poland called Sorau or Żary. See Wilson, Pious Traders [q.v. note 21], 68f.

their medicines.[24] However, the key to the Orphanage's monopoly over what it claimed were effective pharmaceutical regimens hinged on the Richters' abilities to keep the knowledge of how to prepare them a secret.

At the same time, as we have seen in the earlier example of the air pump, there was a heightened interest in extending the kind of experimental community modeled by the Royal Society here: that is, actually creating a new forum wherein a group of experts – in this case mainly students at the university, professors and those attending school in the Orphanage or the Pädagogium – met regularly to perform experiments and to process the meaning of their findings together. The frequent use and possession of an air pump in the Orphanage I think is proof of this, but there are other indicators of this emerging interest here as well:

First, it is important to recognize that shortly after Halle's Orphanage was founded, its director, professor August Hermann Francke (1663–1727), was inducted into a scientific society modeled quite directly after the British Royal Society: the Societas Scientiarum of Berlin (f. 1700). Even though the society initially did not function the same way in that members participated mainly through correspondence, its founders, Gottfried Wilhelm Leibniz (1646–1716) and Daniel Ernst Jablonski (1660–1741) were ardent supporters of efforts to create a new organizational infrastructure for standardizing experimental and observational procedures through direct, hands-on collaboration.[25] Leibniz made it his business to purchase or otherwise acquire secrets and to find a way to publicize them as a way of promoting a culture of public science on the continent. To return to the phosphorous example for just a moment, he was actually able to use his connections to the court of Hanover to acquire the secret to preparing constant phosphorous for himself. But instead of using it to his advantage, he sent the secret – the one both Slare and Boyle had hoped to acquire from Krafft – to his friend Ehrenfried Walther von Tschirnhaus (1651–1708), then living in Paris, who was a member of the French Royal Academy of Sciences. Tschirnhaus ensured that a description of it would be published in the Academy's *Histoire;* in 1683, it also appeared in Nicolas Lémery's (1645–1715) *Cours de Chymie*.[26]

---

[24] See letters exchanged between Christian Friedrich Richter and Carl Hildebrand von Canstein, AFST/H C 285; Bericht von der Artzney, Essentia Dulcis genannt, durch welche Unter dem Seegen Gottes allerley schwere Kranckheiten, Gicht, Stein, Epilepsie [...] curiret werden. Halle: Krebs, 1701.

[25] McClellan, Science Reorganized [q.v. note 2], 55. See also Leibniz und seine Akademie. Ausgewählte Quellen zur Geschichte der Berliner Sozietät der Wissenschaften, 1697–1716. Ed. Hans-Stephan Brather. Berlin 1993; Ayval Ramati: Harmony at a Distance: Leibniz's Scientific Academies. In: Isis 87, 1996, 430–452 and Daniel Ernst Jablonski: Religion, Wissenschaft und Politik um 1700. Ed. Joachim Bahlcke and Werner Korthaase. Wiesbaden 2008.

[26] Discussed in Harvey, A History of Luminescence [q.v. note 13], 426–427; see also Nicolas Lemery: Cours de chymie. Paris 1675. In one of his letters to Francke, dated August 7, 1697, Leibniz noted that he had met with Krafft in Passau. See AFSt/H C 147a.

Second, for many in Halle the emerging ethos of public science was inextricably linked to a new vision for a reformed university, wherein the lingering culture of disputation and controversy would no longer be allowed to structure interactions between people who fundamentally disagreed with one another.[27] Extending an experimental community meant cultivating attitudes of openness, neutrality or tolerance of a variety of points of view. It meant embracing and applying eclecticism, or an eclectic method, to ongoing efforts to create new and (ideally) universally applicable systems of explanation.[28] A key Halle Orphanage administrator named Johann Daniel Herrnschmidt (1675–1723) actually studied with perhaps the most vocal advocate of eclecticism in Germany: Johann Christoph Sturm (1635–1703). This professor of mathematics and physics in Altdorf not only published descriptions of a new research method that promoted openness in the study of philosophy, he had also endeavored to apply the method in a shortly lived scientific academy called the *Collegium Curiosum sive Experimentale* (f. 1672). Herrnschmidt became an advocate of Sturm's eclecticism in Halle and in a short essay he wrote entitled *Vorrede von den rechten Grenzen der natürlichen Philosophie*, he explained the important connections between cultivating openness and creating rational propositions or theories that were anchored in »tests« of natural things:

> Daher kömt auch die bescheidene Art zu forschen, die man viam eclecticam oder electivam nennet, mit dem engen Maaß deß menschlichen Verstandes am besten überein. Allermaßen es handgreiflich ist, dass in dem so weitläuftigen Werck der Naturkündigung ein Mann nicht alles habe recht treffen oder errathen können; aus welcher Ursache man sich weder an deß Democriti, noch an des Platonis, noch an des Aristotelis, oder sonst eines alten Weltweisen Aussprüche, noch auch an die Sätze einiges neuern Philosophi, blindlings zu binden, sondern alles nach den mit der Zeit immer deutlicher erscheinenden Eigenschafften der natürlichen Dinge zu prüfen, und nach denen daraus fliessenden vernünfftigen Schlüssen zu beurtheilen hat.[29]

Practicing eclecticism meant conducting a series of tests or experiments and methodically culling through the data these processes produced. It meant embracing a new ethos of collectively pursued observation and experimentation. For guidance, Herrnschmidt recommended the *Elementa Philosophiae naturalis Experimentalis* of the Jena Professor of Medicine and Experimental physics, Hermann Friedrich Teichmeier (1685–1744), as well as *Physica experimentalis*,

---

27 See Thomas Albert Howard: Protestant Theology and the Making of the Modern German University. Oxford 2006; John Robert Holloran: Professors of Enlightenment at the University of Halle, 1690–1730. Diss. phil. University of Virginia 2000; William Clark: Academic Charisma and the Origins of the Research University. Chicago 2006.

28 Whitmer, Eclecticism and the Technologies [q.v. note 8], 545–567; Donald R. Kelley: Eclecticism and the History of Ideas. In: Journal of the History of Ideas 62, 2001, 577–592; Michael Albrecht: Eklektik. Eine Begriffsgeschichte mit Hinweisen auf die Philosophie- und Wissenschaftsgeschichte. Stuttgart-Bad Cannstatt 1994.

29 Johann Daniel Herrnschmidt: Vorrede von den rechten Grezen der natürlichen Philosophie. In: Johann Georg Hoffmann: Kurtze Fragen von denen natürlichen Dingen [...] der Menschen vor Augen gestellet. Halle: Waisenhaus, 1730, here 11f.

by Johann Kiesling (1663–1715), Sturms' description of his *Collegium Curiosium*, and all of the writings of Robert Boyle.[30]

The third indicator of an emerging interest in creating and sustaining a new culture of public science in Halle is related to the genuine interest in the educational reforms being implemented here by the Royal Society's »Curator of Experiments« and friend of Robert Boyle: Frederick Slare. This early member of the Society for the Promotion of Christian Knowledge (SPCK) was from a family of refugees from the German Palatinate related to Theodore Haak (1605–1690) – one of the original founders of the Royal Society. Young Frederick studied medicine and began working with Boyle and other early fellows of the society beginning in 1676.[31]

By the late 1690s, Francke's friend Heinrich Wilhelm Ludolf (1655–1712) had connected with Slare, who professed to be convinced of the importance of the new community emerging in Halle.[32] Writing from Constantinople in August of 1699, Ludolf mentioned to Francke that Slare was planning a visit to Halle to see what was happening in the city with his own eyes.[33] He never made the journey; however, he remained an advocate of the Halle Orphanage – including the quality of education young boys were able to acquire in its schools. He also became involved in supporting the founding of a new school in London by Jakob Bruno Wigers and Johann Christoph Mehder – two young teachers who had trained in Halle.[34] By 1701, Slare was providing financial support for a young man from England, Michael Belck, to travel to Halle in order to attend the *Pädagogium*, the University and to teach in the Orphanage.[35] It is highly unlikely that the Royal Society's Curator of Experiments would have recommended sending young people to Halle if he did not recognize a similar preoccupation with creating and extending an experimental community at work in the city.

---

30 Herrnschmidt, Vorrede [q.v. note 28], 11f. »Die wohl bekannte Schrifften: Elementa Philosophiae naturalis Experimentaliis H.F. Teichmeieri, it. Kislingii Physica experimentalis; Hamelii Tract. Phys. In phil. vet. & nova, Stairii, Boylii, Wllisii Scripta physic & insonderheit auch Sturmii Colleg. Curiosum phys. Hypothet & moderna &c. […]«; Hermann Friedrich Teichmeyer: Elementa philosophia naturalis experimentalis […]. Jena: Bielcke, 1717; Johann Kiesling: Physica experimentalis […]. Leipzig: Klos, 1711.

31 For more on Slare's biography see Hall, Frederick Slare [q.v. 11], 24–28; Daniel Brunner: Halle Pietists in England: Anthony William Böhm and the Society for Promoting Christian Knowledge. Göttingen 1993.

32 For early connections between Halle affiliates, the SPCK and Slare see Alexander Schunka: Zwischen Kontingenz und Providenz. Frühe Englandkontakte der halleschen Pietisten und protestantische Irenik um 1700. In: Pietismus und Neuzeit 34, 2008, 82–114, especially 89–91 and idem: England als Erfahrungsraum im Halleschen Pietismus. In: Erfahrung – Glauben, Erkennen und Handeln im Pietismus. III. Internationaler Kongress für Pietismusforschung. Ed. Christian Soboth et al. Halle/Saale 2012, 823–836.

33 AFSt/H D 71 b 20r–21v.

34 AFSt/H D 71 b 80–81.

35 AFSt/H D 71 b 89–90.

Conclusion

Two professors at the University of Halle became fellows of the British Royal Society in the early years of the eighteenth century: Christian Wolff (1679–1754), inducted on November 8, 1710, and Friedrich Hoffmann (1660–1742), inducted on November 30, 1720. By 1720 Wolff was offering a Collegium physicum experimentale in the city using scientific instruments from Hoffmann's personal collection.[36] After Wolff's expulsion from the city, his replacement Johann Joachim Lange (1699–1765) began to lament that experimentation was increasingly neglected. Amidst the fallout from the Wolff debacle, he attempted to reinvigorate discussions about teaching and practicing experimental physics in a »locus publicus« using his own collection of scientific instruments.[37] He championed a »praktisch-technischen Wissens im universitären Unterricht« and talked openly about the continued need to better integrate an artisanal tradition of experimentation into the university.[38]

Lange and his contemporaries knew that there had been several noteworthy attempts to create a new public culture of science at work in Halle by c. 1700. These efforts were greatly enhanced thanks to a series of ongoing efforts to popularize eclecticism in the city, for example, and as a result of Frederick Slare's interest in Halle's Orphanage in particular. Although alternative experimental traditions lingered in Halle, for many here the British Royal Society, including its efforts to promote itself using the air pump as an emblem, served as a model for a particular kind of scientific sociability that hinged on abandoning secrecy, creating a community of experts who were actually interested in gathering in a »locus publicus« and exploring ways of integrating scholarly and applied knowledge.

36 He lamented that these instruments were not kept in the best condition. See Andreas Kleinert: Johann Joachim Lange (1699–1765), ein unbekannter Hallenser Mathematikprofessor im Schatten von Christian Wolff. In: Acta historica Leopolidna 54, 2008, 477–488, here 482.

37 Kleinert, Johann Joachim Lange [q.v. note 35], 483.

38 Kleinert, Johann Joachim Lange [q.v. note 35], 479.

Conclusion

Juliane Jacobi

Bildungstransfer im frühen 18. Jahrhundert? Die Beziehungen zwischen dem Halleschen Waisenhaus und der Society for Promoting Christian Knowledge

Die Jahrzehnte zwischen 1690 und 1750 sind weder in England noch in Deutschland besonders berühmt für schulreformerische Impulse, die zu einer nennenswerten Ausweitung von Schulen und Schulbesuch geführt hätten. In den Gebieten des Reiches waren die großen didaktischen Reformpläne und Schulreformen des 17. Jahrhundert um 1690 bereits Geschichte. Deutlicher noch wird in der Geschichtsschreibung für England von einer Bildungsrezession im 18. Jahrhundert gesprochen, die mit der Restauration nach 1660 ihren Anfang nimmt. Die in den ersten Jahrzehnten des 17. Jahrhunderts pädagogisch besonders aktiven puritanischen und nonkonformistischen Gruppen und ihre Lehrer wurden zunächst durch den Act of Uniformity von 1662 in ihrer Unterrichtstätigkeit behindert, weil von nun an von allen Geistlichen und Lehrern die schriftliche Zustimmung zu Ritus und Lehre der Church of England verlangt wurde. Zwar milderte der Toleration Act von 1689 den Druck auf die Abweichler im Glauben, verhinderte aber nicht, dass sich die Meinung, eine Überproduktion von gebildeten Männern habe zur puritanischen Rebellion geführt, am Ende des 17. Jahrhunderts immer stärker durchsetzte. Weiterhin herrschte ein großes Misstrauen auf Seiten der anglikanischen Kirche gegenüber allen Nonkonformisten vor, das bis in die ersten beiden Jahrzehnte des 18. Jahrhunderts anhielt.[1]

Dennoch entstand in beiden Ländern jeweils eine Bewegung, die zu einiger Berühmtheit in der bildungsgeschichtlichen Überlieferung gelangte: das Charity School Movement in England und der Hallesche Pietismus in Deutschland. Der pädagogische Impetus, der zu Schulgründungen führte, erwuchs in beiden Fällen aus Frömmigkeitsbewegungen innerhalb der etablierten Kirchen. In England bildete die 1698 gegründete Society for Promoting Christian Knowledge (SPCK) den institutionellen Nukleus, in Deutschland das Hallesche Waisenhaus.[2] Die SPCK verfolgte satzungsgemäß drei Ziele:

---

1 Prominentester Vertreter dieser Kritik war Bernhard de Mandeville, der nicht nur in *Die Bienenfabel, oder Private Laster, öffentliche Vorteile* (*The Fable of The Bees: or, Private Vices Publick Benefits* (1714) sondern auch im *Essay on Charity and Charity Schools* (1723) die Bildungsanstrengungen seiner frommen englischen Zeitgenossen aufs Korn nahm. Vgl. John Lawson, Harold Silver: A Social History of Education in England. London 1983, 185.

2 Daniel L. Brunner: Halle Pietists in England: Anthony William Boehm and the Society for the Promoting Christian Knowledge. Göttingen 1993.

> Instruction of the children in Reading, Writing and Catechism. [...] the Propagation of Christian Knowledge in the Plantations. [...] to bring those poor deluded people to true notions of Christianity who either deny or know very little of the great and fundamental Doctrines of our most holy Religion[...].[3]

In dem von erbitterten religionspolitischen Kämpfen geprägten England stand die Gegnerschaft zur katholischen Kirche zu Beginn des Charity School Movements zusätzlich zu den innerprotestantischen Auseinandersetzungen Pate. Die Lehrorden des Reformkatholizismus erteilten in ganz Europa in einem Teil ihrer Schulen im 17. Jahrhundert Mädchen wie Jungen kostenlosen Unterricht. Auch in London hatten die Jesuiten während der kurzen Herrschaft (1685–1688) von James II. (1633–1701) zwei kostenlose Schulen für Jungen gegründet. Deren Erfolg alarmierte anglikanische Geistliche und engagierte Laien, an vorderster Front den späteren Bischof von Canterbury Thomas Tenison (1636–1715),[4] und führte bereits in den 1680er Jahren in London zur Gründung von vier Freischulen.[5] August Hermann Franckes (1663–1727) Ziele bei der Gründung seiner Armenschule in Glaucha ähnelten denen der frommen Anglikaner: Auch er begann mit einer Schule, in der die Kinder armer Leute, die kein Schulgeld bezahlen konnten, unterrichtet werden sollten. Beide Bewegungen einte das Interesse, die Moral und Frömmigkeit der Bevölkerung zu heben und die Überzeugung, dass kostenloser Unterricht dazu ein geeignetes Mittel sei. Die bildungsgeschichtlichen Aspekte der Missionsverbindungen nach Übersee, die man sich in Halle durch die SPCK versprach und die sich auch realisieren sollten, bilden ein eigenes Thema, das in diesem Beitrag nicht berücksichtigt wird.[6]

Als John Chamberlayne (1666–1723), der erste Sekretär der SPCK, 1699 Francke als korrespondierendes Mitglied in die Gesellschaft einlud, ergänzte er seine Anfrage um einen Zirkularbrief der SPCK, in dem Ziele und die Vorgehensweise bei der Gründung von ›charity schools‹ erläutert wurden. Chamberlayne äußerte die Erwartung, dass man in London von den Hallensern lernen wolle, und zwar vor allem »das Schule halten«. Er betont ausdrücklich:

> but the Business of Charity Schools is theire Darling Employment it being of all others of the greatest importance because it tends directly to a general Reformation of the Poor Children throughout the Nation for whom both Spiritual as well as temporal Provision has be too long too much neglected.[7]

---

3 Zirkularbrief an die Mitglieder der Society, beigefügt dem Brief von John Chamberlayne an August Hermann Francke vom 12.12.1699, Berlin, Staatsbibliothek zu Berlin, Preußischer Kulturbesitz: Francke-Nachlass: Stab/F 30/11 : 1.

4 Tenison führte als Vertreter der anglikanischen Seite in dieser Angelegenheit sogar ein öffentliches Streitgespräch mit dem Jesuiten Andrew Pulton, der an dem Jesuiten Kolleg auf dem Savoy unterrichtete. William Marshall: Art. »Tenison, Thomas (1636–1715)«. In: Oxford Dictionary of National Biography. Oxford 2004; online edition: URL:http://www.oxforddnb.com/view/article/27130 (letzter Zugriff: 17.05.2012).

5 T.G. Holt: A School in the Savoy. In: Transactions of the London and Middlesex Archeological Society 41, 1990/91, 21–27.

6 Vgl. u.a. Heike Liebau: Die indischen Mitarbeiter der Tranquebarmission (1706–1845): Katecheten, Schulmeister, Übersetzer. Tübingen 2008.

7 Brief von John Chamberlayne an August Hermann Francke vom 28.06.1700, Stab/F 30/11:4.

Vor diesem Hintergrund stellt sich nun die Frage, ob man in den Gründungsjahren beider Institutionen zwischen 1690 und 1720 tatsächlich von einem »Bildungstransfer« zwischen den englischen ›charity schools‹ und dem Halleschen Waisenhaus sprechen kann und wenn, dann in welcher Weise. Dazu werden im Folgenden die gegenseitige Wahrnehmung der pädagogischen Aufgaben und die daraus folgenden Handlungsweisen auf beiden Seiten des Kanals untersucht.

Weil der Austausch nicht nur schriftlich über Publikationen und Briefe, sondern auch persönlich stattfand, stehen deshalb die Erwartungen und Erfahrungen der Personen im Zentrum, die entweder in London oder in Halle als Lehrer, Schüler oder Studenten an dem Austausch teilgenommen haben. Ergänzt werden sie durch die Wünsche, Urteile und Sorgen, die sich die Verantwortlichen in Halle und London über diese Austauschstudenten und -schüler gemacht haben. Für die Gruppe der Lehrer und zukünftigen Lehrer waren dies ›Hallenser in England‹ und studierende ›Engländer in Halle‹, die zugleich auch als Tutoren der englischen Schüler beschäftigt wurden. Nach ihren Studien sollten diese wieder nach England zurückgehen. Bei den Schülern handelt es sich fast ausschließlich um ›Engländer in Halle‹. Zum einen wurden einige Jungen von der SPCK explizit zur Vorbereitung auf ihre zukünftige Tätigkeit als Lehrer nach Halle geschickt und zum anderen kamen einige wenige Schüler aus reichen englischen Familien als zahlende Scholaren in das Pädagogium. Deutsche Zöglinge der Hallenser Schulen, die nach England gingen, gab es so gut wie gar nicht. Abschließend wird die Frage beantwortet, ob die Ziele, die mit diesem Austausch von Halle und von London aus verfolgt wurden, im Lichte der personenbezogenen Quellen von und über Lehrer und Schüler erreicht wurden.

1. Austausch von Ideen

Schon ein Blick in die Bestände der Bibliothek der Franckeschen Stiftungen zeigt, dass das Charity School Movement in Halle aufmerksam beobachtet wurde. Die erste gedruckte pädagogische Nachricht aus England findet sich unter dem Titel *A sermon of the Education of Children, preach'd before the Right Honourable the Lord Mayor, and Court of Aldermen at Guild-Hall Chappel, on Sunday, Novemb. I. 1696 / von William Fleetwood.* Während andere Schriften Fleetwoods in der Bibliothek der Franckeschen Stiftungen aus der Cansteinschen Bibliothek stammen, scheint dieses Werk direkt in Halle eingegangen zu sein. William Fleetwood (1656–1723) bietet einen ersten Hinweis auf das Londoner Netzwerk für die hallischen Pietisten. Der Prediger war zunächst Lecturer in St Dunstan-in-the-West, Fleetstreet, City of London, seit 1702 Kanonikus am königlichen Hof in Windsor und später Bischof von St. Asaph und Ely. St Dunstan war seit 1690 die Gemeinde der Familie Hoare, deren Bank der Kirche gegenüber lag. Der Bankier Henry Hoare (1677–1725) unterhielt über die Vermittlung von

Heinrich Wilhelm Ludolf (1655–1712) – seit 1708 Verbindung nach Halle, über die noch zu berichten sein wird.[8]

Seit 1706 wurden die Nachrichten der Society for Promoting Christian Knowledge sowie Drucke von Predigten, die jährlich zugunsten von ›charity schools‹ in London gehalten und immer von dem der SPCK eng verbundenen Joseph Downing (1676–1734) gedruckt wurden, in der Bibliothek der Stiftungen kontinuierlich gesammelt.[9] 1708 erschien im Verlag des Waisenhauses die *Erbauliche Nachricht von den Milden Schulen neulicher Zeit in und um London errichtet*[10], von der in der Bibliothek der Stiftungen jedoch nur ein *Extract* vorhanden ist.[11] Ein weiteres pädagogisches englisches Werk aus dieser Frühzeit der Halleschen Stiftungen, James Talbott's *The christian school-master*[12], 1707 ebenfalls bei Downing erschienen, reflektiert weniger den Einfluss der Londoner auf Halle als Halles Einfluss in London. Das Exemplar in der Bibliothek der Stiftungen gelangte erst 1811 mit der Bibliothek von Kloster Berge nach Halle. Es handelt sich im Grunde um die Übersetzung der Schrift *Was von denen Informatoribus zu observieren* innerhalb der *Ordnung und Lehr-Art, Wie selbige in denen zum Waisen=Hause gehörigen Schulen eingeführet ist*, die 1702 in Halle erschienen war. Anton Wilhelm Böhme (1673–1722) hatte im Anhang in seiner Übersetzung der *Fußstapfen* die zentrale pädagogische Programmschrift der Schulen in Halle unter dem Titel *Orders to be observed by the Masters oft he several charity schools* veröffentlicht. Talbott überarbeitete Böhmes Text für die Bedürfnisse des Charity School Movements als Teil der Church of England. Ausführlich behandelt er das Thema der Zustimmung zu den Lehren der anglikanischen Kirche, die alle Personen, die eine Schule in England gründen wollten, unterzeichnen mussten. An Talbotts Veröffentlichung ist abzulesen, dass die pädagogische Arbeit August Hermann Franckes und seiner Mitstreiter in Halle durch gedruckte Übersetzungen in England nicht nur schnell bekannt gemacht, sondern auch rezipiert wurden. Böhmes Übersetzung der *Fußstapfen*

---

[8] S. Victoria Hutchings: Art. »Hoare, Henry (1677–1725)«. In: Oxford Dictionary of National Biography. Oxford 2004; online edition: URL:http://www.oxforddnb.com/view/article/47085 (letzter Zugriff: 21.05.2012).

[9] An account of Charity-Schools lately erected in England, Wales, and Ireland: with the benefactions thereto; and of the methods whereby they were set up, and are governed [...]. London: Downing, 1706; White Kennett: The Charity of Schools for Poor Children: recommended in a sermon preach'd in the Parish-Church of St. Sepulchers, May 16. 1706. London: Downing, 1706.

[10] Richard Wilis: Erbauliche Nachricht von den Milden Schulen neulicher Zeit in und um London errichtet: Bestehende I. In einer Predigt, Welche Bey der ersten Versammlung derer, die solches Liebes-Werckes sicher angenommen gehalten worden; Und II. Einem ausführlicher Bericht Was es mit solcher Milden Schulen Ursprung Zustand [...] vor eine Beschaffenheit habe [...]. Halle: Verlag des Waysenhauses, 1708.

[11] Extract Einer zu Londen Anno 1708. edirten neuen Nachricht von denen daselbst und in gantz Engeland angerichteten Charity-Schools oder solchen Schulen, die für arme Kinder aus milden Gaben gestifftet sind. [S.I.] [ca. 1708].

[12] James Talbott: The christian school-master, or the duty of those, who are emplay'd in the publick instruction of children, erfeciatly in Charity-Schools. London: Downing, 1707.

erschien in englischer Übersetzung erstmals 1705, es folgen weitere Ausgaben dieser wichtigsten Propagandaschrift des hallischen Pietismus bis 1710.[13] Auch diese Schriften sind bei Downing verlegt.

Die ersten Kontakte zwischen den anglikanischen Reformern und den hallischen Pietisten leitete Heinrich Wilhelm Ludolf ein.[14] Auf ihn zurück geht wohl auch die Entsendung der ersten beiden Emissäre, die direkt von Halle aus nach England gingen. Es handelte sich um zwei Lehrer, beide Präzeptoren des Pädagogiums.

2. Hallenser in London

Jakob Bruno Wigers und Johann Christoph Mehder hatten sich bereits im Frühjahr 1699 nach London aufgemacht. Was hat sie für die Aufgabe qualifiziert?

Wigers, Lehrer in Lüne bei Lüneburg, stand mit Francke seit 1692 in brieflichem Kontakt. Themen dieser frühen Korrespondenz sind die Lektüreauswahl antiker Autoren im Sprachunterricht, namentlich deren Kompatibilität mit pietistischen Erziehungsvorstellungen, Anfragen wegen geeigneter Hauslehrer aus Halle für Familien in der Region, von Hoya bis Schwerin und Grüße von Müttern, deren Kinder in den Stiftungen als Waisen untergekommen waren.[15] 1695 immatrikulierte Wigers sich an der Universität Halle und arbeitete von 1695 bis 1697 als Informator am Pädagogium. Er gehörte also früh zum hallischen Netzwerk, verfügte über breite Unterrichtserfahrung und war insofern für die Mission nach London gut qualifiziert. Über Mehder ist nur bekannt, dass er sich 1692 an der Universität Halle immatrikuliert hatte und seit 1695 im Pädagogium als Informator beschäftigt war. Dass die Wahl auf im gelehrten Unterricht erfahrene Pädagogen fiel, unterstreicht ein Charakteristikum der frühneuzeitlichen Schulgeschichte, das häufig übersehen wird. Um 1700 erfolgte die Unterscheidung zwischen Armenschulen und gelehrten Schulen nicht nach modernen schulpädagogischen Kriterien, sondern war durchaus fließend. Die Terminologie »Armenschule« bedeutete vor allem, dass dort Kinder unterrichtet wurden, deren Eltern nicht in der Lage waren, für den Unterricht zu bezahlen, über den Lehrplan ist damit noch nicht unbedingt etwas ausgesagt. Die SPCK suchte Schulexperten, die jene Methoden, die im Pädagogium in Glaucha angewendet wurden, vermitteln konnten und außerdem in der Lage waren, englische Lehrer für ihre ›charity

13 Pietas Hallensis Or a publick Demonstration Of The Foot-steps Of A Divine Being yet in the World: In An Historical Narration Of The Orphan-House And other charitable Institutions, at Glaucha near Hall in Saxony; Continued to the beginning of the Year 1702. London: Downing, 1705.

14 Vgl. Brunner, Halle Pietists [s. Anm. 2], 42–45. Siehe auch den Beitrag von Alexander Schunka in diesem Band: Heinrich Wilhelm Ludolf als Reisender zwischen den Welten.

15 Vgl. acht Briefe von Jakob Bruno Wigers an August Hermann Francke zwischen 1692 und 1694, Stab/F 30/57: 1–8.

schools‹ (=Armenschulen) auszubilden – sie suchte also Personen, die Lehrer ausbilden konnten.[16]

Bereits aus den ersten Briefen der beiden Auswanderer an den für Buchhandlung und Druckerei zuständigen Heinrich Julius Elers (1667–1728) und Francke selbst geht hervor, dass sie mit sehr viel weiter gefassten Aufgaben betraut waren, als das hallische Schulmodell nach England zu vermitteln. »Das reiche Engelland« sollte sich durch Spenden auszeichnen, – es ging, modern gesprochen, auch um Fundraising für die Anstalten in Halle. Die Hoffnung, über den Hofprediger J.W. Mecken († 1711) beim lutherischen Prince Consort Georg von Dänemark (1653–1708) an königliche Ressourcen zur Unterstützung des Werkes in Halle zu gelangen, wurde bald enttäuscht. Denn, so berichten Mehder und Wigers nach Halle, Mecken habe beim Prinzgemahl seinen Einfluss verloren. Francke solle lieber direkt durch die beiden Schwestern Georg von Dänemarks Anna Sophia von Sachsen und Wilhemine Ernestine von der Pfalz oder durch Herrn Pless[en] bei diesem intervenieren.[17] Die beiden Kurfürstinnen waren frühe Gönnerinnen des Halleschen Waisenhauses. Dass die Kurfürstin Anna Sophia von Sachsen im Frühjahr 1699 gerade vierzig Kinder ins Hallesche Waisenhaus geschickt hatte und sie und ihre Schwester mit Francke über ihren Hofprediger Johann Adolph Rhein (1646–1709) in Kontakt standen, wird dem hallischen Präzeptor bekannt gewesen sein.[18]

Zusätzlich zum Fundraising gehörte die Rekrutierung von zahlenden Schülern für die Schulen in Halle zu den Zielen, die von Wigers und Mehder anfangs verfolgt wurden. Bereits im Mai 1699 schreibt Wigers an Elers, dass er bisher noch niemand, weder auf der Durchreise durch Holland noch in England getroffen habe, der seine Kinder »künftig nach Halle schicken« wolle, aber »vielleicht, daß es künftig sich noch so füget«.[19] 1700 macht er Francke jedoch Hoffnung, dass außer Thomas Turner, von dem später noch die Rede sein wird, eventuell noch ein ehemaliger Schüler von St. Pauls, der jetzt Wigers eigene Schule besuchte, nach Halle geworben werden könne.[20] Er wolle dem Knaben nahelegen, mit dem sich schon in Halle befindenden Thomas Turner zu korrespondieren, um bei jenem den Wunsch zu wecken, ebenfalls nach Halle zu gehen.

---

[16] Vgl. Brunner, Halle Pietists [s. Anm. 2], 74, FN 25.

[17] Die Prinzessin Anna Sophie von Dänemark und Norwegen (1647–1717) lebte als Witwe des Kurfürsten Johann Georg III. von Sachsen (1647–1694) mit ihrer kinderlosen Schwester Wilhelmine Ernestine von Dänemark und Norwegen, durch Heirat Kurfürstin von der Pfalz (1650–1706) auf Schloss Lichtenburg bei Prettin, nicht weit von Halle. Prinz Georg von Dänemark war ihr jüngster Bruder. Christian Siegfried von Plessen (1646–1723) war Hofmarschall des Prinzen Georg von Dänemark.

[18] Vgl. Juliane Jacobi: Geförderte Lebensläufe? Werdegänge Hallescher Waisenkinder (1695–1730). In: Vormodernde Bildungsgänge. Selbst- und Fremdbeschreibungen in der Frühen Neuzeit. Hg. v. J. Jacobi [u.a.]. Köln 2010, 115–131.

[19] Brief von Jakob Bruno Wigers an Heinrich Julius Elers vom 03.05.1699, Stab/F 30/57:9.

[20] Im 16. Jahrhundert von herausragenden humanistischen Gelehrten gegründete Schule in der City of London.

Auch die überseeische Mission als weitere Zielsetzung des Aufenthaltes in London wird bereits in einem der ersten Briefe angesprochen: Wigers drängt Francke geradezu, sich schriftlich bei Chamberlayne zu melden, denn

> hiermit wird dem Herrn Professor eine Thür eröffnet nicht allein zu dieser meeting [SPCK, d.Vf.] sondern zu allen societies, die sie bißhero angerichet haben. Und sehe ich gerne, daß diese correspondence möchte mit aller Sorgfalt unterhalten werden, denn es kann viele gute Wirkungen thun. Es ist also auch hierdurch ein Weg gebahnet nach Westindien zu Herrn Dr. Bray und dieser Chamberlaine kann gute Dienste thun.[21]

Die überseeische Mission wurde bald zur bedeutendsten Perspektive der Kontakte zwischen Halle, Dänemark und London, in der diese beiden Lehrer späterhin jedoch keine Rolle mehr spielen sollten.

Die beiden ersten Ankömmlinge in London verstehen sich dort also nicht nur als pädagogische Ratgeber in London, sondern mindestens ebenso sehr als Beobachter der englischen Frömmigkeitsbewegung. Sie sollen Francke auf dem Laufenden halten und durch Büchersendungen an Elers dafür sorgen, dass die geistigen Entwicklungen in der Stadt, die im 17. Jahrhundert zum europäischen Zentrum aller Beziehung zur außereuropäischen Welt aufgestiegen war, in der kleinen preußischen Universitätsstadt Halle schnell bekannt wurden.

Dem gegenseitigen Misstrauen zwischen den protestantischen Konfessionen entsprechend und mit der notwendigen Vorsicht gegenüber anderen Frömmigkeitsbewegungen, namentlich Unionsbestrebungen, betrachteten die hallischen Lehrer die Aktivitäten der SPCK zurückhaltend. So schreibt Wigers im August 1699 an Francke, er möge bitte keine »specialia« über die Religiösen Gesellschaften an englische Korrespondenten schreiben, von denen er, Wigers, bereits Bericht erstattet habe, denn »sie werden sich künftig selbst offenbaren müssen was ihre Intention sey, ob sie es nur aufs wißen lassen ankommen oder ob sie die Erbauung ihres Nechsten suchen.«[22]

Wie stand es nun aus der Sicht der hallischen Abgesandten um ihren offiziellen pädagogischen Auftrag? Sie sollten selbst eine Armenschule und eine ›grammar school‹ gründen und bei der Etablierung von englischen Armenschulen assistieren. Ihre eigenen Interessen verbinden sich mit denen der Absender aus Halle sowie denen der SPCK, denn sie mussten ihren Unterhalt mit ihren pietistischen Musterschulen selbst verdienen und brauchten dafür als Orts- und Religionsfremde die Unterstützung der einflussreichen Mitglieder der SPCK und ihres Umfeldes.

Es war nicht eben einfach für die deutschen Pietisten die für den Aufbau der Schule notwendigen Beziehungen im religionspolitisch verminten Feld der Weltstadt zu knüpfen. Kontakte, die sie sogleich nach der Ankunft mit der Philadelphischen Gesellschaft um Jane Leade (1624–1704) und ihren Schwiegersohn Francis Leeds (1669–1719) aufgenommen hatten, machten sie in den Augen der Anglikaner verdächtig. Zudem erwies sich der neben Mecken wichtigste Un-

---

21 Brief von Jakob Bruno Wigers an August Hermann Francke vom 01.11.1699, Stab/F 30/57 : 13.

22 Brief von Jakob Bruno Wigers an August Hermann Francke vom 30.08.1699, Stab/F 30/57 : 12.

terstützer aus dem Umfeld der SPCK, Charles Bridges 1702 als moralisch und somit auch geistlich unzuverlässig.[23] Daniel Brunner hat die wenig förderlichen Anfangskontakte und entsprechenden Verwicklungen ausführlich dargestellt.[24] Darüber hinaus unterstützte vor allem der Arzt Frederick Slare (1646/7–1727) die Ankömmlinge aus Halle in praktischen und rechtlichen Fragen bei der Schulgründung. Neben dem Bankier Henry Hoare wurde Slare in den ersten beiden Jahrzehnten für den Austausch von Schülern und Studenten auf der englischen Seite zur wichtigsten Person.

Die Briefe der beiden Lehrer liefern Einblicke über die Selbstwahrnehmung der pädagogischen Arbeit zweier im Halleschen Waisenhaus ausgebildeter Lehrer in einem kulturell neuen und teilweise auch fremden Feld. Wigers schlägt den kritischen Reformton an, als er das erste Mal von den pädagogischen Aufgaben im engeren Sinn berichtet:

> Ansonsten ist dieses Land so beschaffen, dass ein großer Überfluss an allen Dingen drinnen [...] die Leute sind aber übel civilisieret, viel weniger daß sie nach Gott fragen, daher entsteht es [...] auch, daß eine üble Auferziehung der Jugend überhand nimmt, [...].[25]

Unter den pädagogischen Schriften, die er schicke, befände sich auch *Locks of Education*. Er bittet um Zusendung aller in den Anstalten gedruckten Bücher, ausdrücklich aber, quasi als Äquivalent zu Lockes Text, »sonderlich von der adeligen Standes Herren u. Fräulein Auferziehung bey Gelegenheit zu schicken«.[26] Über diese Büchersendung und die für die deutschen Pietisten nicht unproblematische Übersetzung von Lockes Schrift korrespondierten Carl Hildebrand von Canstein (1667–1719) und Francke im Jahr 1700.[27] Allein, dass diese Schrift in der Korrespondenz der pietistischen Lehrer mit Francke und seinen Mitarbeitern auftaucht – sie wird 1708 in Leipzig ohne Angabe des Übersetzers gemeinsam mit der hallischen Übersetzung der pädagogischen Schrift *De l'éducation des filles* des Erzbischofs von Cambrai François Fénelon (1651–1715) publiziert –, zeigt einmal mehr, dass die säuberliche Trennung und Sequenzierung von Pietismus und Aufklärung in der pädagogischen Historiographie eine Erfindung aus dem Geist des nachaufklärerischen Selbstverständnisses der modernen Pädagogik ist. Der fromme Lehrer Wigers aus Halle hielt Lockes Essay, der später zum Klassiker der Aufklärung avancierte, zum Gebrauch im Pädagogium jedenfalls für nützlich.

Seine pädagogischen Interessen verfolgte er, als er im November 1699 von Windsor aus, wo er die Kinder des Hofprediger Meckens unterrichtete, das berühmte »Gymnasium« Eton besuchte. Francke erhielt einen ausführlichen Bericht

---

23 Brief von Jakob Bruno Wigers an August Hermann Francke vom 13.09.1702, Stab/F 30/57:24.

24 Brunner, Halle Pietists [s. Anm. 2], 73–79, 93–99.

25 Brief von Jakob Bruno Wigers an Heinrich Julius Elers vom 10.07.1699, Stab/F 30/57:1.

26 [August Hermann Francke:] Projecte wie die Anführung des Herrenstandes, Adelicher und anderer führnehmer Jugend veranstaltet und zum guten Theils wirklich eingerichtet und angefangen. Halle: Henckel, 1698.

27 Vgl. Der Briefwechsel Carl Hildebrand von Cansteins mit August Herrmann Francke. Hg. v. Peter Schicketanz. Berlin [u.a.] 1972, 74f.

über die organisatorische Einrichtung dieser »Freischule« – Eton war eine Stiftung für ca. 300 Schüler – und den Lehrplan, an dem in Halle offenbar besonders die ›heidnischen‹ Autoren interessierten, die in Eton gelesen wurden.[28]

1700 eröffneten die beiden hallischen Lehrer ihre Schule in London. Ursprünglich war geplant, den ›Englischen Unterricht‹ von einem Engländer aus der Philadelphischen Gesellschaft abhalten zu lassen, der auf Englisch Schreiben, Rechnen und *in mathesis* unterrichten sollte. Mit dem ›Englischen Unterricht‹ ist das Äquivalent zum Unterricht in den Deutschen Schulen in Halle gemeint, also der Elementarunterricht ergänzt durch Fächer für das praktische Leben. Ob wirklich jemand aus der Philadelphischen Gesellschaft in der Armenschule unterrichtet hat, geht aus den Briefen nicht hervor. Wigers berichtet nur:

> Es werden immer noch viel Schulen für arme Knaben und Mädchens allhier und im Lande aufgerichtet und haben wir gottlob auch eine im Hause von 30 Knaben ohne unsere lateinische Schule, wir docieren aber nicht drin, weil wir überflüßig zu thun haben mit unserer eigenen.[29]

Die von den Hallensern gegründeten Schulen sollten zwar ein Abbild der Franckeschen Schulen darstellen und Armenschule, die Deutschen Schulen und die Lateinische Schule unter einem Dach vereinigen, passten sich jedoch den englischen Gegebenheiten an. Die eigene Arbeit als Abgesandte hallischer Pädagogik hielt Wigers für äußerst erfolgreich, konnte er doch von einer ständig wachsenden Zahl der Schüler in der ›grammar school‹ berichten. Gleichzeitig klagte er, dass er die Arbeit höchstens noch ein bis zwei Jahre machen könne, und betonte bei der Suche nach Entlastung, wie schwer es sei, sein Geld als Lehrer in England zu verdienen. Bereits 1703 wurde die Schule von fast 100 Schülern besucht.

Zu den Erfolgen seiner und Mehders Tätigkeit gehörte, dass beide seit 1702 Mitglied in der Societät der *rectorum scholarum* in London waren, der bereits 100 Lehrer angehörten und dass sie dort, so nehmen sie jedenfalls an, eine beratende Funktion wahrnehmen könnten.[30]

Selbstverständlich ging Wigers davon aus, dass Anton Wilhelm Böhme ebenfalls als Lehrer tätig sein werde. Nach dessen Eintreffen 1701 musste er Francke jedoch mitteilen:

> Herr B. scheint zu zart für die Englische Arbeit zu sein, führnehmlich da England nicht darauf siehet wie fein einer reden sondern wie einer fein getrost und munter arbeiten und das Werck nicht mit langen *speculationibus* nur aufhalten; sondern Hand im Namen Gottes am Pfluge legen möge [...]
>
> Er habe wenige Kinder von deutschen Eltern und unterrichte nur zwei Stunden. Wie das würde, wenn die Eltern verlangen, dass er sie den ganzen Tag unterrichte?[31]

Auch in Oxford könne Böhme angesichts seiner schwachen Englischkenntnisse nicht, wie von Francke geplant, arbeiten. Bereits in vorangegangenen Briefen hatte Wigers einige mögliche Kandidaten aus Halle zur Unterstützung angefor-

---

28 Brief von Jakob Bruno Wigers an August Hermann Francke vom 01.11.1699, Stab/F 30/57:13.

29 Brief von Jakob Bruno Wigers an August Hermann Francke vom 02.01.1701, Stab/F 30/57:15.

30 Brief von Jakob Bruno Wigers an August Hermann Francke vom 13.09.1702, Stab/F 30/57:24.

31 Brief von Jakob Bruno Wigers an August Hermann Francke vom 08.04.1702, Stab/F 30/57:23.

dert und immer wieder betont, dass diese in Halle sprachlich besser vorbereitet werden müssten.

Erst 1710 gibt es wieder einen Bericht von den beiden Lehrern. Den Anlass bildete eine persönliche Geldtransaktion für Mehder durch Francke und Slare. Mehder klagte wieder über eine drohende Behinderung ihrer Arbeit infolge der englischen Konfessionsstreitigkeiten, denn durch die Unruhen anlässlich der beiden berühmten Predigten von Henry Sacheverell (1664–1724) gegen die Nonkonformisten seien auch die ausländischen Kirchen in London bedroht. Aus diesem Brief geht hervor, dass die Schule in »Little Queens Street near Lincoln's Inn« in einem Quartier liegt, das von wohlhabenden Rechtsanwälten und Angehörigen anderer freier Berufe bewohnt wurde, was dafür spricht, dass es sich um ein erfolgreiches Unternehmen handelte. Wigers unterrichte immer noch dort, allerdings »unter großer *fatigue*«, denn es sei viel schwieriger englische als deutsche Kinder zu informieren, seien diese doch »so sehr in der Freyheit erzogen«.[32]

1712 gingen die letzten Nachrichten über das Schicksal der deutschen Grammar School in London ein. In den drei Briefen klagte Wigers wieder selbst über Überarbeitung und bat dringend um Verstärkung aus Halle. Konkret beschrieb er die Arbeits- und Verdienstbedingungen, machte Personalvorschläge und erwartete Bewerber vom inzwischen etablierten »Englischen Seminarium«, in dem geeignete Studenten Englisch lernten.[33] Denn nachdem der von ihm immer wieder geforderte Englischunterricht 1710 durch die Einrichtung des Englischen Tisches mit den lange ersehnten Mitteln des englischen Königshauses im Waisenhaus auf eine solide Basis gestellt war,[34] ging Wigers verständlicherweise davon aus, dass auch seine Arbeit von den nun ausgebildeten Freitischlern profitieren werde. Ob seine Bitte erfolgreich war, lässt sich auf Grund des Mangels an weiteren Quellen (vorerst) nicht beantworten.

Schwierigkeiten wegen ihrer Zulassung als Schulleiter und Lehrer von englischen Kindern hatten beide Lehrer von Anfang an. Seit den ersten Briefen aus den Jahren 1699 geht es wiederholt um die Subskription unter die Lehren der anglikanischen Kirche, die von allen Lehrern im *act of uniformity* seit 1662 gefordert wurde, um eine entsprechende Lizenz zu bekommen. Immer wieder suchten die beiden Franckes Ratschlag in dieser Angelegenheit. Mehder, von dem führenden SPCK-Mitglied Thomas Bray (1656–1730) als Mitstreiter für den Kirchenaufbau in den amerikanischen Kolonien angefragt, erbittet bereits kurz nach der Ankunft in London Franckes Rat, denn auch diese Kooperation wäre von der Subskription abhängig gewesen, zu der er sich sowohl aus Gewissensgründen wie auch aus der Furcht, unter den eigenen Londoner Landsleuten an Glaubwürdigkeit zu verlieren, nicht bereitfinden konnte.[35] Francke empfahl

---

32 Brief von Johann Christoph Mehder an August Hermann Francke vom 20.04.1710, Stab/F 30/32:2.

33 Brief von Jakob Bruno Wigers an August Hermann Francke vom 25.02.1712, Stab/F 30/57:29–31.

34 Siehe dazu weiter unten Seite 132.

35 Brief von Johann Christoph Mehder an August Hermann Francke vom 04.09.1699, Stab/F 30/32:1.

seinen beiden Abgesandten, die Subskription nicht vorzunehmen. Warum sie dann angesichts der Rechtslage überhaupt eine Schule für englische Kinder gründen und unterhalten konnten, ist nicht gänzlich aufzuklären. Jedenfalls hatte Wigers unmittelbar nach der Ankunft eine lateinische Schrift vorgelegt, in der er begründete, warum die »subscription« für sie als Lutheraner unmöglich war, und berichtete nach Halle als Ergebnis aus dieser Eingabe, dass sie aufgefordert worden seien, »proposals« für die Schule vorzulegen.[36] Brunner vermutet hinter dieser Aufforderung die Protektion einflussreicher Personen wie Frederick Slare und Henry Hoare.[37]

Insgesamt haben die beiden Lehrer offenbar lange Zeit ohne Differenzen eng zusammengearbeitet, wobei Wigers in den ersten Jahren den Ton angab. Ihre Rolle als Boten Halles verliert aber bald nach der Ankunft Böhmes an Bedeutung.

Auch deshalb ist eine Rekonstruktion der weiteren Unterstützung ihrer Arbeit aus Halle aus den hallischen Quellen schwierig. Aus bildungsgeschichtlicher Perspektive sind ihre Berichte in mehrfacher Hinsicht aufschlussreich. Die Briefe beider Lehrer bieten zahlreiche Beispiele für Facetten der Selbstwahrnehmung von Pädagogen, die bis heute für den Berufstand prägend sind: Die Klientel ist schwierig und die Arbeit führt zur Erschöpfung. Darüber hinaus reflektieren sie die englischen Erziehungsverhältnisse, die sich aus der Perspektive deutscher Lehrer von den deutschen vor allem dadurch unterscheiden, dass die englischen Kinder in größerer »Freyheit« aufwachsen.

Wichtiger als Wigers und Mehder wurde Anton Wilhelm Böhme für die persönlichen Austauschverhältnisse von Schülern und Lehrern zwischen Halle und England. Ihm gelang es, durch seine Stellung als Hofprediger bei Georg von Dänemark und Pfarrer an St. James sowie durch seine publizistische Tätigkeit in ganz anderer Weise, das philanthropische Netzwerk der Geistlichen, Bankiers und Laienwohltäterinnen der SPCK und den englischen Hof für Halles Interessen zu aktivieren.[38] In seinem Briefwechsel mit dem Waisenhauspersonal verhandelt er immer wieder die persönlichen Angelegenheiten der Engländer in Halle. Seine Verdienste, die sich nicht auf die Förderung von Unterricht und Erziehung beschränkten, sondern in sehr breit angelegter Weise in der Vermittlung zwischen den beiden konfessionell verschiedenen Frömmigkeitsbewegungen lagen, ist gut erforscht.[39] Für die Erziehungsanstalten in Halle und deren Beziehungen zu England war neben seinem Geschick im Aufbau von Verbindungen seine erfolgreiche Einwerbung von Mitteln des »reichen Engellands« äußerst bedeutsam. 1706 hat der englische Prinz Georg Franckes Arbeit mit der größten Einzelspen-

---

[36] Brief von Jakob Bruno Wigers an August Hermann Francke vom 30.08.1699, Stab/F 30/57 : 12.

[37] Brunner, Halle Pietists [s. Anm. 2], 79f.

[38] Zu den Spenderinnen, die über ihren Bankier Hoare Halle unterstützten, gehörte auch Lady Elizabeth [Betty] Hastings (1682–1739), die sich in England vor allem durch die Förderung von ›charity schools‹ für Mädchen engagierte, u.a. unterstützte sie die Mädchenschule der Theologin und Feministin avant la lettre Mary Astell. Vgl. Sarah Apetrei: Women, feminism and religion in early Enlightenment England. Cambridge [u.a.] 2010, 61.

[39] Vgl. Brunner, Halle Pietists [s. Anm. 2].

de, die Francke je erhalten hat, nämlich £1000 unterstützt. 1710 folgte Königin Anne dem Vorbild ihres verstorbenen Mannes und richtete in den Franckeschen Stiftungen mit £ 60 pro Jahr einen Englischen Tisch ein, an dem zwölf deutsche Studenten verpflegt wurden, die dafür zwei Stunden Englisch pro Tag lernen und für Übersetzungsarbeiten herangezogen werden sollten. Weniger nachhaltig, aber mit ebenso großer Umsicht von Böhme vermittelt, gestaltete sich die Spende von Jane Slare (1653/4–1734): Frederick Slares Schwester stiftete dem Waisenhaus 1707 einen Käse.[40]

3. Engländer in Halle

Wenden wir uns jetzt dem Projekt der Sendung von Engländern nach Halle durch die SPCK zu. 1701 wurde Michael Belck als erster Schüler auf Kosten der SPCK ins Pädagogium geschickt und nach einem Jahr an der Universität in Halle immatrikuliert. Er kehrte 1704 nach London zurück und begleitete als Tutor 1706 vier englische Knaben nach Halle, die, von der SPCK gefördert, dort ausgebildet werden sollten. Abraham Mackbeth löste Belck von 1708 bis 1710 ab. Beide Tutoren waren von der SPCK beauftragt, die jungen englischen Knaben zu beaufsichtigen, deren Englischkenntnisse zu erhalten und ihre religiöse Praxis gemäß den Glaubenssätzen der anglikanischen Kirche zu gestalten. Die SPCK verfolgte aber auch noch weitere Ziele mit ihren Abgesandten in Halle. Henry Hoare schrieb 1711 an Francke:

> We have here raised a Society for the Masters of the Charity Schools in and about the City who meet every evening in a very commodious place for that purpose and spent two hours together where we have appointed M. Mackbeth Inspector over them and to teach them and further instruct them in all the necessary duty which the profession requires to be Masters of and the good instruction he received from your Hall made me think him well qualified for such undertaking.[41]

Außer Belck und Mackbeth studierte Henry Hastings von 1708 bis 1711 in Halle Theologie, auch seine Finanzierung lief über Henry Hoare, jedoch nicht auf Kosten der SPCK.

Wer waren nun die von diesen Tutoren betreuten Schüler aus England?

Mit der Zielsetzung als Lehrer in Schulen oder als Hauslehrer bei vornehmen Familien platziert werden zu können, bezogen Joseph Acors, Thomas Parson, Heinrich (Henry) Kreck (Creeke) und Johann (John) Trevese 1706, begleitet von Michael Belck, im Alter von 15 Jahren das Waisenhaus und anschließend die hallische Universität. Im Waisenalbum ist vermerkt, dass sie kein Deutsch konnten und in die »unterste Classe« kamen und zwei von ihnen die Universität

---

[40] Brief von Anton Wilhelm Böhme an August Hermann Francke vom [24.12.]1707, Halle, Archiv der Franckeschen Stiftungen: AFSt/H C 826 : 25.

[41] Brief von Henry Hoare an August Hermann Francke vom 17.08.1711, Stab/F 30/22 : 9.

Halle bezogen hätten.[42] Acors und Creek wurden dann tatsächlich Lehrer. Acors arbeitete unter den bereits erwähnten hallischen Lehrern Wigers und Mehder in London und gründete später eine eigene Schule, Creeke wurde vom Rector der St. Lawrence Schule in London angestellt. Parsons studierte noch etliche Jahre in Halle, danach verliert sich seine Spur.

Auch der Vierte im Bunde, John Trevese wurde 1711 an der hallischen Universität immatrikuliert. Mit ihm mussten oder wollten sich die Waisenhausvorgesetzten häufiger beschäftigen als mit den drei zuvor genannten, denn er verließ Halle mehrfach unter Hinterlassung von Schulden und tauchte dennoch später zweimal als Tutor und Student von Slares Gnaden in Halle wieder auf.[43] Im Vergleich zum Umgang mit dem Londoner Zögling Smith, der von der SPCK finanziert wurde und die Lateinische Schule besucht hatte, übte Frederick Slare Trevese gegenüber große Nachsicht.[44] Richard Smith, der Ende 1706 mit der Gruppe der anderen englischen Schüler in Halle ankam und 1707 kurzfristig ins Pädagogium versetzt wurde, musste 1710 auf Geheiß von Henry Hoare, der für seine Finanzierung aus Mitteln der SPCK zuständig war, mit dem Lehrer Macbeth nach England zurückgeschickt werden, weil er sich nicht bewährt hatte.[45]

Eine besondere Stellung hatten die zahlenden Schüler des Pädagogiums. Für Thomas Turner (1700–1704) und Harry Benson (1709–1711)[46] liegen detaillierte Anweisungen zur Erziehung durch die Eltern in England vor. Der im Orienthandel engagierte Kaufmann Jacob Turner schickte seinen Sohn durch Vermittlung von Heinrich Wilhelm Ludolf nach Halle. Er wünschte sich, dass Thomas dort in der christlichen Religion erzogen werde, die zwar an vielen Orten »professed«, aber an wenigen praktiziert werde. Auch im Falle von Bensons versprachen sich die Eltern von einem Aufenthalt in Halle, dass der Sohn dort die richtigen, frommen Vorbilder finden werde. Allerdings legte dessen Vater erheblichen Wert darauf, dass der Sohn zum einen seine Muttersprache nicht vernachlässige und zum anderen in den Glaubenssätzen der anglikanischen Kirche erzogen werde, eine Sorge, die den Kaufmann Turner nicht umtrieb. Dem war daran gelegen, dass der Sohn sein Französisch nicht vergesse, Geographie und Geschichte und

---

42 »Man hatte von ihm gute Hoffnung …«. Das Waisenalbum der Franckeschen Stiftungen 1695–1749. Hg. v. Juliane Jacobi u. Thomas Müller-Bahlke. Tübingen 1998, 61.

43 Briefe von Frederick Slare an August Hermann Francke vom 02.07.1715 (Stab/F 30/47:4) und vom 29.06.1721 (Stab/F 30/47:5).

44 Der Vorname von Johns Vater, einem Kaufmann aus »Zandt bey Londen«, wird im Waisenalbum mit »Mosis« angegeben. Der Nachname wird in den deutschsprachigen Quellen phonetisch wiedergegeben, vgl. Brief von Henry Hoare an August Hermann Francke vom 17.08.1711, in dem er »Traverse« schreibt (Stab/F 30/22:9). Weitere Quellen zu Trevese: Berichte von Georg Heinrich Neubauer an Anton Wilhelm Böhme (AFSt/H A 185:28; AFSt/H A185:29; AFSt/H A 185:30); Brief von John Trevese an August Hermann Francke vom 06.06. 1715 (Stab/F 30/53:1). Ob John Trevese nach der zweiten Intervention von Slare 1721 wirklich in Halle eingetroffen ist, lässt sich nicht feststellen.

45 Brief von Henry Hoare an August Hermann Francke vom 21.07.1710, Stab/F 30/22:8.

46 Sohn von William Benson (1640/41–1712). Vgl. James Sambrook: Art. »Benson, William (*bap.* 1682, *d.* 1754)«. In: Oxford Dictionary of National Biography. Oxford 2004; online edition: URL: http://www.oxforddnb.com/view/article/2147 (letzter Zugriff: 17.05.2012).

vor allem gut schreiben lerne. Der letzte Wunsch schien sich zunächst nicht zu erfüllen, denn der Vater beklagte sich nach etwa einem Jahr über die schlechte Schrift des Sohnes, aber auch über dessen »childishness«, die in Form und Inhalt von dessen Briefen zum Ausdruck käme. Auch hielt er wenig vom Plan seines Sohnes, Theologie zu studieren. Schließlich scheint Turners Ausbildung jedoch halbwegs erfolgreich abgeschlossen worden zu sein, denn 1704 schrieb Thomas Turner, inzwischen auf dem Weg nach Konstantinopel, wo der Vater ihn bei einem Geschäftsfreund unterbringen wollte, einen freundlichen Dankesbrief an Francke für die Wohltaten, die er in Halle erfahren hatte. Der Vater überlegte, einen zweiten Sohn nach Halle zu schicken. Dies wurde ihm aber zu teuer, denn in Jahresfrist hätte er mehr bezahlt, als das Studium an einer englischen Universität gekostet hätte. Dabei sah seine Kalkulation vor, dass die Kosten inklusive der Reisekosten nicht höher seien dürften, als wenn man das Kind zuhause erzogen hätte.[47]

Harry Benson wurde 1708 ins Pädagogium geschickt. Seitdem existierte die Korrespondenz Franckes mit dem einflussreichen »Good Henry«, wie Hoare von seinen Zeitgenossen genannt wurde. Besonders bewährt hatte sich nach Hoares Meinung der Informator Christian Homann bereits bei Michael Belck, weshalb er ihn auch als Tutor für seinen Schwager wünschte.[48] Homann, der Sohn eines pietistischen Pfarrers aus Blankenburg, war Schüler, Student und als Freitischler von 1709 bis 1711 Informator am Pädagogium, wo Francke ihn zum Präzeptor für Nikolaus Ludwig von Zinzendorf (1700–1760), der 1710 in das Pädagogium eintrat, vorgesehen hatte. Sein jüngerer Bruder unterrichtete von 1709 bis 1711 bei der Gräfin Henriette Catharina von Gersdorff (1648–1726) als Hauslehrer für deren drei Enkel. Es handelte sich also um einen echten pietistischen ›Kader‹.

Für den zweijährigen Aufenthalt von Harry Benson im Pädagogium gab es eine umfängliche ›Instruktion‹, deren wichtigste Regel darin bestand, dass er nach den Prinzipien der anglikanischen Kirche erzogen und in keine religiösen Kontroversen hineingezogen werden sollte. Folgende Lehrinhalte wurden festgelegt: Latein, Französisch und Deutsch, Schreiben und Arithmetik auf englische Art, Geographie in der zeittypischen Definition, nämlich »with the use of the globe«. Der Tutor sollte bei ihm wohnen und ihn nach den Lehrbüchern unterrichten, die er aus England mitgebracht hatte. Verhaltensregeln wurden minutiös aufgeschrieben: Die Sonntagsruhe sei einzuhalten, der regelmäßige Kirchgang und die Prüfung des Gehörten wurden erwartet. Seine Privaterziehung durfte zugunsten von Gruppenunterricht aufgegeben werden, wenn er sich am Gottesdienst, Gebet und Katechese, die Abraham Mackbeth mit den anderen englischen Kindern abhielt, beteiligte.[49] In einem persönlichen Brief von Harrys Vater William Benson, der teilweise wörtlich mit den »Instructions« übereinstimmt, fügte dieser

---

47 7 Briefe von Jacob Turner an August Hermann Francke zwischen 1699 und 1703 die Erziehung seines Sohnes Thomas betreffend, Stab/F 30/54 : 1–7.

48 Briefe von Henry Hoare an August Herman Francke zwischen 1708 und 1711, Stab/F 30/22 : 1–9.

49 Instructions to be observed in a tutoridge of Harry Benson and Another Extract out of the Instruction given to Mr. Jacobi by Mr. Hoare, Stab/F 30/2 : 2.

Ausführungen über den Charakter des zu Erziehenden hinzu.[50] Hoare wiederum, der mit einer Schwester des jungen Benson verheiratet war, wünschte, dass Benson am Tisch von Francke esse und dass Francke die Erziehung persönlich beaufsichtige.[51] Auch Bensons Ausbildung scheint erfolgreich gewesen zu sein, denn 1715 berichtete Hastings aus London an Francke, dass Benson nun Bankier sei und beabsichtige zu heiraten. Über andere Londoner Schüler im Pädagogium in dieser Zeit ist wenig bekannt. Ein Johann Gottfried Hauckwitz, dessen Vater Ambrose Godfrey 1711 um Aufnahme bat, findet sich in den Schülerlisten des Pädagogiums. Der im folgenden Jahr ebenfalls empfohlene Sohn des Londoner Apothekers Scheibell taucht in den hallischen Quellen nicht auf.[52]

Nur ein einziger Waisenhauszögling, der Neffe Anton Wilhelm Böhmes, Georg Ludwig Pideritt (*31.10.1692), pendelte während seiner Ausbildungsjahre zwischen London und Halle. Sein Wirken als möglicher weiterer Tutor der englischen Schüler wird in Halle nicht als aussichtsreich eingeschätzt, denn, so Georg Heinrich Neubauer (1666–1725) an Böhme:

> Wegen Pideritt meldet der Herr Professor, daß er freylich in der Schule nichts nütze sei: und, daß sehr zu besorgen, daß er das instrumentum seyn werde, zu der Engländer Verderbung, wenn er mit ihnen conversieren wird. Der arme Mensch hat kein einziges Zeichen der Tugend oder das Gottes Wort bey ihm anschlage, an sich, vielmehr wohl solche Kennzeichen, daraus allerley Excesse in Frechheit, Geilheit und unbändigem Wesen zu besorgen sind.[53]

Spuren hinterließ Pideritt als Übersetzer von Frederick Slares *An Account of [...] the Pyrmont Waters* (1717).[54] Die hallischen Quellen beurteilen ihn als im pietistischen Sinne wenig erfolgreichen Absolventen.

4. Fazit

Der Umfang des unmittelbaren persönlichen Austauschs von Schülern und Lehrern zwischen Halle und der SPCK war nicht überwältigend groß, aber angesichts der Lebensverhältnisse um 1700 und der Bildungsangebote in Halle und London ist er doch bemerkenswert. Insgesamt hielten sich nachweisbar 13 Kinder und junge Männer zwischen 1700 und 1720 aus England, oft über mehrere Jahre, in Halle zur Ausbildung auf. Von den explizit zur Ausbildung für die Errichtung

---

50 »If Mr. Mackbeth has the use of devotion with the children in their chamber, I give my consent, that he may be present at them. But I desire, that he will take all other opportunities of instructing him in the principles of the Christian Religion, but not in any doctrine that is contrary of that of the Church of England.« Brief von William Benson sen. an August Hermann Francke vom 12.07.1708, Stab/F 30/2:1.

51 Brief von Henry Hoare an August Hermann Francke vom 13.07.1708, Stab/F 30/22:3.

52 2 Briefe von Ambrose Godfrey Hauckwitz an August Hermann Francke vom 28.08.1711 und 7.7.2012, Stab/F 30/20:1-2

53 Brief von Georg Ludwig Pideritt an Anton Wilhelm Böhme vom 03.09.1712 mit beigegebener Notiz von Georg Heinrich Neubauer, AFSt/H A 185:33.

54 Lawrence M. Principe: Art. »Slare, Frederick (1646/7–1727)«. In: Oxford Dictionary of National Biography. Oxford 2004; online edition: URL: http://www.oxforddnb.com/view/article/25715 (letzter Zugriff: 17.05.2012).

von Charity Schools nach Halle geschickten Schülern und Studenten wurde nur Abraham Mackbeth als Multiplikator in London sichtbar. Von Halle nach London gingen sechs deutsche Absolventen. Angesichts der hohen Kosten für einen Aufenthalt in Halle ist es nicht erstaunlich, dass Wigers und Mehder bei der Rekrutierung von zahlenden Schülern wenig Glück hatten, ebenso wenig wie Böhme reiche Scholaren für das Pädagogium gewann. Keine Spuren hat der Informator Friedrich Wilhelm Berchelmann (1679–1754), später ein erfolgreicher Kirchenmann, in London hinterlassen. Auch das ursprünglich von Mehder und Wigers angestrebte Ziel des Fundraisings ist weniger von diesen selbst als von Anton Wilhelm Böhme realisiert worden, der durch seine Position über andere Kontakte als die beiden Lehrer verfügte.

Selbst wenn der von der SPCK und dem Halleschen Waisenhaus angestrebte Bildungstransfer auf der Ebene des Lehrer- und Schüleraustausches zwischen Deutschland und England also nicht nur wegen der konfessionellen und sprachlichen Barrieren eingeschränkt blieb und bereits um 1700 durch nationale bildungsgeschichtliche Besonderheiten geprägt war, stellt er keine kuriose bildungsgeschichtliche Randerscheinung dar. In einer Zeit, in der nur ein geringer Anteil von Kindern überhaupt die Schule besuchte und in der an Vorgaben im Alter der Schüler sowie feste Lehrpläne geknüpfte Jahrgangsstufen gerade erst im Entstehen begriffen waren, entwickelten die beiden hier betrachteten Frömmigkeitsbewegungen eine eigenständige bildungspolitische Dynamik. Die bezog sich sowohl auf institutionelle Muster, die von Halle nach London transferiert wurden wie auch auf Möglichkeiten, Ideen aus London im deutschsprachigen Raum zu verbreiten.

Der Austausch pädagogischer Ideen wurde von Wigers bereits angeregt, wie dessen Büchersendung von Lockes' Essay *On Education*, einem zentralen Text der Aufklärungspädagogik, und seine Anforderung von Programmschriften aus Halle gezeigt hat. Der Austausch mit London enthielt also eine Transferdimension, die über die unmittelbare Verständigung darüber, wie man die Ziele der Frömmigkeitsbewegungen in pädagogischen Institutionen verfolgen könne, hinausging. Aktivitäten dieser Art wurden in deutlich größerem Umfang von Anton Wilhelm Böhme und Johann Christian Jacobi (1670–1750) entwickelt, letzterer lebte als ehemaliger Student in Halle seit 1708 in London als Drucker und Buchhändler auf dem Savoy.[55] Die Übersetzungstätigkeit Böhmes zeitigte schulorganisatorische und pädagogisch-praktische Konsequenzen. Auf der praktischen Ebene wurde das von Francke angewandte Subskriptionsprinzip erfolgreich rezipiert, dessen Propaganda in den *Fußstapfen* einen breiten Raum einnimmt. Es war dem in England bisher vorherrschenden Finanzierungsmodus

---

[55] Vgl. Brunner, Halle Pietists [s. Anm. 2], 134, ausführlich zum Tranfer der pädagogischen Ideen Juliane Jacobi: Pädagogische Avantgarde um 1700. Franckes Schulgründungen im Kontext ihrer Zeit. In: Die Welt verändern. August Hermann Francke – Ein Lebenswerk um 1700. Hg. v. Holger Zaunstöck [u.a.]. Halle/Saale 2013, 215–225.

durch »endowments« (= Stiftungen) insofern überlegen, als man nicht auf größere Kapitalien als Grundstock angewiesen war.[56] Talbots *The christian school-master*, in dem die Übersetzung eines Teils der hallischen *Ordnung und Lehr-Art, Wie selbige in denen zum Waisen=Hause gehörigen Schulen eingeführet* den zentralen Textteil bildet, stellt ein weiteres prominentes Beispiel dafür dar, dass die Praxis des Waisenhauses in England auf Interesse stieß und den Anforderungen der anglikanischen Kirche angepasst wurde. Auf die länger anhaltende pädagogische Ausstrahlung Halles in die englischsprachige Welt über London hinaus verweist ein 1751 ergangener Ratschlag George Whitefields (1714–1770) an die Trustees der *Philadelphia Academy*. Der berühmte Erweckungsprediger empfahl den Gründern der Schule, aus der später die University of Pennsylvania hervorging, als Beratungsgrundlage bei der Erstellung der eigenen Schulordnung eine Übersetzung der »Rules and Orders observed in the celebrated School at Hall in Saxony, which being formed upon many Years of Experience« anfertigen zu lassen. »Which Proposal was unanimously agreed to, and the Committe acredited to get the said Pamphlet translated accordingly.«[57]

Ein Blick auf die 1708 bei Downing als Anschlag gedruckte *Order Read and Given to The Parents on the Admittance of their Children into the Charity Schools. To be set up in their Houses*[58] zeigt jedoch auch entscheidende Unterschiede zu den Schulen der hallischen Pietisten auf: In England waren die Eltern die Adressaten der Armenschulbewegung und wurden als Verantwortliche in die Pflicht genommen. Francke hingegen adressiert die fromme Öffentlichkeit in seinen Programmschriften und spricht die Eltern potentieller Armenschüler kaum an. Dass den Eltern unabhängig von Einkommen und sozialem Status die Hauptverantwortung für die Schulbildung ihrer Kinder übertragen wird, charakterisiert die englische Schulpolitik bis in das frühe 20. Jahrhundert. Die pädagogische Arbeit in Armen- und Freischulen, später öffentlichen Schulen wird in Deutschland in frommer, später öffentlicher und staatlicher Verantwortung gesehen.

---

56 Vgl. auch Brunner, Halle Pietists [s. Anm. 2], 93–99.

57 Vgl. Trustees of the University of Pennsylvania Minute Books, volume 1, 1749–1768 (College, Academy and CharitableSchool), page 15; University Archives UPA 1.1; URL: http://sceti.library.upenn.edu/sceti/codex/public/PageLevel/index.cfm?WorkID=787&Page=40 (letzter Zugriff: 10.01.2014). Den Hinweis auf die Existenz dieser Übersetzung verdanke ich Jürgen Overhoff. Zugrundegelegt wurde August Hermann Francke *Kurtzer Bericht von der gegenwärtigen Verfassung des Paedagogii Regii zu Glaucha, zum Dienst derer, welche Nachfragen zu tun pflegen, im Druck vorgelegt [...]* erstmalig 1710. Die Auflage von 1727 ist online einsehbar unter: URL: http://digital.bibliothek.uni-halle.de/hd/content/titleinfo/758757 (Uniform Resource Name [URN]: urn:nbn:de:gbv:3:3-21956).

58 Orders read and given to the parents on the admittance of their children into the charity-schools. To be set up in their houses. London: J. Downing, 1708. Eighteenth Century Collections Online, URL:http://find.galegroup.com.proxy.nationallizenzen.de/ecco/infomark.do?&source=gale&prodId=ECCO&userGroupName=1gbv&tabID=T001&docId=CW107973803&type=multipage&contentSet=ECCOArticles&version=1.0&docLevel=FASCIMILE (letzter Zugriff: 22.05.2012).

Christina Jetter-Staib

»da sie keinen Scrupel machen, mit uns in guter gemeinschaft zur beforderung des Reiches christi zu leben …« Der Londoner Hofprediger Friedrich Michael Ziegenhagen (1694–1776) als Mittler zwischen Halle und England

Der hallische Pietismus veränderte im späten 17. und im 18. Jahrhundert nicht nur die religiöse Landschaft der deutschen Territorien, sondern brachte auch soziale, kulturelle, und wirtschaftliche Folgewirkungen mit sich – über Mission und Migration in vielen Gebieten weltweit. Oftmals scheint es, als seien diese tiefgreifenden Entwicklungen lediglich auf den Begründer August Hermann Francke zurückzuführen, während seine Mitarbeiter und Nachfolger die Impulse lediglich ausgeführt hätten. Dabei wurde häufig zu wenig beachtet, dass zahlreiche Vertreter des hallischen Pietismus neben Francke und nach seinem Tod überaus selbständig agierten. Diese Vertreter gaben den Entwicklungen ein eigenes Gepräge. Ihre Bemühungen konnten über Franckes ursprüngliche Intentionen hinausgehen oder sich gar gegen diese wenden. Allein aufgrund der geografischen Entfernungen zwischen den Knoten des pietistischen Netzwerks ist kaum eine andere Struktur denkbar. Ein solcher eigenständiger Vertreter des hallischen Pietismus war Friedrich Michael Ziegenhagen, der eine Schlüsselposition für die hallischen Unternehmungen weltweit einnahm.[1]

Friedrich Michael Ziegenhagen

Friedrich Michael Ziegenhagen wurde am 15. März 1694 in Hinterpommern geboren. 1714 erfolgte seine Immatrikulation in Halle, seit 1717 studierte er in Jena Theologie. Nach seinem Studium nahm er eine Stelle als Prediger am Hof des Grafen Ernst August von Platen (1674–1726) in Linden bei Hannover an, die ihm von August Hermann Francke vermittelt worden war.[2] Dieses Amt an

---

1 Die Autorin des Aufsatzes hat zu Friedrich Michael Ziegenhagen eine Dissertationsschrift verfasst: Halle, England und das Reich Gottes weltweit. Friedrich Michael Ziegenhagen (1694–1776), Hallescher Pietist und Londoner Hofprediger. Halle/Saale 2013. Zu F.M. Ziegenhagen außerdem Norman J. Threinen: Friedrich Michael Ziegenhagen (1694–1776). German Lutheran Pietist in the English Court. In: Lutheran Theological Review 22, 2000, 56–94; Norman J. Threinen: Friedrich Ziegenhagen – the London Connection to India and America. In: Halle Pietism, Colonial North America and the Young United States. Hg. v. Hans-Jürgen Grabbe. Stuttgart 2008, 113–134. Grundlegende Informationen zu Ziegenhagen finden sich außerdem in Daniel L. Brunner: Halle Pietists in England. Antony William Boehm and the Society for Promoting Christian Knowledge. Göttingen 1993.

2 Brief von August Hermann Francke an Johann Christoph Martini vom 27.06.1722, Cambridge University Library, SPCK Archive (Camb/SPCK) MS.D2/16/17.7.1722, 7108.

einem Hof qualifizierte ihn für seine spätere Aufgabe in London. In Linden erwies sich Ziegenhagen als überzeugter Vertreter des hallischen Pietismus in einem lutherisch-orthodox geprägten Umfeld. Da er sich stark mit Halle identifizierte, kämpfte er dagegen »daß die meisten leute alhier, oder doch viele, recht alberne gedancken von halle und denen dasiegen anstalten hegen«[3]. Diese ›Gedancken‹ konnten sich zu heftigen Anfeindungen auswachsen, u.a. deshalb, da Ziegenhagen zu dieser Zeit noch keine lutherische Ordination empfangen hatte.[4]

Im Dezember 1722 erhielt Ziegenhagen den Ruf König Georgs I. (reg. 1714–1727) für das Predigeramt an der deutschen lutherischen Hofkapelle im St James's Palace in London.[5] Ziegenhagen sollte sein Amt unter den Königen Georg I., Georg II. (reg. 1727–1760) und Georg III. (reg. 1760–1820) ausüben. Als Nachfolger Anton Wilhelm Böhmes (1673–1722)[6] wirkte Ziegenhagen über 50 Jahre lang, bis zu seinem Tod am 24. Januar 1776, als lutherischer Hofprediger in einem anglikanischen Umfeld.

In London eröffneten sich Ziegenhagen vielfältige Wirkungsfelder, insbesondere in Zusammenarbeit mit der Society for Promoting Christian Knowledge (SPCK). Die SPCK als bedeutende Religious Society besaß zwar Mitglieder in den höchsten englischen Kreisen und damit beträchtlichen Einfluss, war aber als unabhängige Sozietät ohne königliches Privileg keiner staatlichen oder kirchlichen Stelle direkt verpflichtet. In ihrem Engagement war sie deshalb deutlich freier als z.B. die königliche Society for the Propagation of the Gospel in Foreign Parts (SPG). Selbst Personen anderer Nation oder Konfession fanden in der SPCK Handlungsspielraum. Das gilt für Böhme ebenso wie für seinen Nachfolger Ziegenhagen. Ziegenhagen erlangte auf diese Weise als Mittler zwischen Halle und England – ›England‹ bedeutet in diesem Fall meist die SPCK – eine Schlüsselrolle für die hallischen Projekte weltweit. Die Situierung am Hof erhöhte seinen Bekanntheitsgrad und seine Autorität. London als ein Zentrum des frühmodernen Europa erleichterte viele Aufgaben.[7] Ziegenhagen hatte dabei

---

3 Brief von Friedrich Michael Ziegenhagen an August Hermann Francke vom 17.09.1719, Berlin, Staatsbibliothek zu Berlin, Preußischer Kulturbesitz: Francke-Nachlass: Stab/F 30/59 : 10, 2.

4 Vgl. zu diesen Anfeindungen u.a. Briefe von Friedrich Michael Ziegenhagen an August Hermann Francke vom 28.09.1720 (Stab/F 30/59 : 18,2), vom 18.01.1719 (Stab/F 30/59 : 5, 1), vom 26.10.1720 (Stab/F 30/59 : 19) und vom 31.01.1722 (Stab/F 30/59 : 30, 1f.).

5 Am 19. Dezember wurde Ziegenhagen am Königshof ordiniert. Am 23. Dezember, dem vierten Advent, hielt er seine Antrittspredigt, vgl. Kirchenbuch der königlichen deutschen Hofkapelle in St James's, 1712–1759, London, National Archives, RG4/4568, f.18(r)/7.

6 Zu Böhme vgl. umfassend Brunner, Halle Pietists [s. Anm. 1]; Arno Sames: Anton Wilhelm Boehme (1673–1722). Studien zum ökumenischen Denken und Handeln eines halleschen Pietisten. Göttingen 1990.

7 Vgl. zu Londons Bedeutung in dieser Zeit Philip L. Cottrell: London as a Centre of Communications. From the Printing Press to the Travelling Post Office. In: Kommunikationsrevolutionen. Die neuen Medien des 16. und 19. Jahrhunderts. Hg. v. Michael North. Köln [u.a.] 1995, 157–178; Alexander Pyrges: Religion in the Atlantic World. The Ebenezer Communication Network, 1732–1828. In: Pietism in Germany and North America 1680–1820. Hg. v. Jonathan Strom [u.a.]. Farnham [u.a.] 2009, 51–67, hier 65; Margrit Schulte Beerbühl: Deutsche Kaufleute in London. Welthandel und Einbürgerung (1600–1818). München 2007, 74–81.

zum Teil andere Interessensschwerpunkte als Böhme. Karitative Aktivitäten oder Bildungsbemühungen in England traten zurück, während das bereits bestehende Engagement in Indien ausgebaut wurde und Nordamerika erstmals eine dominierende Stellung im hallischen Kosmos erhielt.

Ziegenhagen und die SPCK

Als Quellenbasis für die Untersuchung von Ziegenhagens Rolle in der deutsch-englischen Kooperation existiert eine umfangreiche Korrespondenz, deren größter Teil im Archiv der Franckeschen Stiftungen verwahrt wird.[8] Sie umfasst nicht nur diejenigen Briefe, die Ziegenhagen mit wichtigen Vertretern der Franckeschen Stiftungen wechselte, sondern auch mit zahlreichen anderen Kontaktpersonen. Eine weitere, als ›englisch‹ zu betrachtende Perspektive auf den Themenkomplex bietet das SPCK Archive, das heute in der Cambridge University Library verwahrt wird. Zum Schriftverkehr der Gesellschaft kommen die Protokollbücher der Sitzungen der SPCK. Diese Dokumente beschreiben kurz die wichtigsten Rahmenbedingungen, Themen und Beschlüsse der Sitzungen und sind somit stark faktenorientiert. Persönliche Meinungen oder Wertungen kommen kaum zur Sprache. Damit bildet diese Quellengruppe eine wichtige Ergänzung zu den stark persönlichen Briefquellen.

Die SPCK besaß insofern eine Schlüsselrolle für Ziegenhagen, als in dieser Gesellschaft auch Laien und Nicht-Anglikaner Einfluss nehmen konnten.[9] Die Gesellschaft besaß kein königliches Privileg und war keiner staatlichen oder kirchlichen Stelle direkt verpflichtet, so dass sie in der Art ihres Engagements weitgehend freie Hand hatte. Neben den korrespondierenden Mitgliedern der SPCK existierte ein kleinerer Kreis von so genannten Resident Members, die Stimmrecht besaßen und vor Ort die Geschicke der Gesellschaft lenkten. In diesem Kreis befanden sich nur wenige Mitglieder, die nicht der Englischen Kirche

[8] Weitere Teile der Korrespondenz Ziegenhagens finden sich in der Staatsbibliothek zu Berlin (Preußischer Kulturbesitz), im Unitätsarchiv Herrnhut, im Landeshauptarchiv Sachsen-Anhalt (Abteilung Magdeburg, Standort Wernigerode) sowie im Rigsarkivet Kopenhagen.

[9] Zur SPCK vgl. einführend William Osborn Bird Allen u. Edmund McClure: Two Hundred Years. The History of the Society for Promoting Christian Knowledge 1698–1898. London 1898. ND New York 1970; An Account of the Origin and Designs of the Society For Promoting Christian Knowledge. London: Joseph Downing, 1733; Brunner, Halle Pietists [s. Anm. 1]; William Kemp Lowther Clarke: A History of the S.P.C.K. London 1959; Hans Cnattingius: Bishops and Societies. A Study of Anglican Colonial and Missionary Expansion, 1698–1850. London 1952, 38–54; Samuel Clyde McCulloch: The Foundation and Early Work of the Society for Promoting Christian Knowledge. In: Historical Magazine of the Protestant Episcopal Church 18, 1949, 3–22; Craig Rose: The Origins and Ideals of the SPCK 1699–1716. In: The Church of England, c. 1689–c. 1833. From Toleration to Tractarianism. Hg. v. John Walsh [u.a.]. Cambridge 1993, 172–190; Norman Sykes: Ecumenical Movements in Great Britain in the Seventeenth and Eighteenth Centuries. In: A History of the Ecumenical Movement 1517–1948. Hg. v. Ruth Rouse u. Stephen Charles Neill. London [2]1967, 123–167.

angehörten: Sie waren allesamt Lutheraner und der Hofkapelle bzw. der deutschen lutherischen Savoy-Gemeinde in London verbunden – Ziegenhagen selbst war am 7. Mai 1724 als Mitglied aufgenommen worden.[10] Diese Lutheraner stellten ideale Ansprechpartner für Protestanten vom europäischen Festland dar, die mit ihren religiösen Projekten in England Eingang suchten. Auf diese Weise bildete die Hofkapelle unter Ziegenhagen ein eigenständiges pietistisches Zentrum.

Die regelmäßigen Sitzungen der SPCK fanden monatlich statt, hinzu kamen weitere Sondertreffen aus diversen Anlässen. Die Protokollbücher vermerken durchschnittlich fünf bis zehn anwesende Resident Members, so dass von einem erheblichen Einfluss der Anwesenden auf die relevanten Entscheidungen auszugehen ist. Im Vergleich zeigte der Hofprediger eine überdurchschnittlich hohe Präsenz. Seine Teilnahme an den unterschiedlichen Sitzungen ist ungefähr ein- bis zweimal im Monat belegt. Die inhaltlichen Einträge in den Protokollen zeigen, dass Ziegenhagen zwar besonders um die indische Mission und die Salzburger Migration nach Georgia bemüht war, jedoch auch dann präsent war, wenn keines der hallischen Projekte diskutiert wurde. Statt eng fokussierter Lobbyarbeit ist demnach von einem allgemeinen Interesse an der Arbeit der SPCK auszugehen. Erst Mitte der 1740er Jahre ging Ziegenhagens Anwesenheitsquote in den Sitzungen der SPCK zurück, vornehmlich bedingt durch gesundheitliche Beschwerden.

Den engsten Kontakt innerhalb der SPCK pflegte Ziegenhagen mit Henry Newman (1670–1743), dem unersetzlichen Sekretär der Gesellschaft.[11] Beide Männer maßen der indischen Mission besondere Bedeutung zu. Den nordamerikanischen Kolonien war Newman aufgrund seiner Herkunft aus Massachusetts ohnehin verbunden. Die Zusammenarbeit betraf vorrangig organisatorische Aspekte und besaß eine gewisse Vertrautheit: Briefe, die bei Newman für die SPCK einliefen, waren z.B. für den Hofprediger offen zugänglich.

Ziegenhagen nutzte seine Position in der SPCK, um diese zur Unterstützung der hallischen Unternehmungen weltweit anzuhalten. Zu diesem Zweck musste er zumindest bis zu einem gewissen Grad ein Gemeinschaftsgefühl erzeugen. Anknüpfungspunkte boten die Reformbemühungen in Kirche und Gesellschaft, die moralische Besserung bzw. die Bekehrung der Menschen, sowie die in Halle wie auch häufig in der SPCK vertretene Selbstwahrnehmung als fromme Minderheit. Über die Kooperation sollte dem Reich Gottes der Weg bereitet werden – ein Leitgedanke Ziegenhagens, der auch in der SPCK auf Interesse stoßen konnte.

---

10 SPCK Protokoll vom 07.05.1724, Camb/SPCK.MS.A1/11, 40.

11 Vgl. einführend zu Newman insbesondere William Kemp Lowther Clarke: Eighteenth Century Piety. London, New York 1944, 30–53; Leonard W. Cowie: Henry Newman. An American in London 1708–1743. London 1956; Daniel O'Connor: Secretaries of the Society for Promoting Christian Knowledge (SPCK) 1699–1743. In: Halle and the Beginning of Protestant Christianity in India. Hg. v. Andreas Gross [u.a.]. Bd. 3. Halle/Saale 2006, 1561–1564, hier 1562f.

Faktisch bestanden jedoch auch viele gute praktische Gründe für die Kooperation. Die SPCK konnte Gelder, eine gewisse Infrastruktur und Kontakte z.B. zum Parlament oder zur Ostindischen Kompanie bieten, Halle punktete mit seinen Ausbildungsstätten und den daraus gewonnenen potentiellen Mitarbeitern.[12]

Ziegenhagen pflegte die Verbindung zwischen Halle und der SPCK auf zwei Ebenen. Auf der institutionellen Ebene setzte er sich dafür ein, dass Vertreter Halles zu korrespondierenden Mitgliedern der Gesellschaft ernannt wurden, so bereits im Jahr 1728 Johann Anastasius Freylinghausen und Gotthilf August Francke.[13] Den Missionaren schärfte er ein, der SPCK regelmäßig Dank- und Ehrenbezeugungen zukommen zu lassen.[14] Missionare und Prediger, die auf ihrem Weg in die weite Welt in London Station machten, stellte er in den Sitzungen der SPCK vor, so dass eine persönliche Verbindung entstehen konnte.[15] In den Sitzungen der SPCK ließ er ausgewählte Briefpassagen aus Halle, Indien oder Nordamerika öffentlich verlesen, um das Erfolgs- und Gemeinschaftsgefühl zu stärken.[16] Beidseitig vermittelte der Hofprediger außerdem Bücher und Traktate, hinzu kamen die *Circular Letters* der SPCK bzw. in Halle herausgegebene Periodika.[17]

Auf der persönlichen Ebene knüpfte Ziegenhagen deutsch-englische Kontakte, z.B. zwischen August Hermann Francke und Sir John Philipps (1662[?]–1737). Der bedeutende Whig-Politiker und Philanthropist war wohl das bedeutendste

---

12 Die SPCK schätzte diese Unterstützung Halles ausdrücklich. Dies zeigt ein Brief, in dem Ziegenhagen Gotthilf August Francke 1731 über die Mission das Folgende berichtete: »vermelde deswegen daß heüte in der Societat resolviret worden einen catecheten, wo möglich, nach Madras mit den nächsten Schiffen zu senden; weil aber hier keiner zu haben ist, so addressiret sich die Societat abermahl an Ew: hochEhrw:, mit gantz dienstlicher bitte, Ihr aus der großen anzahl frommer und geschickter Leute, die Sie an Ihrem orte haben (ita enim opinantur) ein subjectum, wie die herrn Missionarii es beschreiben, nemlich das zum catecheten und haus Inspectore könne gebrauchet werden, zu uberlaßen.« (Brief von Friedrich Michael Ziegenhagen an Gotthilf August Francke vom 05.10.1731, Halle, Archiv der Franckeschen Stiftungen: AFSt/M 1 E 2:24, 1).

13 Vgl. Brief von Friedrich Michael Ziegenhagen an Gotthilf August Francke vom 05.11.1728, AFSt/M 1 B 4:56, 2.

14 So z.B. in der Aufforderung Ziegenhagens an die Missionare vom 11.02.1732, AFSt/M 1 C 18:7, 4: »fur den neuen Satz der Portugiesischen Lettern und fur die 50 Ries Papier werden sie der societat specialiter danck sagen«.

15 Bei den ersten Missionaren, die von Ziegenhagen in London betreut wurden, handelte es sich um Christoph Theodosius Walther (1699–1741), Christian Friedrich Pressier (1697–1738) und Martin Bosse (1695–1756), die im Jahr 1724 nach Tranquebar geschickt wurden. Zu diesem Besuch ist ausführliches Quellenmaterial erhalten, das sich größtenteils unter der Signatur Stab/F:30/59 in der Staatsbibliothek zu Berlin Preußischer Kulturbesitz befindet.

16 Noch in den 1750er Jahren wurden geradezu rituell Briefe aus Halle und von den Missionaren öffentlich in den SPCK-Sitzungen verlesen: vgl. z.B. SPCK Protokoll vom 06.02.1750, Camb/SPCK.MS.A1/21, 286.

17 Vgl. zu diesem Austausch u.a. Briefe von Friedrich Michael Ziegenhagen an Gotthilf August Francke vom 06.08.1728 (Stab/F 30/59:76, 1), vom [Mai] 1729 (AFSt/M 1 B 4:72, 2); vom 13.02.1731 (AFSt/M 1 E 2:11, 2), vom 10.01.1735 (AFSt/M 1 E 2:90, 2); Brief von Friedrich Michael Ziegenhagen an Sebastian Andreas Fabricius vom 17.02.1756, AFSt/M 1 D 4:60, 1.

Laienmitglied der SPCK. Kurz nach Amtsantritt übermittelte Ziegenhagen Philipps erstmals einen Brief von Francke. Philipps übersandte daraufhin Predigten und Spenden an das Waisenhaus und versprach »alle liebes dienste, insonderheit in absicht auf die ost-Indische Mission«[18]. Philipps blieb auch nach dem Tod Franckes 1727 ein Verehrer des hallischen Patriarchen und ein Unterstützer der Glauchaschen Anstalten.[19] Gereizt reagierte Ziegenhagen deshalb, als Franckes Sohn und Nachfolger, Gotthilf August Francke (1696–1769), Mitte der 1730er Jahre diesen Kontakt zu vernachlässigen schien.[20] Bereits im April 1729 hatte Ziegenhagen Francke zur Anteilnahme an Philipps' Verlust seiner einzigen Tochter ermahnt.[21] Nach Philipps' Tod 1737 nahm Ziegenhagen dessen Sohn als Kontakt für Francke in den Blick, allerdings mit deutlich interessengeleiteter Stoßrichtung: »wolten oder konten Ew: hochEhrw. ein klein condolence schreiben an den altesten herrn Sohn, den nunmehrigen Sir Erasmus philipps der ein membrū vom parlament ist, mogte es nicht ohne Nutzen seyn.«[22]

Trotz seines Einsatzes für die hallisch-englischen Verbindungen stand Ziegenhagen der SPCK nicht vorbehaltlos gegenüber. Zeitlebens identifizierte er sich wesentlich stärker mit seiner hallischen Prägung. Die Grundidee der SPCK unterstützte er, die Praxis jedoch oftmals nicht, wie er beispielsweise im Jahr 1735 meldete:

> Es tuht mir hertzlich leyd, daß ich Ihnen sub fide silentii melden muß, daß es in unser Societat itzo gar nicht harmonisch zu gehe […] es ist, als ob der bose feind auch diese gute anstalt gantzlich zu ruiniren suchte.[23]

Auch die in der SPCK übliche Debattenkultur beurteilte Ziegenhagen als überflüssig und ineffizient. Bereits abgefasste Instruktionen würden wertlos wegen der »eigensinnigen critiquen gewißer membrorū, denen sie teils zu lang, teils zu speciell, teils zu theologisch oder biblisch zu seyn dünckten.«[24] Die Praxis »des

---

18 Brief von Friedrich Michael Ziegenhagen an August Hermann Francke vom 05.02.1725, Stab/F 30/59 : 55, 1f.

19 1732 bewirkte Philipps z.B. eine englische Publikation von August Hermann Franckes *Christus S. Scripturae Nucleus* (1724). Für das Vorwort erbat er sich von Ziegenhagen und Gotthilf August Francke detaillierte Informationen über den Verstorbenen und die Glauchaschen Anstalten, vgl. Briefe von Friedrich Michael Ziegenhagen an Gotthilf August Francke vom 12.02.1732, AFSt/M 1 E 2 : 36, 7f., vom 08.04.1732, AFSt/M 1 E 2 : 38, 1f. und vom 30.09.1734, AFSt/M 1 E 2 : 79, 2.

20 Vgl. Briefe von Friedrich Michael Ziegenhagen an Gotthilf August Francke vom 29.11.1734, AFSt/M 1 E 2 : 87, 3 und vom 29.03.1736, AFSt/M 1 E 2 : 113, 2.

21 Brief von Friedrich Michael Ziegenhagen an Gotthilf August Francke vom 18.04.1729, AFSt/M 1 B 4 : 71, 2.

22 Brief von Friedrich Michael Ziegenhagen an Gotthilf August Francke vom 10.01.1737, AFSt/M 1 E 2 : 127, 2. Ziegenhagen hatte bereits seit mehreren Jahren mit Erasmus Philipps in Kontakt gestanden.

23 Brief von Friedrich Michael Ziegenhagen an Gotthilf August Francke vom 14.02.1735, AFSt/M 1 E 2 : 91, 2.

24 Brief von Friedrich Michael Ziegenhagen an Gotthilf August Francke vom 28.04.1735, AFSt/M 2 G 10 : 43, 4.

seltsahmen raisonirens [nehme] zuweilen kein Ende.«[25] Die aus seiner Sicht bestehenden Missstände bedauerte Ziegenhagen ernsthaft, weil er wusste, wie wichtig die SPCK für die hallischen Unternehmungen war. Zu einem wirklichen Bruch kam es zur Zeit Ziegenhagens nie.

Gegenüber weniger vertrauten Personen verteidigte Ziegenhagen die Gesellschaft schließlich auf das Äußerste. Im Februar 1737 warnte er z.B. den Missionar Benjamin Schultze (1689–1760), »sich mit der hiesigen Societaet wohl in acht zu nehmen, indem man gantz und gar nicht mit diesen oder jenen sinistren Methoden oder scheinbahren vorstellungen bei ihr durchkommt.«[26]

Die ambivalente Haltung, die Ziegenhagen gegenüber der SPCK einnahm, rührte wohl nicht zuletzt von seiner generell kritischen Distanz zu seinem Gastland England. England genoss auf dem europäischen Festland und insbesondere in den deutschen Territorien hohe Aufmerksamkeit, wobei das Spektrum von Anglophilie bis zu furchterfülltem Neid reichte. Macht und Wohlstand der Insel, der technologische Fortschritt, das Parlament oder die Verbreitung aufklärerischer Strömungen galten als Charakteristika. Religiöse Toleranz und Meinungsfreiheit propagierten die Engländer selbst als protestantische Tugenden.[27]

In Ziegenhagens Texten finden sich durchaus zeitgenössische Topoi wie die »englische freyheit«[28]. Auch London als Hort der Aufklärung und Liberalität trifft Ziegenhagens Erfahrungswelt, freilich im negativen Sinne: »Londen ist für einige leute ein besonders an sich ziehender Ort, für mich nicht.«[29] Als bedrohlich empfand er insbesondere »den zu dieser zeit in England, gleich einer giftigen Pest, gressirenden unglauben und Naturalismū«[30].

Gäste der Hofkapelle, die sich den Verlockungen des freiheitlichen England hingaben, ernteten Entsetzen und Widerspruch, so Ludwig Martin Kahle (1712–1775), der sich 1735 in London aufhielt:

---

[25] Brief von Friedrich Michael Ziegenhagen an Gotthilf August Francke vom 19.08.1736, AFSt/M 2 G 11:3, 2.

[26] Brief von Friedrich Michael Ziegenhagen an Benjamin Schultze vom 08.02.1737, AFSt/M 2 G 11:54, 3.

[27] Vgl zu dieser Thematik grundlegend Michael Maurer: Aufklärung und Anglophilie in Deutschland. Göttingen, Zürich 1987; Michael Maurer: Europäische Kulturbeziehungen im Zeitalter der Aufklärung. Französische und englische Wirkungen auf Deutschland. In: Das Achtzehnte Jahrhundert 15, 1991, 35–61; »O Britannien, von deiner Freiheit einen Hut voll.« Deutsche Reiseberichte des 18. Jahrhunderts. Hg. v. Michael Maurer. München [u.a.] 1992; Michael Maurer: Germany's Image of Eighteenth-Century England. In: Britain and Germany Compared. Nationality, Society and Nobility in the Eighteenth Century. Hg. v. Joseph Canning u. Hermann Wellenreuther. Göttingen 2001, 13–36; Panikos Panayi: Germans in Eighteenth-Century Britain. In: Germans in Britain since 1500. Hg. v. Panikos Panayi. London, Rio Grande 1996, 29–48, hier 32.

[28] Brief von Friedrich Michael Ziegenhagen an Gotthilf August Francke vom 15.03.1736, AFSt/M 1 E 2:111, 5.

[29] Brief von Friedrich Michael Ziegenhagen an Samuel Urlsperger vom 08.12.1738, Stab/F 21,2,2/8:143, 205.

[30] Brief von Friedrich Michael Ziegenhagen an Gotthilf August Francke vom 15.03.1736, AFSt/M 1 E 2:111, 3.

> was ich hin und wieder von ihm und seinem Reise gefehrten hore ist nur schlecht. gottes Wort und gebet lieget unter ihnen so viel man abnehmen kann, gantz da nieder. wenn sie sich auch wornach erkundigen, so ist es nur nach den, wegen ihrer gottlosen bucher beschrienen Leuten, als [Anthony] Collins, [Thomas G.] Woolston, [Matthew] Tindal etc: oder sonst nach nichtigen weltlichen dingen. sie besuchen auch ofters die Comoedien und opern und kommen daruber nachts um 12 uhr erst zu hause.[31]

Mit großem Bedauern schlussfolgerte Ziegenhagen: »so gefahrlich ist es hier vor junge leute, wenn sie nicht einige furcht gottes mitbringen, oder nicht guten Raht achten.«[32] Er bedauerte, dass Kahle mit dieser Haltung auch noch zu Erfolg in der modernen Wissenschaftswelt kommen könne: Kahle wolle in England Eingang in die Royal Society finden, um so auch in Deutschland Ruhm zu erlangen.[33] Tatsächlich erhielt Kahle 1737 an der Universität Göttingen eine Professur für Philosophie.

Der Gedanke, dass London junge Seelen verderbe, findet sich bei Ziegenhagen auch an anderen Stellen.[34] Die Missionare, die er in London auf ihre künftige Aufgabe vorbereitete, beschäftigte er darum rund um die Uhr mit der Abfassung von Predigten, Erbauungsstunden und theologischen Lehrgesprächen.[35]

Bei aller räumlichen Identität erscheinen somit das fromme Umfeld Ziegenhagens und das freiheitliche London in den untersuchten Quellen beinahe als getrennte Welten. Überschneidungen dieser Sphären fanden sich innerhalb der SPCK, deren oftmals hochgestellte Mitglieder die unterschiedlichen Strömungen der Englischen Kirche vertraten.

In seinem nations- und konfessionsübergreifendem Netzwerk, das neben Halle und England zahlreiche weitere Partner im Heiligen Römischen Reich, Nordamerika und Indien umfasste, erfüllte Ziegenhagen eine Art Schaltstellenfunktion. Er besaß ein breites Netz an Kontakten und widmete sich der Gelderverwaltung und -beschaffung, wobei hohe Summen durch seine Hände flossen. Hinzu kam

---

[31] Brief von Friedrich Michael Ziegenhagen an Gotthilf August Francke vom 11.12.1735, AFSt/M 1 E 2:104, 5.

[32] Brief von Friedrich Michael Ziegenhagen an Gotthilf August Francke vom 30.12.1736, AFSt/M 1 E 1:126, 4.

[33] Brief von Friedrich Michael Ziegenhagen an Gotthilf August Francke vom 11.12.1735, AFSt/M 1 E 2:104, 5.

[34] Dies gilt auch noch für spätere Jahrzehnte: Als die drei Söhne Heinrich Melchior Mühlenbergs, hallescher Pastor in Pennsylvania, 1763 in die Obhut Gotthilf August Franckes nach Halle gegeben wurden, stellte Ziegenhagen erleichtert fest: »insoweit war mir lieb zu hören, daß keiner von ihnen hier in Londen (wegen der greülichen corruption und verführung, welcher junge bursche[n] exponiret sind) bleiben solte« (Brief von Friedrich Michael Ziegenhagen an Gotthilf August Francke vom 20.06.1763, AFSt/M 1 D 8:14, 3).

[35] Erleichtert konstatierte Ziegenhagen ob seiner Bemühungen deshalb das vorbildhafte Verhalten der Missionare Gottfried Wilhelm Obuch (1707–1745), Johann Christian Wiedebrock (1713–1767) und Johann Balthasar Kohlhoff (1711–1790). Immerhin habe selbst im verführerischen London »keiner mit seinem gemüht ausgeschweiffet oder irgend jemand worin anstößig worden […], vielmehr ist ihr Wandel und verhalten gar vorsichtig und erbaulich gewesen« (Brief von Friedrich Michael Ziegenhagen an Gotthilf August Francke vom 14.02.1737, AFSt/M 1 E 2:131, 1).

die Übermittlung von Post bzw. den darin enthaltenen Informationen, wobei diese kommentiert, zensiert oder komplett zurückgehalten werden konnten.[36] Der Hofprediger vermittelte außerdem persönliche Kontakte und Personal.

Dieses System hatte freilich auch Grenzen. Zum einen war es aufgrund der Distanzen über die Kontinente hinweg oftmals kaum möglich, zeitnah zuverlässige Informationen zu erhalten. Mangelnde Diskretion gefährdete zum anderen das heikle Gleichgewicht der Informationspolitik: So beklagte Ziegenhagen im März 1738, dass Halle bei hochstehenden Personen in England in schlechtem Ruf stehe, da Briefe des Erzbischofs ungefragt in den Missionsnachrichten veröffentlicht worden waren.[37] Obgleich die Partner »Halle« (also die mit den Glauchaschen Anstalten verbundenen Akteure) und »England« (also vor allem die Mitglieder der SPCK) ein gewisses Zusammengehörigkeitsgefühl besaßen, nahmen sie sich als unabhängige Kooperationspartner wahr. Daraus ergaben sich Komplikationen, die im Folgenden anhand einiger Beispiele erläutert werden.

Ziegenhagens Engagement für die Mission in Indien

Persönlich besonders am Herzen lag Ziegenhagen die Dänisch-Hallesch-Englische Mission (DHEM) in Indien. Er war der Überzeugung, dass es sich dabei um Gottes ureigenes Werk handele.[38] Initiator der sog. ›Tranquebarmission‹ in den dänischen Territorien seit 1706 war der dänische König Friedrich IV. (1671–1730) gewesen – Halle bildete jedoch das geistige, finanzielle und in vielem administra-

---

36 Zensurmaßnahmen hielt Ziegenhagen u.a. in der schweren Auseinandersetzung mit dem Missionar Benjamin Schultze vonnöten, der eigenmächtig das indische Tranquebar verlassen und eine Missionsstation in Madras errichtet hatte. Einen wutentbrannten Brief des Missionars, den dieser Anfang 1729 an das dänische Missionskollegium richtete – das ebenso wie die SPCK Teil der Auseinandersetzung war – unterdrückte Ziegenhagen, er gab nur eine deutlich abgemilderte Version weiter (Brief von Benjamin Schultze an das dänische Missionskollegium vom 31.01.1729, zitiert in: Anders Nørgaard: Missionar Benjamin Schultze als Leiter der Tranquebarmission (1720–26). In: Neue Zeitschrift für Missionswissenschaft 33, 1977, 181–201, hier 198; Brief von Friedrich Michael Ziegenhagen an Benjamin Schultze vom 26.01.1730, AFSt/M 1 C 16:67; vgl. außerdem Brunner, Halle Pietists [s. Anm. 1], 114).

37 Brief von Friedrich Michael Ziegenhagen an Gotthilf August Francke vom 15.03.1738, AFSt/M 1 E 4:12, 38f.

38 Dies zeigt sich u.a. in einem Zitat aus dem Jahr 1726, in dem sich Ziegenhagen über Erfolgsnachrichten aus Tranquebar freute: »Ungluck hat er [Gott]abgewendet, gesundheit und nahrung gegeben, die verkundigung seines Wortes geseegnet, sein häuflein vermehret, auch größern Eingang unter den heyden verschaffet, und sonderlich neüe arbeiter introduciret, damit durch mehrere hände der Wachstuhm seines Wercks möge befördert werden. das alles hat er getahn, und da ein jedes von solchen itzo gemachten stücken mannigfaltige, besondre, und auch bey den meisten mehr als einmahl wiederholte zeügniße seiner barmhertzigkeit in sich hält, so hat er ja auch hierin erweisen daß er würdig sey, daß man rede von seinen herrlichen tahten und daß man preise seine große barmherzigkeit« (Brief von Friedrich Michael Ziegenhagen an August Hermann Francke vom 26.07.1726, Stab/F 30/59:71, 1).

tive Zentrum der Mission. Insbesondere die Missionare wurden von Halle ausgesandt. Seit 1710 unterstützte die SPCK das Vorhaben. Englische Missionsstationen entstanden daraufhin in Madras (1728) und Cudelur (1737).[39]

In der lutherisch-anglikanischen Missionskooperation nahm Ziegenhagen eine wichtige Mittlerrolle ein. Als Hofprediger war er in der Position, auf beide Unterstützerkreise Einfluss nehmen zu können. Obwohl die ›Anglikaner‹ bzw. in diesem Fall die SPCK und der hallische Pietismus gemeinsame Anliegen hatten, ließen sich gewisse theologische Unterschiede nicht leugnen. Ziegenhagen kannte beide Positionen aus langjähriger eigener Erfahrung und konnte deshalb dazu beitragen, die Bedenken zu zerstreuen bzw. häufiger zu umgehen. Damit trug er maßgeblich zum jahrzehntelangen Fortbestehen der Missionskooperation bei.

Ein Beispiel für eine solche Vermittlungstätigkeit ist die heftige Auseinandersetzung, die Ziegenhagen und Gotthilf August Francke in den Jahren 1729/30 um die Berufung eines anglikanischen Kandidaten, James Christian, für den Missionsdienst im englischen Madras austrugen. Ziegenhagen wies Franckes Hauptsorge, dass der Kandidat möglicherweise nicht wirklich evangelisch sei, zurück:

> wenn sie darunter verstehen, ob er die lehre von christo, oder das Evangelium, so wie es auch in unser kirche nach der heil. Schrift gelehret wird, erkennet, so ist er Evangelisch, denn er bekennet sich zu der englischen Kirche, verstehen sie aber darunter blos einen Nahmen von unserer eußerlichen Kirche, so ist er nicht Evangelisch. ich hoffe aber nicht daß wir über eüßerliche Nahmen mit jemanden streiten werden.[40]

Die pietistische Unterscheidung von einer äußerlichen Kircheninstitution und der wahren Kirche der ›Kinder Gottes‹ scheint bei Ziegenhagen eine gewisse Selbstverständlichkeit in der bikonfessionellen Praxis erlangt zu haben. Hinter Franckes Bedenken hingegen stand v.a. die Furcht vor dem reformierten Glauben.[41] Ziegenhagen suchte diese zu entkräften:

> ich muß aber auch manchen Engländern das zeügnuß geben, daß sie sich von den, zwischen uns und den reformirten, stritigen puncten mündl. und schriftlich so erklären, daß man nicht ursach hat sie als eine von uns unterschiedene partey anzusehen […] woraus erhellet daß die englische Kirche der Lutherischen viel naher komt als sonst die ubrigen reformirten.

---

[39] Zur Dänisch-Hallesch-Englischen Mission vgl. die folgende grundlegende Literatur: Halle and the Beginning of Protestant Christianity in India. Hg. v. Andreas Gross [u.a.]. 3 Bde. Halle/Saale 2006; Heike Liebau: Die Quellen der Dänisch-Halleschen Mission in Tranquebar in deutschen Archiven. Ihre Bedeutung für die Indienforschung. Berlin 1993; Geliebtes Europa. Ostindische Welt. 300 Jahre interkultureller Dialog im Spiegel der Dänisch-Halleschen Mission. Hg. v. Heike Liebau. Halle/Saale 2006; Anders Nørgaard: Mission und Obrigkeit. Die Dänisch-hallische Mission in Tranquebar 1706–1845. Gütersloh 1988; Quellenbestände der Indienmission 1700–1918 in Archiven des deutschsprachigen Raums. Hg. v. Erika Pabst u. Thomas Müller-Bahlke. Tübingen 2005.

[40] Brief von Friedrich Michael Ziegenhagen an Gotthilf August Francke vom 06.01.1730, AFSt/M 1 B 7:87, 3.

[41] Eine ›Mengerey‹ zwischen lutherischem und reformiertem Glauben wollte Gotthilf August Francke in der Mission keinesfalls dulden, vgl. hierzu seine Aussagen u.a. in einem Brief von Gotthilf August Francke an Friedrich Michael Ziegenhagen vom 17.12.1729, AFSt/M 1 B 7:37, 7 (hier wird der Begriff ›Mengerey‹ verwendet) und vom 11.01.1730, AFSt/M 1 B 7:67, 3f.

> Jedoch ich halte es uberhaupt fur unrecht einige bitterkeit auch gegen diese zu hegen. es ist ein unglück daß man in der Jugend gemeiniglich so was auf faßet, daß man hernach Mühe hat, sich wieder davon los zu machen.[42]

Um sicher zu gehen, führte der Hofprediger ergänzend eine praktische Begründung an:

> Madras ist eine englische Colonie des wegen, ja kein Mensch Von den Englandern begehren kann daß sie keinen Missionarium Von ihrer Nation dahin [schicken] solten. insonderheit, da sie keinen Scrupel machen, mit uns in guter gemeinschaft zur beforderung des Reiches christi zu leben.[43]

Bei all dem betonte Ziegenhagen jedoch stets seine lutherische Rechtgläubigkeit.[44] Er akzeptierte im vorgestellten Fall ein aus seiner Sicht unabwendbares Übel, das jedoch nicht schwerwiegend genug war, um darüber die deutsch-englische Missionskooperation zu gefährden. Dass der anglikanische Kandidat sich zuletzt als ungeeignet erwies und stattdessen ein Hallenser, Johann Anton Sartorius (1704–1738), nach Madras geschickt wurde, deuteten Ziegenhagen und Francke noch Jahre später übereinstimmend als »das sonderbahre Zeügniß göttlicher gnädiger Providence«[45].

Eine weitere Probe für das lutherisch-anglikanische Verhältnis war die Einführung des englischen Katechismus in den englischen Missionen 1745/46. Dieser Beschluss der SPCK sollte dazu dienen, eine größere Übereinstimmung der Arbeit in den englischen Missionsstationen in Indien mit den Vorgaben der Englischen Kirche herbeizuführen.[46] Der Hofprediger agierte nicht öffentlich gegen diese Bestimmung, zog jedoch im Hintergrund Fäden. Er wies die Missionare an, die Vorgaben nur vordergründig zu erfüllen und möglichst weitgehend Stillschweigen über die gesamte Angelegenheit zu wahren.[47] Ziegenhagen behauptete, dass seine Vorwürfe nicht etwa gegen den anglikanischen Charakter des Katechismus gerichtet seien, sondern gegen dessen vermeintlich mangelnde Eignung zur Heidenmission.[48] Es sei freilich erwähnt, dass Ziegenhagen keinerlei diesbezügliche praktische Erfahrung besaß.

Entsetzt musste der Hofprediger bald feststellen, dass der hallische Missionar Johann Ernst Geister († 1750) selbst die Einführung des englischen Katechismus

---

42 Brief von Friedrich Michael Ziegenhagen an Gotthilf August Francke vom 24.02.1730, AFSt/M 1 B 7:111, 5f.

43 Brief von Friedrich Michael Ziegenhagen an Gotthilf August Francke vom 06.01.1730, AFSt/M 1 B 7:87, 3f.

44 So z.B. im Brief von Friedrich Michael Ziegenhagen an Gotthilf August Francke vom 24.02.1730, AFSt/M 1 B 7:111, 5.

45 Brief von Friedrich Michael Ziegenhagen an Gotthilf August Francke vom 21.11.1746, AFSt/M 2 G 16:53, 1.

46 Dies beschreibt der Hofprediger u.a. in den Briefen von Friedrich Michael Ziegenhagen an Johann Ernst Geister und Johann Philipp Fabricius vom [Mai 1745], AFSt/M 2 G 16:19, 22.

47 Samuel Theodor Albinus an Sebastian Andreas Fabricius, 28.05.1745, AFSt/M 1 E 8:15, 1–3.

48 Brief von Friedrich Michael Ziegenhagen an Gotthilf August Francke vom 03.10.1746, AFSt/M 2 G 16:51, 1.

in Madras durchgesetzt hatte.[49] Durchaus konfessionellem Denken verhaftet, folgerte Ziegenhagen bissig: »es stehet dahin, ob dis nicht ein vorbote sey, daß er im Fall gewiße Freünde fortfahren mit ihm unzufrieden zu seyn, wol gar zur engl. Kirche ubergehen mögte«[50].

Eine Bekanntmachung der Ereignisse in Europa sei jedoch nun unter allen Umständen zu vermeiden, um sie bei einem möglichen vorzeitigen Tod Geisters in Vergessenheit geraten zu lassen.[51] Tatsächlich ging Geister im Mai 1746 zurück nach Cudelur, um es wenige Wochen später auf der Flucht vor den französischen Truppen schon wieder zu verlassen. Er starb im Jahr 1750 auf dem Rückweg nach Europa. Die anglikanischen Neuerungen wurden zurückgenommen, was in der SPCK kaum bemerkt wurde.[52]

Hilfe für die Salzburger Migranten in Georgia

Während die Missionskooperation somit von Spannungen zwischen England und Halle, zwischen Anglikanismus und Luthertum, durchzogen war, zeigt der gemeinsame Einsatz für die Salzburger Emigranten ein anderes Bild.

Die lutherischen Migranten waren 1731/32 aus dem Erzbistum Salzburg ausgewiesen worden und fanden größtenteils in Preußen eine neue Heimat. Über Augsburg mit Samuel Urlsperger (1685–1772) und England mit Ziegenhagen und der SPCK gelangten einige Gruppen seit 1733 in die im Jahr zuvor neu gegründete englische Kolonie Georgia in Nordamerika. Wie selbstverständlich wurden zur Betreuung der Siedler hallische Pastoren herangezogen. Unter der umfassenden Leitung von Johann Martin Boltzius (1703–1765) und Israel Christian Gronau (1714–1745) entwickelte sich die Siedlung Ebenezer, die nicht nur als pietistische Idealgemeinschaft galt, sondern zur Mitte des Jahrhunderts auch die wirtschaftlich erfolgreichste Siedlung Georgias war.[53]

---

49 Brief von Friedrich Michael Ziegenhagen an Gotthilf August Francke vom 08.09.1746, AFSt/M 2 G 16:47, 3.

50 Brief von Friedrich Michael Ziegenhagen an Gotthilf August Francke vom 03.10.1746, AFSt/M 2 G 16:51, 1.

51 Brief von Friedrich Michael Ziegenhagen an Gotthilf August Francke vom 03.10.1746, AFSt/M 2 G 16:51, 1–3.

52 Brunner, Halle Pietists [s. Anm. 1], 127.

53 Als grundlegende Werke zur Salzburger Emigration und insbesondere zu den Salzburgern in Georgia seien genannt: George Fenwick Jones: The Georgia Dutch. From the Rhine and Danube to the Savannah, 1733–1783. Athens, London 1992; Pyrges, Religion [s. Anm. 7]; Alexander Pyrges: Network Clusters and Symbolic Communities. Communitalization in the Eighteenth-Century Protestant Atlantic World. In: Pietism and Community in Europe and North America, 1650–1850. Hg. v. Jonathan Strom. Leiden, Boston 2010, 199–224 (Pyrges hat außerdem eine bislang noch nicht veröffentlichte Dissertation über diese Thematik verfasst); Mack Walker: Der Salzburger Handel. Vertreibung und Errettung der Salzburger Protestanten im 18. Jahrhundert. Göttingen 1997; Renate Wilson: Die Stadt auf dem Berge. Eine außereuropäische Replikation des Halleschen Waisenhauses. In: Wegscheiden der Reformation. Alternatives Denken vom 16. bis zum 18. Jahrhundert. Hg. v. Günter Vogler. Weimar 1993, 513–540; Renate Wilson: Halle Pietism in Colonial Georgia. In: Lutheran

Dies konnte nicht zuletzt deshalb gelingen, da Ziegenhagen, Gotthilf August Francke, Samuel Urlsperger und die SPCK die Siedler großzügig mit finanziellen Mitteln und Sachsendungen ebenso wie z.B. mit der Bezahlung der Predigergehälter unterstützten. Dafür erwarteten die ›Väter‹ in Europa, wie die Gemeinden sie nannten, genaue Rechenschaft und übten auch sonst weitreichende Kontrolle aus.

Ziegenhagen war es gewesen, der am 22. Februar 1732 erstmals die Aufmerksamkeit der SPCK auf die Salzburger Emigration gelenkt hatte.[54] Er hielt die Gesellschaft mit Informationen aus dem Heiligen Römischen Reich auf dem Laufenden und übermittelte ihr Berichte, die in gedruckter Übersetzung in England weite Verbreitung fanden. Die Salzburger Emigration sollte in England ohnehin große Öffentlichkeitswirksamkeit erreichen.[55]

Bald nahm die Entwicklung allerdings eine von Ziegenhagen unvorhergesehene Wendung: Über die personellen Überschneidungen der SPCK mit den Treuhändern der Kolonie Georgia entstand das Vorhaben, möglichst bald einige Salzburger dort anzusiedeln.[56] Ziegenhagen hielt diesen Plan zunächst für unrealistisch, hinzu kamen grundsätzliche Bedenken:

> ich muß aber im vertrauen bekennen daß ich bis dato auch kein groß hertz zu dieser Sache faßen kann, sonderlich weil mir dünckt, daß man zu wenig das geistliche Wolseyn dieser Leüte in gehörige consideration ziehet.[57]

Die Verfolgungssituation würde damit lediglich als Vorwand dienen, um wahllos Siedler zu werben. Tatsächlich befanden sich unter den so genannten »Salzburgern« schon bald zahlreiche Protestanten aus anderen Gebieten Österreichs oder aus Süddeutschland. Bis zu seinem Lebensende hielt Ziegenhagen an der Meinung fest, dass die Trustees mit ihrer Siedlungspolitik vorrangig nach Macht und wirtschaftlichem Erfolg gestrebt hätten.[58]

Quarterly 12, 1998, 271–301; Renate Wilson: Land, Population, and Labor. Lutheran Immigrants in Colonial Georgia. In: In Search of Peace and Prosperity. New German Settlements in Eighteenth-Century Europe and America. Hg. v. Hartmut Lehmann [u.a.]. University Park, PA 2000, 217–245.

54 SPCK Protokoll vom 22.02.1732, Camb/SPCK.MS.A1/14, 135f.

55 Als medienwirksam erwiesen sich u.a. die folgenden Drucke, die auf die Initiative Ziegenhagens bei der SPCK zurückgehen: An account of the sufferings of the persecuted Protestants in the archbishoprick of Saltzbourg. London: Joseph Downing, 1732; A further account of the sufferings of the persecuted Protestants in the archbishoprick of Saltzburg. London: Joseph Downing, 1733.

56 Ziegenhagen berichtete am 14. Oktober 1732 erstmals von einer solchen Resolution: Brief von Friedrich Michael Ziegenhagen an Gotthilf August Francke vom 14.10.1732, AFSt/M 1 E 2:45, 3f.

57 Brief von Friedrich Michael Ziegenhagen an Gotthilf August Francke vom 25.05.1733, AFSt/M 1 E 2:58, 3.

58 Im Jahr 1747 z.B. kritisierte er die Trustees und sogar den englischen König Georg II.: »Weder der König noch die hln. Trustees haben schwerlich an divulgationem Evangelii bey aufrichtung dieser colonie [Georgia] gedacht, und ist ihnen auch wohl diese Stunde nicht eingefallen« (Brief von Friedrich Michael Ziegenhagen an Samuel Urlsperger vom 05.05.1747, AFSt/M 1 E 8:90, 4).

Da die SPCK sich nun jedoch fast ausschließlich auf das Georgia-Projekt konzentrierte, unterstützte Ziegenhagen die Siedlungsgruppen, die seit Dezember 1733 in England eintrafen, bei der Organisation ihrer Überfahrt, mit materiellen Zuwendungen und erbaulichen Predigten. Indem die Trustees und auch die SPCK späterhin in ihrer Unterstützung für Ebenezer schwankten, bewies sich Ziegenhagen als verlässlicher Partner im Aufbau und in der Festigung Ebenezers.

Der Einsatz Ziegenhagens war insbesondere in der Verlegung der Salzburger Siedlung vonnöten, da sich das zugeteilte Land in der Kolonie als unfruchtbar erwies. Nach längeren Verhandlungen konnte die Verlegung im Mai 1736 erfolgen. Ziegenhagen führte nun mit den Trustees Verhandlungen über die genauen Modalitäten. Debattiert wurden u.a. die Zuteilung von Lebensmittelrationen, ein Schuldenaufschub für die Siedler oder der Austausch minderwertiger Landparzellen. Die Bewilligung der Forderungen im März 1737[59] erwähnte Ziegenhagen als sein Verdienst[60] und zugleich als Zeichen göttlicher Providenz[61]: Gott schütze die um seinetwillen Verfolgten und errichte den »neüe[n] Weingarten des herrn in Georgien mit vielen edlen Reben«[62].

Die Stilisierung der Salzburger Glaubensflüchtlinge im Sinne der Reich-Gottes-Arbeit trug wohl auch dazu bei, dass interkonfessionelle Spannungen in dieser deutsch-englischen Zusammenarbeit keinen Platz fanden. Die Salzburger Emigration hatte in Europa innerprotestantische Solidarität geweckt, England präsentierte sich dabei als Vorkämpferin des ›Protestant Interest‹.[63] Zudem handelte es sich bei den Salzburgern zweifelsohne nicht um Anglikaner, während über die künftige Konfession der Heiden in Indien noch zu entscheiden war – Georgia bot keinen Anlass für einen konfessionellen Verteilungskampf.

---

59 Vgl. hierzu die Briefe von Friedrich Michael Ziegenhagen an Johann Martin Boltzius und Israel Christian Gronau vom 07.07.1736, AFSt/M 5 A 3:20, 5f., und vom 01.03.1737, AFSt/M 5 A 3:47, 1f.; Hermann Winde: Die Frühgeschichte der Lutherischen Kirche in Georgia. Dargestellt nach den Archivalien der Franckeschen Stiftungen in Halle und der Universitätsbibliothek in Tübingen. Halle/Saale 1960, 35.

60 Vgl. Brief von Friedrich Michael Ziegenhagen an Thomas Causton vom 08.03.1737, AFSt/M 5 A 3:46, 2: »the Trustees have been pleased, to take some favourable Resolutions, in behalf of the Saltzburghers, on a Letter of Mine, written to James Vernon […]«.

61 Brief von Friedrich Michael Ziegenhagen an Johann Martin Boltzius und Israel Christian Gronau vom 07.07.1736, AFSt/M 5 A 3:20, 5f.

62 Brief von Friedrich Michael Ziegenhagen an Gotthilf August Francke vom 05.08.1734, AFSt/M 5 A 1:37, 2.

63 Zu dieser Identität Englands als Schutzherrin des Protestantismus vgl. Jeremy Black: Confessional State or Elect Nation? Religion and Identity in Eighteenth-Century England. In: Protestantism and National Identity. Britain and Ireland, c. 1650–1850. Hg. v. Tony Claydon u. Ian McBride. Cambridge 1998, 53–74; Jonathan C.D. Clark: Protestantism, Nationalism, and National Identity, 1660–1832. In: Historisches Jahrbuch 43/1, 2000, 249–276; Manfred Schlenke: England und das Friderizianische Preußen 1740–1763. Ein Beitrag zum Verhältnis von Politik und öffentlicher Meinung im England des 18. Jahrhunderts. Freiburg, München 1963; Andrew C. Thompson, Britain, Hanover and the Protestant Interest, 1688–1756. Woodbridge 2006.

Fazit

Trotz aller vorgestellten Spannungen blieben die hallisch-englischen Verbindungen zu Lebzeiten Ziegenhagens bestehen, was wohl nicht zuletzt seinem persönlichen Einsatz geschuldet war. Schließlich war er die einzige Person, die diese Mittlerrolle einnehmen konnte, da er mit beiden Partnern in äußerst engem Austausch stand und direkten Einfluss auf sie ausüben konnte. Aus hallischer und auch aus Ziegenhagens persönlicher Sicht waren die hallisch-englischen Beziehungen jedoch kein Selbstzweck, sondern ein geeignetes Mittel, um die eigenen Projekte und damit die eigene Vorstellung des Reiches Gottes weltweit durchzusetzen. Ziegenhagen unterschied sich jedoch dadurch von Halle, dass er die Vorgänge in England besser verstand und zudem die Möglichkeiten, die die SPCK bot, höher schätzte. Er war deshalb eher bereit, Kompromisse einzugehen.

Im Fokus von Ziegenhagens Denken stand nicht die Verbindung von Völkern oder gar ein überkonfessionelles Christentum, auch keine Institution, sondern einzelne Projekte, auf deren Unterstützung man sich einigen konnte, wenn auch aus teilweise unterschiedlichen Motiven. Von diesem Denken zeugt auch Ziegenhagens Testament, in dem weder das Hallesche Waisenhaus noch die SPCK bedacht werden. Den größten Teil seines Vermögens vermachte er der Dänisch-Hallesch-Englischen Mission in Indien.[64]

[64] Testament Friedrich Michael Ziegenhagens in Abschrift, AFSt/M 1 D 14 : 52.

Jürgen Gröschl

»Ach ich küße seine zitternde Hände im Geist«.[1] Der Teilnachlass Friedrich Michael Ziegenhagens im Archiv der Franckeschen Stiftungen

In dem Artikel »Das Bauchgefühl des Jägers« für die Zeitschrift »brandeins« schreibt Henning Sietz über die Recherche in Archiven:

> Der Mensch sucht, er kann nicht anders. Sucht ein Mensch nicht mehr, ist es so, als hätte er einen Großteil seines Lebens hinter sich oder wäre schon so gut wie tot. [...] Die Suche setzt Strategien voraus. Nur die richtige Frage führt zum Erfolg.[2]

Der Nachlass des Hofpredigers Friedrich Michael Ziegenhagen (1694–1776) wurde seit Jahrzehnten von Wissenschaftlern und Archivaren gesucht, weltweit, auch im Archiv der Franckeschen Stiftungen, vor allem aber in London, in den Archiven der Society for Promoting Christian Knowledge (SPCK, heute in der Universitätsbibliothek Cambridge) und im Lambeth Palace, dem Archiv des Erzbischofs von Canterbury. Das Zusammentreffen dreier Faktoren machte im Jahr 2010 die Identifizierung eines Teilnachlasses Ziegenhagens im Archiv der Franckeschen Stiftungen möglich.

Erstens, das 300. Gründungsjubiläum der Dänisch-Halleschen Mission 2006: Im Zuge der Vorbereitung dieser Feier wurden die handschriftlichen Bestände der ersten protestantischen Mission im Archiv der Franckeschen Stiftungen in einem von der Deutschen Forschungsgemeinschaft geförderten Projekt systematisch erschlossen und mit Inhaltsangaben in einer Datenbank zugänglich gemacht.

Zweitens, die Vorbereitung des 300. Geburtstags Heinrich Melchior Mühlenbergs (1711–1787), der 2011 begangen wurde: Dazu wurden die relevanten Archivbestände ebenfalls detailliert ausgewertet und neu verzeichnet.

Drittens, die sich aus der Vorbereitung des Mühlenberg-Jubiläums ergebenden Forschungen und wissenschaftlichen Arbeiten: Im Verlauf seiner Recherchen dazu wurde von Hermann Wellenreuther genau die richtige Frage gestellt. Er stieß in dem Buch *Nachrichten von den Vereinigten Deutschen Evangelisch-Lutherischen Gemeinden in Nordamerika, sonderlich in Pennsylvanien,* das 1886 in Allentown, Pennsylvania, erschienen ist, auf einen Hinweis des Mitherausgebers Wilhelm Germann (1840–1902), wonach Ziegenhagen seinen schriftlichen Nachlass seinem langjährigen Mitarbeiter und Nachfolger in der Organisation der überseeischen Korrespondenz Friedrich Wilhelm Pasche (1728–1792) vermacht habe. Pasche hatte nie das Amt eines Hofpredigers inne, war aber seit 1761 Lektor an

---

1 Brief von Heinrich Melchior Mühlenberg an Friedrich Wilhelm Pasche. Philadelphia, 02.01.1770. Halle, Archiv der Franckeschen Stiftungen (AFSt), AFSt/M 4 C 14 : 15.

2 Henning Sietz: Das Bauchgefühl des Jägers. In: brandeins 3, 2010, 118–123, hier 118. URL: http://www.brandeins.de/archiv/magazin/logistik/artikel/das-bauchgefuehl-des-jaegers.html (letzter Zugriff: 06.01.2012).

der deutschen Hofkapelle und als solcher für den Ablauf der Liturgie zuständig. Wie Ziegenhagen war er Mitglied der SPCK. Vor allem aber entwickelte er sich zum unentbehrlichen Helfer und Vertrauten Ziegenhagens in allen seinen Arbeitsgebieten. Die Frage an das Stiftungsarchiv war nun also nicht mehr: Wo ist der Nachlass Ziegenhagens, sondern: Wo befindet sich der Nachlass Pasches?

Hier konnte nun auf die Briefe der Dänisch-Halleschen Mission und der Amerika-Korrespondenz zurückgegriffen werden, deren inhaltliche Erschließung die Auswertung maßgeblich vereinfachte. Pasche starb am 17. August 1792. Die Korrespondenz aus dem Zeitraum vom September 1792 bis Februar 1793 zeigte, dass es zwei Anwärter auf den Nachlass Pasches bzw. Ziegenhagens gab: Johann Christian Christoph Uebele (1767–nach 1846), Pfarrer an der Zionsgemeinde in Browns Lane und praktizierender Arzt in London, und Johann Gottlieb Burckhardt (1756–1800), Pastor an der St. Mariengemeinde in der Savoy, ebenfalls in London. Beide Pastoren waren eng mit Halle verbunden. Uebele (oder Ubele[3], wie er sich in England nannte und schrieb) hatte die Lateinische Schule der Anstalten besucht und an der Friedrichs-Universität studiert. Auf eigenen Wunsch hatte er Pasche während dessen letzten Lebensmonaten bei der Erledigung der überseeischen Angelegenheiten unterstützt. Dies war seitens des damaligen Direktors der Franckeschen Stiftungen Johann Ludwig Schulze (1734–1799) ausdrücklich gebilligt worden. Ubele machte sich nun Hoffnung, Pasches Aufgaben zu übernehmen. Burckhardt stand seit seiner von Halle unterstützen Berufung an die Savoy-Gemeinde mit der Leitung der Franckeschen Stiftungen in Kontakt. Er wurde von Pasche als Nachlassverwalter bestimmt und erhob unter Berufung auf den Wunsch Pasches und des 1785 ebenfalls verstorbenen früheren Direktors der Franckeschen Stiftungen Gottlieb Anastasius Freylinghausen (1719–1785) gleichfalls Anspruch auf Pasches Aufgabenbereich und die hinterlassenen Dokumente. Schultze in Halle jedoch entschied sich für Ubele und ordnete an, dass Burckhardt alle Briefe und Unterlagen aus dem Nachlass Pasches und Ziegenhagens, die die Indienmission und die Betreuung der lutherischen Gemeinden in Amerika betrafen, an Ubele übergeben sollte, damit dieser seine Aufgaben wahrnehmen konnte. In einem Brief an Schulze vom Oktober 1792 meldete Burckhardt auch die Erfüllung dieses Auftrags:

> Zuvörderst habe ich die Ehre Euer Hochwürden zu melden, daß ich nach dero wiederholten Auftrags an den hiesigen Herrn Prediger Ubele in verwichenen Monat September eine Kiste voll Briefschaften, Papiere und Rechnungen übergeben habe, welche die Mißion nach Ostindien und America betreffen. Es waren darunter enthalten die Briefe und Rechnungen der Herren Mißionarien von Trankebar, Madras, Cudelur, Calcutta etc. [...] (ohngefehr von 1724 an, als in welcher Zeit Herr Ziegenhagen die Correspondenz mit der Mißion anfieng), [...] biß auf die allerneuesten Zeiten und die letzten Briefe der Herren Mißionarien in diesem jezigen Jahr; ferner waren darinn enthalten die Briefe und Papiere der Ebenezerischen Correspondenz mit Herrn Bolzius, Mühlenberg etc.[4]

---

3 Diese Namensform wird im Folgenden hier ebenfalls verwendet.

4 Brief von Johann Gottlieb Burckhardt an Johann Ludwig Schulze. London, 12.10.1792. AFSt/M 1 C 33c : 12.

Gleichzeitig teilte er mit, dass er eine Reihe von Predigtmanuskripten Ziegenhagens an die Missionare Christian Friedrich Schwartz (1726–1798) und Joseph Daniel Jänicke (1759–1800) nach Indien senden wolle, da diese den Hofprediger sehr verehrt und bereits zu Lebzeiten Pasches Manuskripte aus dem Nachlass Ziegenhagens erhalten hätten. Eine weitere Kiste mit Manuskripten von theologischen Schriften Ziegenhagens und Pasches wollte Burckhardt nach Halle senden. Deren Ankunft wurde von Schulze im Februar 1793 bestätigt. Dies war der entscheidende Hinweis: Nicht Briefe, nach denen bisher gesucht worden war, sondern Manuskripte von Predigten und exegetischen Schriften wurden nach Halle gesendet und müssten sich im Archiv erhalten haben. Bekannt war, dass sich hier noch neun Archivkartons mit bisher nicht identifizierten Manuskripten zumeist theologischen Inhalts befanden. Da es sich dabei scheinbar um Reinschriften von unbekannter Hand handelte, die keinen Entstehungsort oder Verfassernamen enthielten, war eine Zuordnung zu einer Person bislang nicht möglich gewesen. Der Hinweis aus der zwischen Burckhardt und Schulze gewechselten Korrespondenz war Anlass genug, sich diese neun Archivkartons noch einmal näher anzusehen. Und tatsächlich fanden sich hier – eingelegt in die Reinschriften – Konzepte und Korrekturen, die von Ziegenhagens Hand stammen konnten. Endgültige Gewissheit brachte dann ein Vergleich der Handschriften auf der Grundlage seiner im Stiftungsarchiv überlieferten Briefe. Die »zitternden Hände«, die Heinrich Melchior Mühlenberg in großer – wenn bekanntermaßen auch etwas einseitiger – Verehrung im Geist geküsst hatte, hatten deutliche Spuren hinterlassen. Ein Teil des lang gesuchten Nachlasses Ziegenhagens konnte damit eindeutig identifiziert werden.

Zusammengefasst ergibt sich also das Bild, dass nach dem Tod Pasches 1792 die gesamte überseeische Korrespondenz in London bei Ubele verblieben ist, die theologischen Manuskripte Ziegenhagens dagegen zumindest in Teilen nach Indien und nach Halle gesendet worden sind.

Eine der Hauptursachen, dass der Teilnachlass aus dem Blickfeld der halleschen Archivare geraten konnte, ist, dass er nie in einem Findmittel verzeichnet worden ist. Eine Reihe von Umständen trifft hier zusammen. Schulze maß diesen Manuskripten offensichtlich keine große Bedeutung bei. Auch er hatte offenbar anderes erwartet:

> Es hätten als dann noch manche Sachen zur Überschickung nach Indien zurückbleiben können, auch wären die unbedeutende Briefe nach dem Willen des seeligen Herrn Pasche durch Herrn Uebele verbrannt worden, da sie keinen weiter interessieren. Aber mehr bedeutende Briefe hätte ich gerne gehabt, da ich weiß, daß die ganze weitläuftige Correspondenz des seeligen Hofpredigers Ziegenhagen mit den Methodisten, vorzüglich mit Whitefield und andern Männern, da gewesen, und von dem seeligen Pasche in Ordnung gebracht ist.[5]

[5] Brief von Johann Ludwig Schulze an Johann Gottlieb Burckhardt. Halle, 08.02.1793. AFSt/M 1 C 34a:55.

Letztere Information stammt von Ubele, der sich wiederum auf die Haushälterin Pasches beruft.[6] Diese hatte ihm über einen vertrauten Umgang Ziegenhagens, Pasches, George Whitefields (1714–1770) und der Brüder Charles (1707–1788) und John (1703–1791) Wesley und deren angebliche regelmäßige Zusammenkünfte berichtet, in denen sie ein bedeutsames Werk zur Bibelauslegung verfasst haben sollten. Interessanterweise erscheint 1795 in Nürnberg Burckhardts zweibändige Arbeit mit dem Titel *Vollständige Geschichte der Methodisten in England, aus glaubwürdigen Quellen. Nebst den Lebensbeschreibungen ihrer beyden Stifter, des Herrn Johann Wesley und George Whitefield.* Dass Burckhardt dazu Schriften aus dem Nachlass Ziegenhagens verwendet hat, ist allerdings eher unwahrscheinlich. Das Manuskript war bereits vor 1793 fertiggestellt. Er sandte es sogar nach Halle an August Hermann Niemeyer (1754–1828), der seinerseits an einer Übersetzung der *Geschichte des Methodismus* von John Hampson (1760–1817) arbeitete, die 1793 veröffentlicht wurde.[7] Im Vorwort seines Buchs schreibt Burckhardt, dass er wichtige Dokumente von Charles Wesley selbst erhalten habe. Die Beziehungen der Wesleys und Whitefields zu den halleschen Pietisten werden in dem Buch angesprochen, aber nur in sehr allgemeiner Form. Ziegenhagen selbst findet keine Erwähnung.

Neben der enttäuschten Erwartungshaltung der Stiftungsleitung ist ein weiterer Umstand für die geringe Beachtung des Teilnachlasses, dass 1790 der langjährige Sekretär und Archivar von vier Stiftungsdirektoren Sebastian Andreas Fabricius (1716–1790) gestorben war, der vor allem die Akten des Missionsarchivs in eine grundlegende Ordnung gebracht hatte. In der Folge ist eine deutlich schlechtere Aktenführung und eine erheblich nachlässigere Registrierung und Bewahrung der Unterlagen gerade die Missionsangelegenheiten betreffend bis ins 19. Jahrhundert hinein zu beobachten. Erschwerend kam hinzu, dass das Archiv während der Zeit der napoleonischen Kriege und durch die Nutzung von Gebäuden der Franckeschen Stiftungen als Lazarett nach der Völkerschlacht bei Leipzig in Unordnung geraten war.[8] Das erste Findbuch zum Missionsarchiv entstand erst 1828. Es erwähnt den Nachlass Ziegenhagens mit keinem Wort.

Am entscheidendsten aber ist, dass am Ende des 18. Jahrhunderts die Blütezeit des Pietismus längst vorüber war. Nicht nur ein physischer, sondern auch ein weltanschaulicher Generationswechsel war eingetreten: die Ideen von Aufklärung und Rationalismus hatten die Theologen der Universität Halle nicht nur maßgeblich beeinflusst, sondern waren von ihnen nachhaltig mitgeprägt worden. Die Reformen August Hermann Niemeyers, die den Fortbestand der Franckeschen Stiftungen im neuen Jahrhundert sichern sollten, bahnten sich bereits an. An den

[6] Brief von Johann Christian Christoph Ubele an [Gottlieb Friedrich Stoppelberg]. [London, nach dem 20.09.1792]. AFSt/M 1 C 33b:71.

[7] John Hampson: Leben Johann Wesleys Stifters der Methodisten nebst einer Geschichte des Methodismus. Aus dem Englischen. Mit Anmerkungen Zusätzen und Abhandlungen herausgegeben von August Hermann Niemeyer. Vorwort. Halle: Waisenhaus, 1793.

[8] Brief von Georg Christian Knapp an Justus Heinrich Christian Helmuth. Halle, 18.03.1815. AFSt/M 4 D 6:1.

Predigten und exegetischen Schriften des pietistischen Hofpredigers Ziegenhagen bestand in Deutschland kein Interesse mehr, und sie gerieten schnell in Vergessenheit.

Gleich nach der Identifizierung des Nachlasses wurde eine erste Bestandsübersicht angefertigt, in der jedes Einzelstück mit einer Titelangabe, einem Datum bzw. einer Laufzeit, dem Verfasser und der Sprache formal beschrieben ist und die als Grundlage für die genauere Erschließung dient. Daraus wird ersichtlich, dass der Nachlass insgesamt 661 Handschriften umfasst. Als wichtigste seien genannt:

1. 250 Predigten, davon 184 von Ziegenhagen, 66 von Pasche (Gesamtlaufzeit: 1720–1790, davon Ziegenhagen 1720–1767, Pasche 1752–1790).
   Es handelt sich um Predigten, die zu ausgewählten kirchlichen Feiertagen gehalten wurden: Passionspredigten, Pfingstpredigten, Bußpredigten.
2. 28 Predigtverzeichnisse (Verzeichnisse eigener und fremder Predigten aus den Jahren 1721–1765)
3. 112 Predigtdispositionen und kurze Konzepte (Laufzeit: 1727–1786)
4. 35 Paraphrasen von Bibelstellen (Laufzeit: 1741–1755)
5. 89 Betrachtungen zu biblischen bzw. theologischen Themen (Laufzeit: 1742–1782)
6. 14 Konzeptionen für Katechismusstunden (Laufzeit: 1728–1729, 1741, 1744)
7. 40 Exzerpte und Notizen aus den Schriften Dritter (Laufzeit: 1728–1778)
8. 8 Inhaltsverzeichnisse und Register zu Werken Dritter (1762 und undatiert)
9. 22 Briefe (Laufzeit: 1735–1790)
10. 19 persönliche Lebensdokumente (Laufzeit: 1700–1792). Darunter befinden sich die Abschrift des Testaments von Ziegenhagen durch Pasche sowie ein Bücherverzeichnis von Ziegenhagen und Pasche.

Worin liegt nun die Bedeutung dieses Teilnachlasses? Nahezu alle aus Halle nach Indien oder Amerika entsandten Missionare und Pastoren, die in London Station machten und Ziegenhagen kennen lernten, würdigten dessen exegetische Fähigkeiten. So schrieb Heinrich Melchior Mühlenberg 1742 an Gotthilf August Francke (1696–1769):

> Der Mann hat eine solche force in der Exegesi, besonders im Neuen Testament, dass man erstaunen muss. […] Wir haben nicht die Exegeten so wohl Deutsche als von andern Nationen [die sich so] zerarbeitet [haben] über das 3. cap. Joh., das 6. cap. Joh., das 10. cap. und dergl.[9]

9 Brief von Heinrich Melchior Mühlenberg an Gotthilf August Francke. Halle, 22.06.1742. AFSt/M 4 C 2:10.

Umso erstaunlicher ist es, dass Ziegenhagen kaum eine seiner Studien publizieren ließ. Nachgewiesen sind lediglich 11 Drucke, die noch zu seinen Lebzeiten bis 1752 erschienen. Sieben weitere Drucke wurden nach seinem Tod auf Veranlassung Pasches zwischen 1776 und 1791 veröffentlicht.

Für die Forschung ist daher der Theologe Friedrich Michael Ziegenhagen bisher weitgehend unbekannt geblieben. Der Nachlass ermöglicht es erstmalig, Ziegenhagens geistliche Tätigkeit und seine Arbeitsweise näher zu untersuchen, und dies in einer Breite, wie es bis jetzt bei keinem pietistisch geprägten Theologen möglich war. Die Predigten liegen in verschiedenen Ausreifungsstufen vor. Sie reichen von Konzepten über erste Reinschriften, die nachträglich korrigiert wurden, bis zu den endgültig formulierten Fassungen. Anhand dieser unterschiedlichen Entwürfe dürfte man die Gedankengänge Ziegenhagens und sein Ringen um präzise Formulierungen bis zur Entstehung einer druckreifen Predigt, den Vorgang seines »Zerarbeitens«, genau nachvollziehen können. Des Weiteren wiederholen sich bestimmte Themen von Predigten und exegetischen Betrachtungen im Abstand von verschiedenen Jahren. Es wäre also sehr lohnend zu untersuchen, ob und wie sich die Auffassungen Ziegenhagens im Laufe der Zeit verändert haben, auf welche Vorfassungen er zurückgreift und welche Gedanken er auf welche Weise neu entwickelt.

Seine Bücherkataloge und Exzerpte ermöglichen schließlich Rückschlüsse auf die von ihm benutzten, ausgewerteten, geschätzten oder vielleicht auch verworfenen Werke anderer Autoren.

Die Suche nach weiteren Teilen des Nachlasses Ziegenhagens ist nach den vorgestellten neuen Erkenntnissen aus der Korrespondenz zwischen London und Halle noch nicht abgeschlossen. Neue Fragen tun sich auf: Hat der Nachlassverwalter Johann Gottlieb Burckhardt wirklich alle Dokumente abgegeben? Sind tatsächlich weitere Manuskripte nach Indien gesandt worden? Existieren sie dort noch? Was geschah mit Burckhardts Nachlass? Und wo werden die an Johann Christian Christoph Ubele ausgehändigten Briefschaften der Indien- und Amerikabeziehungen heute aufbewahrt?

Das Fazit von Henning Sietz' eingangs erwähntem Artikel gilt somit auch hier: »Man könnte süchtig nach dem Suchen werden.«[10]

---

[10] Henning Sietz: Das Bauchgefühl des Jägers. In: brandeins 3, 2010, 118–123, hier 123. URL: http://www.brandeins.de/archiv/magazin/logistik/artikel/das-bauchgefuehl-des-jaegers.html (letzter Zugriff: 06.01.2012).

Alexander Pyrges

Sprungbrett London: Annäherungen an die englisch-hallischen Beziehungen aus der Perspektive des Kolonialprojekts Ebenezer (1730–1780)

Das London des 18. Jahrhunderts war nicht nur ein urbanes Zentrum des Protestantismus und über zahlreiche interpersonelle Beziehungen eingebunden in ein grenzüberschreitendes Geflecht europäischer religiöser Aktivisten und Reformer. Die Stadt war zugleich auch die Metropole einer aufsteigenden ökonomischen Weltmacht und eines expandierenden Überseeimperiums. Knüpften Anhänger der reformatorischen Bekenntnisse im Alten Reich Verbindungen nach London, dann traten sie also nicht nur in Beziehung zu Personen und Institutionen in einer diversifizierten und zunehmend auch auf dem europäischen Kontinent wahrgenommenen englischen Religionslandschaft, sondern verschafften sich im gleichen Atemzug auch Zugang zu einem Knotenpunkt globaler Interaktionsnetzwerke. Das Bild vom ›Sprungbrett London‹ verweist darauf, dass auch den Beziehungen, welche die pietistischen Kirchenreformer im Alten Reich mit England pflegten, eine über die Zweierbeziehung oder Dyade hinausweisende Dimension eignete.

Untersucht werden soll deshalb die Rolle Londons als ›Zugang zur Welt‹ am Beispiel des Kolonialprojekts Ebenezer, an dem Protestanten beiderseits des Ärmelkanals und des Atlantiks zusammenarbeiteten und welches in den frühen 1730er Jahren seinen Anfang nahm und über die Amerikanische Revolution hinaus Bestand hatte. Diese Kooperation war auf die Gründung und Peuplierung sowie den Aufbau und Erhalt der Kolonialgemeinde Ebenezer in der britischen Kolonie Georgia gerichtet. Seit 1732/33 arbeiteten lutherische und anglikanische Kirchenreformer in Halle, Augsburg, London und Georgia zu diesem Zwecke zusammen. Im Einzelnen an dem Projekt beteiligt waren die Führung der Waisenhausanstalten in Halle, der Augsburger Senior Samuel Urlsperger (1685–1772) und sein Stab, Prediger der lutherischen Hofkapelle in Westminster, unter anderem Friedrich Michael Ziegenhagen (1694–1776), die Leitung der anglikanischen Society for Promoting Christian Knowledge (SPCK) in London, die Regierung der 1732 gegründeten Kolonie Georgia – die Trustees for establishing the colony of Georgia in America –, ebenfalls in London, und ihre Vertreter in Savannah sowie schließlich die Gemeindegeistlichen in Ebenezer. Letztere betreuten die Amerikaauswanderer aus Salzburg, Schwaben und anderen Teilen des Reichs, die sich in Ebenezer niederließen.

Die Zusammenarbeit zwischen den verschiedenen Parteien verstetigte sich, wenn auch in wechselnden Konstellationen, zu einem relativ dauerhaften transatlantischen Interaktionszusammenhang. Zwischen den beteiligten Parteien bildeten sich komplexe soziale Beziehungsmuster aus, die quer lagen zu ihren jeweiligen landeskirchlichen, aber auch imperialen Handlungsräumen. Sie entwickelten sogar zumindest Rudimente einer eigenen Netzwerkkultur, in der Deutungsfragmente aus verschiedenen kulturellen Kontexten zu einem Ensemble zusammengeführt wurden. Dieses machte das transatlantische Expansionsgeschehen für sie und andere Landeskirchler verständlich, plausibel und zustimmungsfähig.[1]

Um die Verbindungen zwischen Hallensern und Engländern präziser und umfassender beobachten zu können, die innerhalb des Kolonialprojekts Ebenezer die den Ärmelkanal überspannende Dyade transzendierten, soll eine beziehungsgeschichtliche Perspektive eingenommen werden. Im Titel der diesem Band zugrunde liegenden Tagung spiegelt sich ein Spannungsverhältnis, welches die Debatten um die Beziehungsgeschichte in ihren zahlreichen Varianten noch immer bestimmt. Der Tagungstitel[2] – Networking Across the Channel – lenkt die Aufmerksamkeit auf einen Zwischenraum; dieser ist bestimmt von einer Tätigkeit, dem Netzwerken, und diffus verortet im aquatischen Niemandsland. Der Untertitel – England und der Hallische Pietismus – refokussiert die Aufmerksamkeit: Statt auf ein Dazwischen konzentriert sich das Interesse nun auf die zwei Pole, die, geografisch eindeutig zuordnen- und somit trennbar, nebeneinander bestehen. Eine beziehungsgeschichtliche Perspektive, welche den Raum zwischen den Polen stärker als die Pole selbst in den Blick rückt, erscheint mir besonders geeignet, um das Jenseits der hallisch-englischen Dyade zu untersuchen. Eine solche Perspektive, hier als Perspektive der Vernetztheit bezeichnet, wird im Folgenden vorgestellt.

Die Vernetztheitsperspektive ist geprägt von einem doppelten Imperativ: einem antiindividualistischen und einem antikategorialen. Hinter diesem doppelten negativen Imperativ steht die Frage, was das soziale Geschehen im Kern ausmacht und was die soziale Welt eigentlich ordnet. Aus der Vernetztheitsperspektive leisten dies weder Individuen noch kategorial verfasste Einheiten. Der antiindividualistische Imperativ fordert die Abkehr von der Vorstellung, Gesellschaft sei ein aus Individuen zusammengesetztes Kompositum und Gesellschaftlichkeit lasse sich rückführen auf das Handeln von Individuen. Die Erscheinungen des Sozialen, auch einzelne Sozialbeziehungen, repräsentieren aus dieser Warte nicht die Resultate individueller Absichten, Entscheidungen oder Taten. So können die Formen der sozialen Welt auch nicht auf eine individuelle Steuerung sozialen

1 Zum Kolonialprojekt Ebenezer siehe ausführlich: Alexander Pyrges: Das Kolonialprojekt EbenEzer. Formen und Mechanismen protestantischer Expansion in der atlantischen Welt des 18. Jahrhunderts. Stuttgart [erscheint Winter 2014/15].

2 Vgl. den Tagungsbericht von Erik Nagel: Tagungsbericht »Networking across the Channel. England und der Hallische Pietismus im 17. und 18. Jahrhundert«. 10.03.2011–11.03.2011, Halle an der Saale. In: H-Soz-u-Kult, 04.07.2011, URL: http://hsozkult.geschichte.hu-berlin.de/tagungsberichte/id=3705 (letzter Zugriff: 27.06.2014); ders.: Networking across the Channel: England and Halle Pietism in the Seventeenth and Eighteenth Centuries (Conference Report). In: German Historical Institute London Bulletin 33, 2011, No. 2, URL: http://www.ghil.ac.uk/publications/bulletin/bulletin_33_2.html (letzter Zugriff: 30.06.2014).

Handelns zurückgeführt werden.[3] Auf das Kolonialprojekt Ebenezer gewendet heißt dies, dass das europäisch-amerikanische Netzwerk seine Existenz, Gestalt und Wirkmächtigkeit nicht den Intentionen und Aktionen von Gotthilf August Francke (1696–1769) oder Samuel Urlsperger, von Henry Newman (1670–1743), Sekretär der SPCK, oder Johann Martin Bolzius (1703–1765), Prediger und Senior in Ebenezer, verdankt.

Der antikategoriale Imperativ grenzt dagegen von der Annahme ab, dass primär Zugehörigkeiten das soziale Geschehen bestimmen. Weder leiten die ›Mitgliedschaften‹ in sozialen Formationen vom Berufsstand bis zur Ethnie das Handeln von Akteuren an, noch sind es die Grenzen sozialer Organisationen wie Unternehmen oder Kirchen, die die soziale Welt ordnen.[4] Auf das Kolonialprojekt Ebenezer gewendet heißt dies Folgendes: Weder sind ihre Herkunft, Ausbildung oder Anstellung an sich primär verantwortlich für das Handeln von Francke, Urlsperger, Newman oder Bolzius. Noch lassen sich die Strukturen des dem Kolonialprojekt zugrunde liegenden Netzwerks aus den verschiedenen Mitgliedschaften der Akteure in lutherischen, anglikanischen oder sonstigen Kirchen ableiten.

Als Alternative sieht das Konzept der Vernetztheit vor, zwischen Individuen und Makroformationen eine dritte Ebene einzuziehen, die Mesoebene. Statt also die soziale Welt in Kleinstteile zu zerlegen oder soziales Geschehen notwendigerweise in übergeordneten Einheiten aufgehen zu lassen, setzt der Forscher nun die Elemente des Sozialen zueinander in Beziehung und beobachtet Relationalität. Erscheinungen und Formen des Sozialen leiten sich dann, so die Vorstellung, aus aktualisierten Sozialbeziehungen und ihren Musterhaftigkeiten ab statt aus übergeordneten Kategorien oder individuellem Handeln.

---

3 Mustafa Emirbayer u. Jeff Goodwin: Network Analysis, Culture, and the Problem of Agency. In: American Journal of Sociology 99, 1994, 1411–1454, hier 1415–1416; Joseph Galaskiewicz u. Stanley Wasserman: Introduction. Advances in the Social and Behavioral Sciences From Social Network Analysis. In: Advances in Social Network Analysis. Research in the Social and Behavioral Sciences. Hg. v. J. Galaskiewicz u. S. Wasserman. Thousand Oaks 1994, xi–xvii, hier xii; Friedrich Krotz: Konnektivität der Medien. Konzepte, Bedingungen und Konsequenzen. In: Konnektivität, Netzwerk und Fluss. Konzepte gegenwärtiger Medien-, Kommunikations- und Kulturtheorie. Hg. v. Andreas Hepp [u.a.]. Wiesbaden 2006, 21–41, hier 24–27.

4 Jeremy Boissevain: Network Analysis. A Reappraisal. In: Current Anthropology 20, 1979, 392–394, hier 392; Emirbayer u. Goodwin, Network Analysis [s. Anm. 3], 1414–1415, 1417, 1428; Krotz, Konnektivität der Medien [s. Anm. 3], 24–27; Carola Lipp: Struktur, Interaktion, räumliche Muster. Netzwerkanalyse als analytische Methode und Darstellungsmittel sozialer Komplexität. In: Komplexe Welt. Kulturelle Ordnungssysteme als Orientierung. Hg. v. Silke Göttsch u. Christel Köhle-Hezinger. München 2003, 49–63, hier 55f.; Jürgen Osterhammel: Transnationale Gesellschaftsgeschichte. Erweiterung oder Alternative? In: Geschichte und Gesellschaft 27, 2001, 464–479, hier 469; Thomas Schweizer: Muster sozialer Ordnung. Netzwerkanalyse als Fundament der Sozialethnologie. Berlin 1996, 113; Johannes Weyer: Einleitung. Zum Stand der Netzwerkforschung in den Sozialwissenschaften. In: Soziale Netzwerke. Konzepte und Methoden der sozialwissenschaftlichen Netzwerkforschung. Hg. v. J. Weyer. München 2000, 1–34, hier 16.

An dieser Stelle soll betont werden, dass die Funktion der Vernetztheitsperspektive darin liegt, das geschichtswissenschaftliche Instrumentarium zu bereichern. Keinesfalls soll hier ein epistemologisches Primat dieser Perspektive behauptet werden. Dieser Blickwinkel wird allein aus heuristischen Gründen eingenommen, denn aus dieser Warte werden Phänomene und Zusammenhänge sichtbar, die aus anderen beziehungsgeschichtlichen Perspektiven verborgen bleiben. Hier soll also weder die Relevanz einzelner Handlungen oder Akteure für vergangenes Geschehen geleugnet werden, noch diejenige kategorial verfasster Sozialformationen. Für ein umfassendes beziehungsgeschichtliches Bild etwa des Verhältnisses zwischen Hallensern und Engländern scheint die Untersuchung von Vernetztheiten tatsächlich keine hinreichende Bedingung zu sein, durchaus aber eine notwendige.

Die oben skizzierte Umdeutung der Konstitutionsbedingungen der sozialen Welt verlangt nämlich eine Transformation des analytischen Blicks auf das Soziale. Statt nach den Tiefenstrukturen von Gesellschaftlichkeit zu suchen, fordert die Perspektive der Vernetztheit, Oberflächenstrukturen zu untersuchen. Es geht nicht mehr darum, die hinter dem Geschehen liegenden sozialen Kräfte – Kategorien – zu identifizieren oder die kleinste wirksame Einheit von Ereigniszusammenhängen – Idee, Intention, Interesse, Handlung – zu isolieren. Stattdessen sollen aktualisierte Beziehungen, Beziehungsformen und Beziehungsmuster rekonstruiert werden und die sie integrierenden Interaktionszusammenhänge. In erster Linie Sozialbeziehungen generieren und formen aus dieser Perspektive je nach ihrer Gestalt und ihrem Inhalt verschiedenartige Sozialfigurationen, stecken damit einen Raum aktualisierter Sozialität ab, versorgen ihn mit verschiedenen Ressourcen, verschaffen ihm eine eigene Räumlichkeit und Zeitlichkeit und zeichnen verantwortlich für die Handlungsspielräume seiner ›Bewohner‹ Bruno Latour leitet daraus die methodologische Forderung ab, tatsächliche Verbindungen nachzuzeichnen und so schrittweise das Soziale zu kartografieren.[5]

Im Kolonialprojekt findet man tatsächliche grenzüberschreitende Verbindungen zu Tausenden. Die SPCK und die Georgia-Trustees in London sowie Urlsperger in Augsburg kooperierten beim Transport von gut 200 Migranten aus Salzburg, Schwaben und anderen Teilen des Reichs in insgesamt vier Gruppen von 1733 bis 1741 in die Kolonie Georgia. Die Führung des Waisenhauses zu Halle, Ziegenhagen in London sowie die eben genannten Parteien an der Themse und am Lech organisierten die Verschickung von fünf Predigern von der Saale nach Ebenezer. Bis in die 1760er Jahre hinein versorgten die Hallenser Pfarrer und Gemeindevolk in Ebenezer vor allem mit Büchern und Medikamenten, während

[5] Boissevain, Network Analysis [s. Anm. 4], 392; Franz Urban Pappi: Netzwerke zwischen Staat und Markt und zwischen Theorie und Methode. In: Soziologische Revue 22, 1999, 293–300, hier 300; Barry Wellman [u.a.]: Networks as Personal Communities. In: Social Structures. A Network Approach. Hg. v. B. Wellman u. S.D. Berkowitz. Greenwich, CT 1997, 130–184, hier 171; Arnold Windeler: Unternehmungsnetzwerke. Konstitution und Strukturation. Opladen 2001, 19, 208f.; Bruno Latour: Reassembling the Social. An Introduction to Actor-Network-Theory. Oxford 2005, 170.

die SPCK in diesem Zeitraum die Predigergehälter überwies. Nicht zu vergessen schließlich die umfangreichen Korrespondenzen zwischen den verschiedenen Parteien in Georgia, England und dem Alten Reich, die Konvoluten und Kopialbücher auf beiden Seiten des Atlantiks und des Ärmelkanals füllten.

Nimmt man die Vernetztheitsperspektive ein und zeichnet diese Verbindungen nach, dann sieht man sich unversehens mit der banalen Ubiquität frühneuzeitlicher grenzüberschreitender Vergesellschaftung konfrontiert. Grenzen, seien sie nun geografischer, herrschaftlicher oder konfessioneller Natur, wurden von den Akteuren im Kolonialprojekt Ebenezer systematisch und routiniert überschritten. Weiträumiger Austausch war für alle beteiligten Parteien eine lebensweltliche Realität, grenzüberschreitende Beziehungen gehörten für sie zum Alltag. Diese Einsicht konterkariert das Drama, mit welchem die Historiker religiöser Beziehungen grenzüberschreitende Verbindungen gerne belegen. Grenzüberschreitende Beziehungen gelten dann als Ausnahme, und aufgrund ihres Ausnahmecharakters wird ihnen eine transformative Kraft zugeschrieben. Sie werden verantwortlich gemacht etwa für Innovation in theologischen Ideensystemen, die Stiftung ökumenischer Zusammenhänge, die Genese neuer religiöser Kulturen oder zumindest für biografische Umbrüche.[6] Wenn grenzüberschreitende Beziehungen aber keine Ausnahme darstellen, sondern die Regel, verkörpern Kontaktaufnahmen nicht notwendigerweise Wendepunkte, und eine wesensändernde Kraft kann solchen Beziehungen auch nicht mehr selbstverständlich attestiert werden. Die Vernetztheitsperspektive einzunehmen, bedeutet somit, einer Entdramatisierung der Geschichte grenzüberschreitender Beziehungen Vorschub zu leisten.

Nimmt man die Gesamtheit des Kolonialprojekts Ebenezer in den Blick, dann fällt auf, dass die meisten Verbindungen und Kontakte in der Tat undramatisch, nachgerade banal erscheinen. Die glanzlose operative Seite der grenzüberschreitenden Beziehungen ist vor allem in den Briefen der Projektparteien allgegenwärtig, wie einige Beispiele aus den Jahren 1732, 1734, 1753, 1763 und 1764 belegen mögen. Das Schreiben Newmans an Urlsperger, in welchem der Sekretär der SPCK erstmals die Idee äußerte, Salzburger in Georgia anzusiedeln, beginnt mit einer Rekapitulation der jüngsten Spendentransfers per Wechsel (bills of exchange) von London nach Augsburg sowie Angaben zu eingegangener Korrespondenz:

> My last was of the 18th August enclosing a Bill of Exchange from Mr. Mayor and Company for One hundred Pounds drawn on Monsieur Munch by order of Sir John Philipps as a further Remittance towards relieving the Protestant Exiles from Saltzburg: since when I have received Your Letters of the 18th and 25th of August with the two enclosed extracts of Letters from Ratisbon, and also Your Favour of the 1st September N.S. with the 3 enclosed Receipts for

[6] Für die hier relevanten religiösen Kontexte der deutsch-englischen Beziehungen oder der deutschen Auswanderung nach Georgia vgl. etwa: Arno Sames: Anton Wilhelm Böhme (1673–1722). Studien zum ökumenischen Denken und Handeln eines halleschen Pietisten. Göttingen 1990; Udo Sträter: Sonthom, Bayly, Dyke und Hall. Studien zur Rezeption der englischen Erbauungsliteratur in Deutschland im 17. Jahrhundert. Tübingen 1984; Charlotte E. Haver: Von Salzburg nach Amerika. Mobilität und Kultur einer Gruppe religiöser Emigranten im 18. Jahrhundert. Paderborn 2011.

> Messrs. Philipps, Vernon, and Tillard, all which have been communicated to the Society, and they thank You for Your Care in applying the Remittances from hence for relieving the Confessors from Saltzburg. I am also in the Name of the Society to desire You would in the most Respectful manner give their Thanks to good Monsieur Munch for his ready Payment of all their Bills free of L'Agio, for which they hope God will recompence him, both in this and the next World.[7]

Sobald die Migrantentransporte einmal angelaufen waren, mussten Gelder nicht mehr nur in Augsburg, sondern entlang der Reiseroute der Auswanderer verfügbar gemacht werden, wie ein Schreiben Newmans an den Leiter des zweiten Transports, Jean Vat, verdeutlicht:

> The Society were this day very agreeably Surprized to hear you was set out from Augsburg the 23 Current with 54 Saltzburg Emigrants to Rotterdam in order to proceed to Georgia and immediately gave me orders to bespeak of Mr. Simonds what Credit you may have occasion for to Supply them with necessaries in Rotterdam and in their way to Gravesend in one or more Sloops where Capt. Dunbar of Georgia in a Ship belonging to Mr. Simonds will have instructions to receive them. By this Post Mr. Simonds has promised to write to Messrs. Courtonne and Son and de Normandie at Rotterdam to Supply you accordingly and to take your Bills on William Tillard Esq. in London for what you shall draw on him for this Service but the Passage money is not to be drawn for till they arrive in England where Mr. Simonds tells me the Capt. of the Sloops will be content to take your Bills. The Reverend Mr. Lowther Minister of the English Church at Rotterdam and Mr. Wolters His Majesty's Agent there are both wrote to by this Post to give you all the advice and assistance they can which from the experience the Society have had of their goodness when the former Transport arrived they have no reason to doubt of. I hope it may not be long ere I may congratulate you in person on your Safe return to England and if Mr. Von Reck has overtaken you in your Journey from Augsburg, the Society doubt not of your having treated him with all possible respect in regard to his great merit and the obligations they are under to him for his past Service and that they will be glad to see him again in England. I don't write to him because it is uncertain whether he attends this Transport but if he be with you pray shew him this Letter and assure him of my most humble Service. I received his Letter from Rotterdam Sometime since and another from Ratisbonne of the 20th Current N.S. but till I know where to direct to him I forbear writing. I have a Letter by me of old Date from Germany which I believe is from his uncle at Ratisbonne and keep it till I have the honour of Seeing him. Pray let me hear of your motion and of the welfare of the Emigrants under your care and the names and Qualities of those 7 not included in the List of 47 you sent from Augsburg to compleat the number of 54.[8]

Eingangsbestätigungen im Allgemeinen waren fester Bestandteil der einleitenden Passagen vieler Briefe im Kolonialprojekt Ebenezer in den folgenden Jahren und Jahrzehnten, so beispielsweise in einem Schreiben von Francke an den Kolonialprediger Bolzius: »Ich habe nicht nur Ihren angenehmen Briefe von Augsburg unterm 28ten Jul., sondern auch deren letzteren aus Ebenezer vom 25ten Dec. 1752. richtig erhalten […]«[9] Etliche dieser Passagen bestätigen nicht einfach nur den Eingang von Schreiben, sondern verweisen auf komplexe Korrespondenzgefüge eingehender und ausgehender Schreiben, in denen wiederum andere Sendungen, etwa von Büchern und Medikamenten, oder auch Briefe an Dritte

---

7 Henry Newman, London, an Samuel Urlsperger, Augsburg, 8. September 1732. In: Henry Newman's Salzburger Letterbooks. Hg. v. George Fenwick Jones. Athens, GA 1966, 26f.

8 Henry Newman, London, an Jean Vat, Rotterdam, 24. September 1734. In: Newman's Letterbooks [s. Anm. 7], 122f.

9 Gotthilf August Francke, Halle, an Johann Martin Bolzius, Ebenezer, 25. Juli 1753, Halle, Archiv der Franckeschen Stiftungen, AFSt/M 5 B 1 : 52.

oder von Dritten erwähnt oder behandelt werden. So etwa die beiden folgenden Ausschnitte aus Briefen des Kolonialpredigers Bolzius:

> Ew. Hochwürden werden hoffentlich schon längst aus meinem geringen Antwort=Schreiben vom 18 Febr. a. c. auf dero freundliche u. sehr angenehme, den Tag vorher hier eingelauffene Zuschrift vom 11 und 29 Aug. a. p. vernommen haben, daß die beyde mit Büchern u. Artzneyen vollgepackte Kästen im Aug. a. p. in Charles=Town und über einige Zeit in EbenEzer gantz unbeschädigt hier angekommen sind, welche erfreuliche Nachricht ich auch in meinem Briefe an unsern theuresten Herrn HofPrediger vom 23 Apr. ac. darinn ich ihm die glückliche Ankunft des wichtigen Geschencks an Tuch zur Kleidung von der alten werthen Wohlthäterin aus Aachen berichtet, wiederholt habe.[10]
>
> Unter dem 2 huj. habe Ew. Hochwürdn die erfreuliche Nachricht gegeben, von der glücklichen Ankunft der beyden damals noch unbekanten Kasten mit Büchern u. Artzneyen von Halle in Charles-Town von deren Absendung von London nach Charles-Town ich ohngefehr 6 Wochen vorher etwas in einem vom Herrn HofPrediger Ziegenhagen an einen Kauffman geschriebenen Brieflein gelesen hatte; ietzo habe das Vergnügen denenselben die nach erfreulicher Nachricht von der wircklichen ankunft dieser bey-den großen mit Büchern u. Artzneyen bis oben an gefüllten Kästen in EbenEzer zu ertheilen [...].[11]

Gelegentlich waren Eingangsbestätigungen für Briefe und andere Medien, etwa der Amtsdiarien der Kolonialprediger im Postzimmer des Halleschen Waisenhauses, verbunden mit Ratschlägen beispielsweise für Maßnahmen zur Sicherung des transatlantischen Austauschs:

> Deren sehr werthes vom 6 May. habe ich vor wenig Tagen über England erhalten, und ist mir sehr erfreylich gewesen, daß ich dadurch von ihren Umständen einige Nachricht erhalten sollen, aus meine vorhergehenden Briefen aber werden dieselben ersehen wie ich Ihre ersten Briefe und Diaria richtig erhalten habe. Indeßen ist mir lieb daß dieselben von allen nur Copeyen heraus schicken damit wenn etwas verlohren gienge Sie solches iederzeit noch malen senden können. Das letzte Diarium so sie mit dem Herrn Commissario von Reck gesendet, habe ich zwar noch nicht erhalten, es ist aber selbiger gleichwohl den HE. Hof Pred. Ziegenhagen über liefert worden von welchem ich solches in Kurtzen erwarten.[12]

Solche Ausführungen reagierten nicht selten auf die Schilderung von Kommunikationspraktiken durch den jeweiligen Briefpartner. Der Senior Bolzius beispielsweise erläuterte 1734 die Herstellung und den Versand seiner Diarien:

> So bald wir durch des himml. Vaters Vorsorge dem 7 Martz St. v. Americam u. die Hauptstadt in Caroline, Charles-Town erreichet hatte, packten wir in aller Eil unser Diarium zusammen, und sandten es mit einem Schiffe, das eben abgehen wolte, an den HE. HofPrediger Ziegenhagen, mit Bitte es so bald als möglich nach Teutschland zu befördern. Nicht lange darauf reisete HE. Oglethorpe von Savanah (wo wir uns einige Wochen aufhalten müßen) nach Charles-Town ab, um so bald als möglich nach Engeland zurück zu kehren, da wir denn auch den letzten Theil des Diarii nebst einigen Briefen an unsere lieben Väter u. Freunde überschickten. Ob und wenn sie an gehörigem Orte angekommen sind, wißen wir nicht, hoffen es aber von Ew. HochEhrwürden nächstens zu erfahren. Gingen einmahl die Briefe und Diarium verlohren, und wir merckten es aus der ausgebliebenen Antwort, so können wir alles, wo was dran gelegen seyn solte, aus unserm Brief=Buche darinn wir alle Briefe zu unserer Nachricht zu concipiren pflegen, wie auch aus unserm eigenen Diario wieder abcopiren. Ietzt, da unser HE. Commissarius der HE. von Reck selbst nach Teutschland zu rück reise, und sich erbarmt

---

10 Johann Martin Bolzius, Ebenezer, an Gotthilf August Francke, Halle, 30. September 1763, AFSt/M 5 B 2:66.

11 Johann Martin Bolzius, Ebenezer, an Gotthilf August Francke, Halle, 19. Juni 1764, AFSt/M 5 B 2:13.

12 Gotthilf August Francke, Halle, an Johann Martin Bolzius, Ebenezer, 30. August 1734, AFSt/M 5 A 1:39 und 40.

Briefe mit zu nehmen, so haben wir diesmahl im Schreiben weitläufiger seyn können, als zur andern Zeit, wo die Briefe über die Post von Engeland nach Teutschland gehen müßen.[13]

Und immer wieder wurden Fragen der Finanzierung behandelt, wie im folgenden Schreiben von Francke an Bolzius etwa die Bezahlung der Bücher- und Medikamentensendungen nach Georgia:

Ich habe Ew. Wohlehrwh. angeneme Briefe vom 18ten Nov. 1762 und 19. Febr. 1763. richtig erhalten. Da ich nun einen abermaligen Transport von Büchern und Arzeney nach Engelland für Sie Übermacht, welcher, wie ich mit der lezten Post verneme, in Engelland eher als ich vermuthet, zu Schiffe gebracht ist; so ist zwar schwehrlich zu hoffen, daß dieses noch mit eben demselben Schiffe wird fortkommen könne. Weil es aber doch seyn könte, daß besagtes Schiff durch contrairen Wind wieder Vermuten aufgehalten worden wäre; so habe doch nur mit wenigem absonderlich meine herzliche Liebe und Andenken versichern und ein und anders auf der obgedachte Briefe hindurch antworten wollen [...]. Zu vörderst ist mir aus denen [...] Briefen sehr angenehm zu ersehen gewesen, daß der vorige Transport von Büchern und Arzeneyen wohlbehalten bey Ihnen angekommen. Noch zur Zeit finde nicht nötig, die von HE. Zübli und andern für die Arzeneyen und Briefe bezahlte Gelder herhauszuziehen, weil noch immer so vieles durch Gottes Segen an Wohlthaten für Ebenezer eingelaufen, daß die Kosten dieses Transports davon bestritten werden können, wie solches aus der Rechnung, welche mit dem Schluß dieses Jahres formiret und sodann übersandt werden soll, mit mehrere zu ersehen seyn wird. Von dem iezigen Transport haben die Specificationen mit nach Engelland gesandt, wozu die beygesende Rechnung des HE. Thilo aber noch gehört, da statt derselben eine andere unrechte aus versehen übersandt gewesen.[14]

Passagen dieser Art, wie sie sich zu Hunderten in den Briefen der Beiträger zum Kolonialprojekt Ebenezer finden, lenken den Blick von theologisch besonders einschlägigen Kommunikationsakten oder Wendepunkten von Biografien weg hin zu den alltäglichen Routinen des transterritorialen Geschehens. Briefe und Berichte mussten verfasst, versandt und weitergeleitet werden, der Transport von Personen musste ebenso finanziert und organisiert werden wie die Verschickung von Waren. Die für diese Unternehmungen notwendigen Gelder mussten bewegt werden, und all diese Transfers mussten wiederum kommuniziert und koordiniert werden, um möglichst reibungslose Abläufe zu garantieren. Resultat dieser zahllosen Transfers war ein komplexes, den Ärmelkanal wie den Atlantik überspannendes Beziehungsgeflecht; die Quellenzitate erhellen einige Aspekte desselben schlaglichtartig. Die Komplexität dieses Beziehungsgefüges sollte jedoch nicht darüber hinweg täuschen, dass bei genauerer Betrachtung seine Oberflächenstruktur deutlich auszumachen ist. Das hier relevante morphologische Charakteristikum ist die Zentralität Londons: Für die außereuropäischen Projekte kontinentaleuropäischer Pietisten bildete London das Nadelöhr, durch welches alle Interaktionen liefen.

Eines der obigen Briefzitate von Henry Newman verweist darauf, dass die zweite Gruppe Salzburger Auswanderer 1734 über das englische Gravesend nach Georgia migrierte. Wie ihre 44 Vorgänger im Jahr zuvor waren die 55 Mitglieder

---

13 Johann Martin Bolzius und Israel Christian Gonau, Ebenezer, an Gotthilf August Francke, Halle, 6. Mai 1734, AFSt/M 5 A 1:38.

14 Gotthilf August Francke, Halle, an Johann Martin Bolzius, Ebenezer, 3. Dezember 1763, AFSt/M 5 B 2:1.

der zweiten Gruppe, 54 Neukolonisten in spe und ein Transportleiter, im Herbst in Augsburg aufgebrochen und über Frankfurt am Main und den Rhein nach Rotterdam gereist, von wo aus sie über den Ärmelkanal setzten. Während ihre Vorgänger jedoch in Dover angelegt und von dort aus dann im Januar 1734 nach Nordamerika abgelegt hatten, segelte die zweite Gruppe zunächst die Themse hinauf bis nach Gravesend, um dann im November 1734 nach South Carolina aufzubrechen.[15] Die Mitglieder des dritten Transports, 25 aus Regensburg, 24 aus Augsburg, kamen im Herbst des Folgejahres über Amsterdam ebenfalls nach Gravesend und reisten von dort aus im Oktober 1735 weiter nach Georgia.[16] Die etwa 60 Mitglieder des vierten Salzburger Transports schließlich brachen im Juni 1741 in Bad Cannstatt auf, erreichten im Juli Rotterdam und reisten von dort aus weiter nach London, von wo aus sie schließlich im September nach Georgia segelten.[17] Nicht nur Menschen, auch Materialien wurden innerhalb des Projektnetzwerks über London verschickt. Soweit nachvollziehbar, wurden alle zwei bis drei Dutzend Warenlieferungen, die bis in die 1760er Jahre hinein vom Kontinent nach Ebenezer und in die umgekehrte Richtung gingen, über London abgefertigt. Darüber hinaus liefen alle transatlantischen Geldtransfers, die in Form von Wechselgeschäften getätigt wurden, über London.[18]

Schließlich fungierte London im Kolonialprojekt Ebenezer auch als Mittlerstation für innereuropäische und transatlantische Korrespondenzen. Nicht nur leiteten die Londoner Parteien Briefe ihrer kontinentaleuropäischen Partner

---

[15] Berlin, Staatsbibliothek zu Berlin, Preußischer Kulturbesitz, Handschriftenabteilung, Nachl. Francke, K 30. Mp. 35: Circular letter, SPCK, 8. Mai 1735 [S. 77b und 77c]; Cambridge, University Library, Manuscript Reading Room (UCL), SPCK.MS A1/15, S. 231: 24. September 1734; SPCK.MS C15/1, Doppelseite 6; Augsburg, Stadtarchiv Augsburg: Avertissement Von Annahm eines dritten Transports nach Georgien, 10. April 1735; Detailed Report on the Salzburger Emigrants Who Settled in America […]. Edited by Samuel Urlsperger. Hg. v. George Fenwick Jones. 18 Bde. Athens, GA 1968–1995, 1:30 und 32–33, 10:132; Newman's Letterbooks [s. Anm. 7], 122–124, 144f., 483f., 489–492, 498–501.

[16] UCL SPCK.MS A1/16, S. 139: 8. Juli 1735; SPCK.MS A1/16, S. 173: 23. September 1735; SPCK.MS A1/16, S. 175: 27. September 1735; SPCK.MS A1/16, S. 202: 17. November 1735.

[17] UCL SPCK.MS A1/19, S. 65: 7. Juli 1741; SPCK.MS A1/19, S. 68: 21. Juli 1741; Hermann Winde: Die Frühgeschichte der lutherischen Kirche in Georgia. Dargestellt nach den Archivalien der Franckeschen Stiftungen in Halle und der Universitätsbibliothek in Tübingen. Diss. phil. Halle-Wittenberg, 1960, 274.

[18] AFSt/M 5 B 1:26; 5 B 1:41; 5 B 1:42; 5 B 1:48, 5 D 2:1; 5 B 2:13; Americanisches Ackerwerk GOttes; oder zuverlässige Nachrichten, den Zustand der americanischen, und von den Salzburgischen Emigranten erbauten, Pflanzstadt Ebenezer, und was dazu gehört, in Georgien betreffend, aus dorther eingeschickten glaubwürdigen Diarien genommen, und mit Briefen der dasigen Herren Prediger, aus anderer, noch weiter bestättiget. Drittes Stück heraus gegeben von Samuel Urlsperger, des evangelischen Ministerii Seniore und Pastore der Hauptkirche zu St. Anna. Augspurg, 1756, 517–520; Newman's Letterbooks [s. Anm. 7], 176–180, 200–202, 500f.; The Colonial Records of the State of Georgia. Copies Made from Original Records in England and Compiled under Authority of Allen D. Candler. Hg. v. Kenneth Coleman u. Milton Ready. Athens, GA 1970–1977, 31:3–6, 49, 183, 244; 25:60, 89–93, 154; 26:52, 313–315; Detailed Report [s. Anm. 15], 17:113. Zu den Finanztransfers im Rahmen des Kolonialprojekts Ebenezer vgl. ausführlich: Pyrges, Das Kolonialprojekt EbenEzer [s. Anm. 1], Kap. 3.

an deren Korrespondenten in London, etwa in Covent Garden, im englischen Hinterland, beispielsweise in den Downs, oder in anderen Hafenstädten wie Dover, weiter.[19] Quantitativ wesentlich bedeutender war Londons Funktion als Mittlerstation für transatlantische Korrespondenzen, die es von den 1730er Jahren bis zur Amerikanischen Revolution mit nur kurzen Unterbrechungen erfüllte. Die Londoner Parteien leiteten Briefe aus Augsburg und Halle sowie von anderen Korrespondenten aus dem Reich und den Generalstaaten nach Charles Town und Savannah und darüber hinaus weiter und organisierten den Transport der Güter vom Kontinent über den Atlantik. Auch in umgekehrter Richtung stellten sie den Informationsfluss sicher.[20] Ein Brief Newmans an Urlsperger aus dem Jahr 1734 mag die epistolare Zentralität Londons illustrieren:

> My last was of the 11.th Currt. in Answer to Yours of the 5.th and 22.d of April, and 27.th of May, since which I received Your Favour of the 17.th of this Month N. S. and this Day the same was read to the Society, expressing Your Surprize at hearing nothing of the Arrival of the First Transport of Saltzburgers, but before the Society broke up, They had the Pleasure of having the Accounts herewith sent communicated to them by Sr. John Philipps, from a Letter he had that Moment received from Mr. Oglethorpe, dated at St. Hellen's Road near the Isle of Wight, at which they were not a little rejoyced, and orderd [...] to acquaint You therewith and the Contents of it by the first Port. I had the Honour of a Short Letter at the same Time from Mr. Oglethorpe, wherein he tells me, he had several Letters from Mr. Van-Reck and the Congregation of Saltzburgers, whom he left well pleas'd and in good Health at Ebenezer, but that he thought it not proper to send them with his own Hand. You may be sure I shall with Pleasure forward them, which are directed to Germany, and if they are large and numerous, I shall make so free with the King's private Secretary as to get them forwarded in the King's Packet to Baron Von-Reck at Ratisbone, from whom You may expecct to receive those directed to Augsburg.[21]

Wie nun lässt sich diese operative Zentralität Londons im Kolonialprojekt Ebenezer fassen? Der abschließende Satz – und einige Passagen von Newman in oben zitierten Briefen – lenken den Blick auf eine Gruppe von Personen und Institutionen, die in der Geschichte grenzüberschreitender religiöser Beziehungen traditionell nur eine untergeordnete Rolle gespielt hat, wenn sie überhaupt näher betrachtet wurde. Aus der Vernetztheitsperspektive kommen also nicht nur bisher weitestgehend unbeachtet gebliebene triviale Handlungsroutinen in den Blick, sondern auch bislang religionshistorisch wenig beleuchtete Akteure. Um Personen, Gelder, Waren und Medien von einem Ort zum anderen zu schaffen, nahmen die Projektpartner die Dienste von Bankiers, Kaufleuten, Spediteuren,

---

19 Newman's Letterbooks [s. Anm. 7], 35–37, 91f., 201f.

20 AFSt/M 4 C 8:24; 5 A 3:51; 5 A 6:1; 5 B 1:1 und 31; 5 B 2:13 und 63 (alle Ebenezer-London-Halle); 5 A 1:37 (alle Ebenezer-London-Reich, Ebenezer-London-Halle); 5 A 1:43; 5 A 3:1; 5 A 5:12: 5 B 1:36 (alle Hamburg-London-Charles Town/Savannah/Ebenezer); 5 A 1:44 (Augsburg-London-Ebenezer); Americanisches Ackerwerk Gottes [...] Drittes Stück, 1756 [s. Anm. 18], 519f. (Ebenezer-London-Europa); The Colonial Records, 25:298–300; 31:50 (Ebenezer-London-Halle); 25:481f.; 26:52; 31:72f., 167–172 und 183 (Hamburg-London-Charles Town/Savannah/Ebenezer); 25:224, 298–300 und 506–510 (Augsburg-London-Ebenezer); Newman's Letterbooks [s. Anm. 7], 179f. (Ebenezer-London-Halle), 523f. (Augsburg-London-Ebenezer).

21 Henry Newman, London, an Samuel Urlsperger, Augsburg, 18. Juni 1734, AFSt/M 5 C 4:32.

Reedern und offiziellen Posten in Anspruch.[22] Natürlich übernahmen auch Projektteilnehmer selbst gelegentlich Botendienste. Wie den obigen Zitaten zu entnehmen ist, brachte beispielsweise James Edward Oglethorpe (1696–1785), Mitglied der ersten Kolonialregierung, auf seiner Rückreise aus Georgia ein Predigerdiarium mit nach Europa, und Baron Philip Georg Friedrich von Reck (1710–1795), Leiter des ersten und des dritten Migrantentransports nach Ebenezer, führte bei seiner Rückkehr in die Alte Welt Briefe aus Ebenezer im Gepäck mit. Den überwiegenden Teil der Transferoperationen auch im Kolonialprojekt Ebenezer sicherten jedoch Dienstleister als Teil vor allem urbaner Infrastrukturen. Im 18. Jahrhundert bestand zwischen Infrastrukturen auf der einen und medienbasierter Kommunikation sowie allen anderen Formen der Überbrückung von Distanz, etwa dem Warentransport oder der Migration, auf der anderen Seite eine enge Verbindung. Für alle Formen des überlokalen Transports von Dokumenten und Schriften genauso wie von Geldern, Gütern und Personen, waren die Zeitgenossen auf Infrastrukturen angewiesen, etwa auf Poststationen, Finanzdienstleister, Straßen, Fahrpläne, Schiffskapitäne oder Handelskontore. So auch die Beiträger zum Kolonialprojekt Ebenezer. Um vom europäischen Kontinent, aber auch von England aus in die atlantische Welt und nach Nordamerika, vor allem aber in die noch junge britische Kolonie Georgia expandieren zu können, musste man Zugang haben zu Infrastrukturen, wie sie in dieser Dichte und Bandbreite in der ersten Hälfte des 18. Jahrhunderts nur London bot.

Mit der Verlagerung der europäischen Ökonomie nach Nordwesten um 1600 hatte sich London zunächst als eine der neuen Metropolen etabliert und konnte nach 1700 mit der zunehmenden atlantischen Orientierung der europäischen Wirtschaften sogar eine Führungsposition unter den urbanen Zentren Europas für sich reklamieren. Dieser Aufstieg Londons lief parallel zur Herausbildung und relativen Durchsetzung eines integrierten englisch- (später britisch-) imperialen Austauschsystems. Dieses zeichnete sich nicht nur durch einen merkantilistischen Protektionismus aus, der zumindest auf der normativen Ebene eine rigorose ökonomische Abschottung von Wirtschaftskraft und Besitz entlang der postulierten Grenzen der englischen Nation etablierte, sondern auch und vor allem durch die Integration von kolonialen und europäisch-britischen Wirtschaftsstrukturen in einen imperialen Zusammenhang. Aus der Position als englische Fernhandelsmetropole schwang sich London zur Zentrale des sich integrierenden *Empire* und der nordatlantischen Welt auf. Vom Wachstum des Überseehandels im Rahmen

[22] Vor allem wirtschafts- und kommunikationshistorische Forschungen haben in den zurückliegenden Jahren die allgemeinhistorische Relevanz dieser traditionell lediglich in den subdisziplinären Nischen etwa der Finanz-, der Schifffahrts- oder der Postgeschichte behandelten frühneuzeitlichen Akteure aufgezeigt. Vgl. beispielsweise: Wolfgang Behringer: Im Zeichen des Merkur. Reichspost und Kommunikationsrevolution in der Frühen Neuzeit. Göttingen 2003; Marianne S. Wokeck: Trade in Strangers. The Beginnings of Mass Migration to North America. University Park, PA 1999. Die Bedeutung solcher Infrastrukturen, Einrichtungen und Personengruppen für das transterritoriale und transatlantische Handeln protestantischer Akteure ist allerdings noch so gut wie unerforscht.

des imperialen Austauschsystems profitierte jedoch nicht nur London, es förderte vor allem auch die sukzessive ökonomische und infrastrukturelle Dezentralisierung auf den Britischen Inseln und die Ausdifferenzierung britischer und atlantischer Austauschnetzwerke. Die verschiedenen Stränge dieser Netzwerke – Warentransport, Schiffsbewegungen, Migrationsrouten, Reisen, Schriftverkehr und Korrespondenzen, Verwaltung, Geldtransfers, Versicherungen – liefen nun nicht mehr parallel beziehungsweise auf demselben geografischen Weg oder sogar über dieselben Institutionen, sondern auf verschiedenen Wegen und über verschiedene Institutionen.[23]

Im Zuge dieser Dezentralisierung und Ausdifferenzierung veränderte auch London seine Stellung in den britischen, imperialen und atlantischen Austauschnetzwerken grundlegend. Zwar liefen nun nicht mehr alle Transaktionen über die Themse, begannen dort oder endeten dort, London verlor also seine umfassende Zentralität. Der schleichende Rückgang von Londons Anteil am imperialen Handelsvolumen lief jedoch parallel mit einer Form der Spezialisierung: Die Themsemetropole etablierte sich als Zentrum des expandierenden tertiären Sektors, also der wachsenden privaten und staatlichen Finanzierung, Organisation und Steuerung von Interaktionen nicht nur in der integrierten insularen und imperialen Wirtschaft, sondern im gesamtatlantischen Raum. Indem es sich als Dienstleistungsmetropole in die eigentlich über und in andere Städte oder Regionen laufenden Ketten des Transports von Menschen, Geldern, Waren und Medien einharkte, etablierte sich London als unverzichtbare Zwischenstation auf den meisten innerbritischen wie transatlantischen Wegen, als Makler und Vermittler zahlloser Transfers und als Bindeglied im atlantischen Miteinander. Die Stadt klinkte sich als Dienstleistungszentrum in die neu strukturierten insularen und imperialen Austauschnetzwerke ein und übernahm gleichzeitig durch die Bereitstellung von Dienstleistungen wie Transport, Kredit, Administration oder Informationen wiederum eine Katalysatorfunktion bei der Expansion der Subzentren. Besonders deutlich zeigt sich dies im Aufstieg Londons zur Zentrale des britischen Postsystems mit seinen drei Posten, dem General Post Office, der Penny Post, und dem Foreign Post Office.

---

[23] Siehe hierzu unter anderem: H.V. Bowen: Elites, Enterprise and the Making of the British Overseas Empire 1688–1775. Houndmills 1996; Timothy H. Breen: An Empire of Goods. The Anglicization of Colonial America, 1690–1776. In: Journal of British Studies 25, 1986, 467–499; P. J. Cain u. A. G. Hopkins: British Imperialism. Innovation and Expansion 1688–1914. London 1993; Wolfram Fischer: Markt- und Informationsnetze in der (neuzeitlichen) Wirtschaftsgeschichte des atlantischen Raums. In: Expansion – Integration – Globalisierung. Studien zur Geschichte der Weltwirtschaft. Hg. v. W. Fischer. Göttingen 1998, 15–35; Christopher J. French: »Crowded with traders and a great commerce«. London's Domination of English Overseas Trade, 1700–1775. In: London Journal 17, 1992, 27–35; David Ormrod: The Rise of Commercial Empires. England and the Netherlands in the Age of Mercantilism, 1650–1770. Cambridge 2003; Jacob M. Price: The Imperial Economy, 1700–1776. In: The Oxford History of the British Empire. Vol. 2: The Eighteenth Century. Hg. v. Peter James Marshall. Oxford 1998, 78–104; George Rudé: Hanoverian London 1714–1808. Berkeley 1971; Nuala Zahedieh: Economy. In: The British Atlantic World, 1500–1800. Hg. v. David Armitage u. Michael J. Braddick. Houndmills 2002, 51–68.

Londons Bedeutung als Dienstleistungsmetropole blieb dabei nicht auf den insularen Zusammenhang beschränkt. Die Expansion des tertiären Sektors bildete vielmehr einen Grundstein der vormodernen europäischen Expansion und der Verdichtung globaler Interaktionsräume. Bereits existierende Schwerpunkte der Londoner Aktivität, wie Publizistik, Speditionswesen und Finanzdienstleistungen sowie Staat und Verwaltung, wurden ab der Mitte des 17. Jahrhunderts weiter ausgebaut. London entwickelte sich beispielsweise infolge der merkantilistischen Regelungen der Navigationsgesetze durch das Bereitstellen und Vermieten von Schiffen und Laderaum, die Organisation von Fahrplänen und Routen und das Kolportieren von Informationen schrittweise zum Makler nordeuropäischer, atlantischer und globaler Austauschnetzwerke. In diesem Sinne beförderten die merkantilistischen Normenkataloge nicht nur die Entstehung einer integrierten britisch-imperialen Volkswirtschaft, sondern woben London auch in Austauschströme ein, die bisher an den Britischen Inseln vorbeigelaufen waren. Boomende Londoner Handelsfirmen und Banken, die Kaste der *gentlemanly capitalists* mit atlantischen und globalen Ambitionen und die großen Handelsgesellschaften boten ihre Dienste im *Empire* und darüber hinaus an und agierten von der Themse aus in die Welt. Eine wichtige Rolle beim weiteren Ausbau des tertiären Sektors an der Themse spielte außerdem der nach der *Glorious Revolution* an Boden gewinnende *military fiscalism*, der auf die Bewältigung und Kontrolle imperialer Expansion bei gleichzeitiger Freilegung neuer expansiver Potenziale zielte, die über einen Ausbau des militärischen Sektors durch verstärktes fiskalisches und bürokratisches Engagement des Staates entstanden. Als Sitz auch der Kronregierung und der imperialen Entscheidungsträger, die die militärisch-fiskalische Expansion vorantrieben, sicherte sich London endgültig eine Führungsposition in zahlreichen öffentlichen und privaten Dienstleistungssegmenten auf nationaler und imperialer, atlantischer und sogar globaler Ebene.[24]

Als Manifestation eben dieser infrastrukturellen Führungsrolle Londons lässt sich die Zentralität der Themsemetropole in den Kommunikationsströmen und im Transfergefüge des Kolonialprojekts Ebenezer verstehen. Die nicht nur finanziell aufwändige, sondern auch organisatorisch fordernde und vor allem infrastrukturell anspruchsvolle transterritoriale und transatlantische Arbeit am Kolonialprojekt Ebenezer war abhängig von den Dienstleistungen von Londoner Akteuren in den Sektoren Finanzen und Transport. Eine Analyse der Interaktionen im Kolonialprojekt Ebenezer aus dem Blickwinkel der Vernetztheit macht diese Abhängigkeit deutlich. Aus dieser alternativen Perspektive stehen nicht mehr die

24 Siehe dazu neben den bereits zitierten noch folgende Studien: John Brewer: The Sinews of Power. War, Money and the English State, 1688–1783. Cambridge, MA 1989; Daniel R. Headrick: When Information came of Age. Technologies of Knowledge in the Age of Reason and Revolution, 1700–1850. Oxford 2000; Kenneth Morgan: Business Networks in the British Export Trade to North America, 1750–1800. In: The Early Modern Atlantic Economy. Hg. v. John J. McCusker u. Kenneth Morgan. Cambridge 2000, 36–62; Howard Robinson: The British Post Office. Westport, CN 1970; Ian K. Steele: The English Atlantic 1675–1740. An Exploration of Communication and Community. Oxford 1986.

dramatischen Momente grenzüberschreitender Beziehungen im Mittelpunkt der Aufmerksamkeit. Vielmehr richtet sich der Blick auf die trivialen Operationen und Handlungsroutinen, welche dieses grenzüberschreitende Beziehungsgefüge durchziehen, und auf die europäischen und atlantischen Infrastrukturen, denen in Studien dieses protestantischen Interaktionszusammenhangs bisher kaum Bedeutung beigemessen wurde, die aber entscheidend an seinem Aufbau und seiner Aufrechterhaltung beteiligt waren.

Personenregister

A

Acors, Joseph 132f.
Albinus, Samuel Theodor 149
Andreae, Johann Valentin 60
Anna Sophia, Kurfürstin von Sachsen 126
Anna (Anne) Stuart, Königin von England VII, 8, 29, 89, 100, 104, 106–108, 132
Anna von England, Prinzessin von Oranien 98
Anton, Paul 11
Arndt, Johann 41, 50f., 54, 57f., 61
Astell, Mary 131
Aufrère, Israel Antoine 102, 104
Augusta von Sachsen-Gotha-Altenburg 98

B

Bacon, Francis 11
Bahr, Hieronymus 59
Baldwin, Richard 26f.
Baxter, Richard 60, 101
Bayly, Lewis 36, 54, 57f.
Belck, Michael 118, 132, 134
Benson, Harry 133–135
Benson, William 133–135
Benthem, Heinrich Ludolf 97
Berchelmann, Friedrich Wilhelm 136
Böhme, Anton Wilhelm 2, 7, 11, 15, 19, 34, 38–41, 43, 50, 61, 63, 65, 70, 80, 82–84, 89f., 92, 94, 97f., 106–108, 110, 124, 129, 131–133, 135f., 140f., 165
Bol(t)zius, Johann Martin 150, 152, 156, 163, 166–168
Bosse, Martin 143
Bourignon, Antoinette 83
Boyle, Robert 43, 45f., 111–116, 118
Bray, Thomas 38, 127, 130
Bridges, Charles 128
Bucer, Martin 52
Bunny, Edmund 54
Bunyans, John 58
Burckhardt, Johann Gottlieb 156–158, 160

C

Caesar, Johann Jakob 103–107, 109
Canstein, Carl Hildebrand von 11, 45, 59, 65, 73, 80, 115f., 123, 128
Causton, Thomas 152
Chamberlayne, John 2, 12f., 68, 122, 127
Chambers, William 92
Charles I., König von England *siehe* Karl I., König von England
Charles II., König von England *siehe* Karl II., König von England
Charlotte, Herzogin von Mecklenburg-Strelitz 98
Christian, James 148
Christian II., Kurfürst von Pfalz-Birkenfeld 31
Collins, Anthony 146
Comenius, Johann Amos 33, 42, 52
Convenent, Jean 109
Cromwell, Oliver 37, 94, 100
Crusius, Irenäus 89, 102

D

Dankelmann, Thomas Ernst von 96
Defoe, Daniel 30

Dent, Arthur 59
Desagulier, John Theophilius 96
Descartes, René 112
Dorrington, Theophilus 61, 82
Downing, Joseph 15, 124f., 137
Dubourdieu, Jean 104, 106f.
Durel, Jean 101
Durie (Dury), John 52, 54, 56, 72–74
Dyke, Daniel 43, 54, 58

E

Elers, Heinrich Julius 126–128
Elisabeth Stuart 53
Ernst I. (der Fromme), Herzog von Sachsen-Gotha und Altenburg 60, 77
Exters, Christian Leberecht von 59

F

Fabricius, Johann Philipp 143
Fabricius, Sebastian Andreas 143, 149, 158
Fénelon, François de Salignac de La Mothe 128
Fischer, Johann 60
Flamsteed, John 8
Flamsteed, Margaret 8
Flavel, John 59
Fleetwood, William 123
Fonvive, John (Jean) de 27f.
Francke, August Hermann VII, 1–3, 6f., 9–17, 20, 28f., 32, 34f., 38–41, 43, 46, 49f., 58–62, 65–70, 72, 74, 77, 79–84, 86, 88, 92, 108, 116, 118, 122, 124–137, 139f., 143f., 147
Francke, Gotthilf August 2f., 11, 19, 44f., 143–152, 159, 163, 166–168
Freylinghausen, Gottlieb Anastasius 156
Freylinghausen, Johann Anastasius 3, 59f., 143
Friedrich August I., Kurfürst von Sachsen (August der Starke), als August II. König von Polen 32
Friedrich I., König in Preußen 13, 103
Friedrich IV., König von Dänemark 147
Friedrich Ludwig von Hannover, Prinz von Wales 98
Friedrich V., Kurfürst von der Pfalz 53
Friedrich Wilhelm I., König in Preußen 103, 113
Fuller, Thomas 99f.

G

Geister, Johann Ernst 149
Georg I., König von England 33, 91f., 96, 103, 107, 140
Georg II., König von England 92, 96, 103, 140, 151
Georg III., König von England 98, 103, 126, 140
Georg von Dänemark 39, 65, 68, 82f., 89f., 126, 131
Gerhard, Johann 50
Germann, Wilhelm 155
Gersdorff, Henriette Catharina Gräfin von 134
Gibbs, James 100
Goodwin, Thomas 59
Gronau, Israel Christian 150, 152
Guericke, Otto von 112

H

Haak, Theodor(e) 36f., 43, 46, 53–56, 62f., 118
Habermann, Johann 50
Hales, Robert 71–74, 78
Hall, Joseph 54, 59
Hampson, John 158
Harding, Sylvester 55
Hartlib, Samuel 42f., 45, 52

Hastings, Elizabeth 131
Hastings, Henry 132, 135
Hauckwitz, Ambrose Godfrey 135
Hauckwitz, Johann Gottfried 135
Henrietta Maria, Königin von England 94
Herrnschmidt, Johann Daniel 117
Hoare, Henry 38, 82, 123, 128, 131–135
Hoffmann, Friedrich 119
Holbein, Hans 97
Homann, Christian 134
Horb, Johann Heinrich 58
Horneck, Anton 56, 99f., 104, 106
Hülsemann, Johann 57
Hunnius, Nicolaus 57

J
Jablonski, Daniel Ernst 33–35, 70, 74, 82, 108f., 116
Jacobi, Johann Christian 19, 90, 134, 136
Jakob (James) II., König von England 29, 31f., 89, 94, 102, 122
Jänicke, Joseph Daniel 157
Johann Georg III., Kurfürst von Sachsen 126
Johannes der Täufer 99
John Churchill, Herzog von Marlborough 106
John, Christoph Samuel 44
Jones, Inigo 95

K
Kahle, Ludwig Martin 145f.
Karl I., König von England 94, 99
Karl II., König von England 51, 95, 101
Karl Ludwig von der Pfalz 54
Karoline (Caroline of Ansbach), Königin von England 92, 96, 98
Kennett, White 14, 16, 108
Kiesling, Johann 118
Kirchmeyer (Kirchmaier, Kirchmayer), Georg Caspar (Kaspar) 114
Knapp, Georg Christian 20, 158
Kohlhoff, Johann Balthasar 146
Krafft, Johann Daniel 114–116
Kreck (Creeke), Heinrich (Henry) 132f.

L
Lange, Johann Joachim 119
Leade, Jane 10, 127
Leeds, Francis 127
Leibniz, Gottfried Wilhelm 31, 33, 72, 116
Locke, John 128, 136
Lowther, N.N. 166
Ludolf, Heinrich Wilhelm VII, 1f., 11, 17, 39, 41, 45f., 61, 65–85, 90, 107, 118, 124f., 133
Ludolf, Hiob 45f., 58, 61, 66f., 69, 72, 76f.
Ludwig XIV., König von Frankreich 23, 29–31, 35, 106
Luther, Martin 53, 60
Lütkemann, Joachim 57

M
Mackbeth, Abraham 11, 132, 134–136
Mackworth, Humphrey 38
Mandeville, Bernhard de 121
Maria (Mary) I., Königin von England 52, 100
Maria (Mary) II., Königin von England 29, 32, 102
Martini, Johann Christoph 139
Mayer, N.N. 165
Mecke(n), J. Wilhelm 83, 89f., 126–128
Mehder, Johann Christoph 82, 118, 125f., 129–131, 133, 136
Mengering, Arnold 61
Milde, Heinrich 11

Milton, John 28, 36
Mothe, Claude Groteste de la 104–108
Mühlenberg, Heinrich Melchior 19, 21, 146, 155–157, 159
Munch, N.N. 165f.

N

Nelson, Robert 38
Neubauer, Georg Heinrich 65, 83, 133, 135
Newman, Henry 35, 142, 163, 165f., 168, 170
Newton, Isaac 96
Niemeyer, August Hermann 20, 158

O

Obuch, Gottfried Wilhelm 146
Oglethorpe, James Edward 167, 170f.
Oldenburg, Henry 53

P

Parson, Thomas 132f.
Pasche, Friedrich Wilhelm 155–160
Pepys, Samuel 43
Petersen, Johann Wilhelm 28
Petersen, Johanna Eleonora 28
Philipp II., König von Spanien 100
Philipps, Erasmus 144
Philipps, John 38, 143f., 165f., 170
Pideritt, Georg Ludwig 135
Platen, Ernst August von 139
Plessen, Christian Siegfried von 126
Poiret, Pierre 83
P(o)ulton, Andrew 102, 122
Pratt, Samuel 104
Pressier, Christian Friedrich 143

R

Rango, Conrad Tiburtius 57
Reck, Philip Georg Friedrich von 166f., 170f.
Rhegius, Urbanus 50
Rhein, Johann Adolph 126
Richter, Christian Friedrich 115f.
Richter, Christian Sigismund 115f.
Robethon, John 105
Rottler, Johann Peter 44
Ruperti, Georg Andreas 91f., 102, 104, 107, 110

S

Sacheverell, Henry 130
Sartorius, Johann Anton 149
Scheibell, Heinrich 135
Scherer, Johann Jakob 16
Schloer, Friedrich 56
Schmidt, Johann 57
Schröder, Johann Jakob 59
Schultze, Benjamin 145, 147
Schulze, Johann Ludwig 156f.
Schwartz, Christian Friedrich 157
Scudder, Henry 54
Seckendorff, Veit Ludwig von 13
Serces, Jacques 109
Simonds, N.N. 166
Slare, Frederick 2, 18, 38, 43, 46, 56, 61, 63, 71, 75–77, 82f., 113–116, 118f., 128, 130–133, 135
Slare, Jane 132
Smith, Richard 133
Sonthom, Emanuel *siehe* Thomson, Emanuel
Sophie Dorothea, Königin von Preußen 59
Spanheim, Ezechiel von 103
Spener, Philipp Jakob 28–32, 36, 43, 46, 57f., 60, 62, 68f., 114
Steinkopf, Karl Friedrich Adolf 20
Sturm, Johann Christoph 117f.

T

Talbott (Talbot), James 124, 137
Teichmeier (Teichmeyer), Hermann Friedrich 117f.

Tenison, Thomas 102, 122
Thomson, Emanuel 54, 57, 58
Tillard, William 166
Tindal, Matthew 146
Trevese (Traverse), Johann (John) 132f.
Tribbechow, Johann 83f., 90, 107
Tschirnhaus, Ehrenfried Walther von 116
Turner, Jacob 133f.
Turner, Thomas 126, 133f.

U

Ubele (Uebele), Johann Christian Christoph 20, 156–158, 160
Urlsperger, Samuel 92, 145, 150f., 160, 163–166, 169f.

V

Vat, Jean 166
Vernon, James 152, 166

W

Walther, Christoph Theodosius 143
Watts, Isaac 14f.
Wesley, Charles 158
Wesley, John (Johann) 158
Whitefield, George 137, 157f.
Whitfield, Henry 54
Wiedebrock, Johann Christian 146
Wigers, Jakob Bruno 10, 82, 118, 125–131, 133, 136
Wilhelm III., König von England 27, 29, 31f., 47, 75, 95f., 100, 102, 104
Wilhelm IV., Prinz von Oranien 98
Wilhelmine Ernestine, Kurfürstin von der Pfalz 126
Wolff, Christian 119
Wolters, N.N. 166
Woodward, Josiah (Joshua) 16, 40f., 108
Woolston, Thomas G. 146
Wren, Christopher 93, 101

Z

Ziegenbalg, Bartholomäus 35, 43
Ziegenhagen, Friedrich Michael 3, 14, 19f., 32, 34, 39, 41, 44f., 48, 78, 84, 90–92, 97, 109f., 139–153, 155–161, 164, 167
Zinzendorf, Nikolaus Ludwig von 33, 134

Ortsregister

A
Aachen 167
Alderney 20
Aleppo 79
Allentown 155
Altdorf 117
Altenburg 67
Amsterdam 54, 169
Augsburg 21, 150, 161, 164–166, 169f.

B
Bacharach 56
Bad Cannstatt 169
Berlin 10, 35, 69, 78, 103, 116, 141, 143
Blankenburg 134
Bremen 53

C
Cairo *siehe* Kairo
Calcutta *siehe* Kalkutta
Cambridge 10f., 52, 54, 76, 80, 141, 155
Charles Town 167, 170
Constantinopel *siehe* Konstantinopel
Covent Garden 170
Cuddalore (Cudelur) 148, 150, 156

D
Danzig 43, 69
Dover 169f.

E
Ebenezer 3, 20f., 150, 152, 156, 161–171, 173
Edinburgh 9
Elbing 52
Emden 53
Erfurt (Erfordi) 58, 67, 69, 85
Eton 10, 128f.

F
Frankfurt/Main 46, 57, 68, 169

G
Gibraltar 78
Gotha 60, 67, 98
Göttingen 91, 146
Graubünden 78
Gravesend 166, 168f.
Greifswald 57
Glaucha VII, 11, 14f., 21, 87, 122, 125, 137

H
Halle/Saale VII, 2–4, 6f., 9, 11–21, 26, 34, 37–42, 44–49, 61f., 65–67, 69, 76, 79f., 82–85, 88, 90, 94, 105, 108, 110–113, 115–119, 122–137, 139f., 142f., 146–148, 150, 153, 156–161, 164, 167, 170
Hamburg 53, 59, 78
Hanau 56
Hannover (Hanover) 29, 33, 47, 69, 91, 116, 139
Heidelberg 54
Herborn 56
Hoya 125

I
Isle of Wight 170

J
Jaffa 69

Jena 67, 91, 117, 139
Jerusalem 29, 45, 69, 80

K
Kairo 45, 69, 74, 79, 85
Kalkutta 156
Kanarische Inseln 78
Kloster Berge (bei Magdeburg) 124
Königsberg 69, 103
Konstantinopel 45f., 69, 78f., 118, 134
Kopenhagen 69, 83, 141

L
Leipzig 57, 128, 158
Linden 139f.
Lissa 109
Livorno 69, 74
London VIIf., 1–4, 6f., 10–12, 14, 16–21, 23, 33–35, 38f., 41–44, 46, 48, 52–54, 56, 65f., 68f., 75, 79–85, 87–94, 96–98, 100–103, 105, 107, 109f., 114f., 118, 122–127, 129f., 132f., 135–137, 140, 142f., 145f., 155–157, 159–161, 164–173
Lüne (bei Lüneburg) 125
Lüneburg 29, 57, 91, 125
Lyon 69

M
Madras 143, 147–150, 156
Magdeburg 60, 112
Menorca 78
Moskau 1, 69

N
Nantes 27, 30–32
Narva 68
Neuhausen 53
Nürnberg 57, 158

O
Oppenheim 56
Oxford 33, 40, 45, 54, 56, 66f., 76, 78, 80, 82, 99, 129

P
Paris 40, 69, 111, 116
Prettin 126

R
Regensburg (Ratisbon, Ratisbone, Ratisbonne) 165f., 169f.
Rijswijk 69, 71
Rom 51, 69
Rostock 20
Rotterdam 166, 169

S
Salzburg (Saltzburg) 150, 161, 164–166
Savannah (Savanah) 161, 167, 170
Schwerin 125
Smyrna (Izmir) 69
Stade 53f.
Stettin 57
Straßburg 52, 57

T
Tranquebar (Trankebar) 19, 34, 43f., 143, 147, 156

U
Utrecht 71

V
Venedig 69, 94

W
Westminster (Westmünster) 8, 89, 93, 161
Windsor 123, 128
Wittenberg 114
Worms 53f.

Z
Zerbst 59